LORS EST CE JOUR GRANT JOIE NEE

KATHOLIEKE UNIVERSITEIT LEUVEN
INSTITUUT VOOR MIDDELEEUWSE EN RENAISSANCESTUDIES
LEUVEN (BELGIUM)

LORS EST CE JOUR GRANT JOIE NEE

ESSAIS DE LANGUE ET DE LITTÉRATURE FRANÇAISES DU MOYEN ÂGE

Édités par

Michèle GOYENS
et
Werner VERBEKE

1425

LEUVEN UNIVERSITY PRESS
2009

© 2009 Leuven University Press / Presses Universitaires de Louvain / Universitaire Pers Leuven, Minderbroedersstraat 4, B-3000 Leuven/Louvain (Belgium).

ISBN 978 90 5867 740 2
D/2009/1869/10
NUR: 633-613

En hommage à Willy Van Hoecke

TABLE DES MATIÈRES

Michèle GOYENS & Werner VERBEKE
Lors est ce jour grant joie nee. De Baudouin de Condé à Jean d'Antioche : un parcours ondoyant dans la diachronie du français   IX

Claude BURIDANT
Phraséologie historique du français: esquisse de bilan et perspectives   1

Brigitte L. CALLAY
Crestïen qui dire siaut in Guillaume d'Angleterre   51

Colette VAN COOLPUT-STORMS
Démarche persuasive et puissance émotionnelle: le *Romanz de Dieu et de sa Mere* d'Herman de Valenciennes   71

Yasmina FOEHR-JANSSENS
Variations autour d'une figure d'auteur: Baudouin de Condé dans les manuscrits   97

Cinzia PIGNATELLI
Jean d'Antioche et les *exempla* ajoutés à la traduction des *Otia imperialia* de Gervais de Tilbury   127

Herman BRAET & Dulce Maria GONZÁLEZ DORESTE
Infelix Dido: Sur la fortune d'une infortune   137

Geert H.M. CLAASSENS
De *Torrez* à *Torec*: un roman arthurien en moyen néerlandais et sa source inconnue en ancien français   159

Remco SLEIDERINK
La dame d'Audenarde comme juge d'amour: le rapport intertextuel entre *Li Romans du Vergier et de l'Arbre d'Amors* et une chanson de Gillebert de Berneville   177

Index des manuscrits cités   191

Index des personnes, des œuvres et des lieux cités   193

TABLE DES MATIÈRES

Michèle GOYENS & Werner VERBEKE

DE BAUDOUIN DE CONDÉ À JEAN D'ANTIOCHE: UN PARCOURS ONDOYANT DANS LA DIACHRONIE DU FRANÇAIS

Les études de langue et de littérature françaises du moyen âge offertes dans ce volume concernent des sujets divers liés au moyen âge français. La plupart des contributions sont consacrées à une œuvre littéraire ou un auteur, qui se situent chronologiquement entre le début du XIIe siècle – pensons à Herman de Valenciennes ou Guillaume d'Angleterre – et la fin du XIIIe siècle, avec des auteurs comme Gilbert de Berneville ou un traducteur comme Jean d'Antioche. Cette période doit toutefois être étendue jusqu'au XVe siècle, si nous prenons en compte les études panoramiques des représentations de certaines figures littéraires dans les manuscrits, et encore davantage, avec l'analyse diachronique des phraséologies, qui a comme point d'ancrage l'ancien et le moyen français, mais s'étend bien au-delà de ces limites.

Pourquoi munir alors cette introduction d'un titre révélant des frontières temporelles plus restreintes? Tout s'explique par l'objectif initial de ce volume, qui se veut le reflet d'une journée d'études organisée en l'honneur du professeur émérite Willy Van Hoecke. La passion de ce savant pour la linguistique diachronique et la littérature médiévale françaises lui a fait développer des techniques d'édition critique à partir des œuvres de Baudouin de Condé, dont l'activité littéraire se situe essentiellement entre 1240 et 1280[1], techniques qu'il appliquera aussi à l'édition de la *Rectorique de Marc Tulles Cyceron*, une traduction de deux traités de rhétorique latins réalisée par Jean d'Antioche à la fin du 13e siècle. Cette traduction incitera en outre Willy Van Hoecke à mettre au point une méthode scientifique pour l'étude empirique de l'évolution de la langue par le biais de traductions.

'Lors est ce jour grant joie nee': ce vers tiré de la *Voie de Paradis* de Baudouin de Condé permet de référer au jour où Willy Van Hoecke a découvert sa passion pour les anciens textes et pour la linguistique, il

---

1. Willy Van Hoecke, *L'œuvre de Baudouin de Condé et le problème de l'édition critique* (Thèse de doctorat, Leuven, 1970), 5 vol.

y a déjà bien longtemps. Ce sera une passion qui le mènera bien loin: d'un côté, dans la philologie, il découvrira les difficultés de l'édition critique pour laquelle il mettra au point une nouvelle technique, basée sur le respect minutieux des diverses copies et la transparence pour les lecteurs et chercheurs modernes. Il appliquera cette technique, dans le cadre de sa thèse de doctorat, à l'édition de l'œuvre de Baudouin de Condé, et l'apprendra plus tard à ses étudiants.

De l'autre côté, sa passion pour la linguistique le rend spécialiste de la phonétique, de la morphologie et de la syntaxe historiques du français, toujours au courant des derniers développements de la linguistique qu'il scrutera d'un œil critique. Dans ce cadre, il mettra au point une méthode pour la recherche empirique, à savoir l'étude de l'évolution d'une langue par le biais de traductions. C'est grâce à lui qu'aujourd'hui il y a une spécialiste d'Honorat Rambaud, une autre de l'évolution de la détermination du nom en français, et encore une lexicologue historique et éditrice de textes du moyen âge. C'est grâce à lui que beaucoup d'anciens étudiants ont un chaleureux souvenir de leurs études de langue et littérature romanes à Louvain. C'est grâce à lui que le programme de ces études a pu prendre forme et a été constamment guetté et corrigé au cours des années. Essayons de présenter les différents aspects qui ont marqué sa carrière professionnelle.

Il y a pas moins de quatre profils différents qui caractérisent l'activité professionnelle de Willy Van Hoecke au cours des quarante années de recherche et d'enseignement à l'université, depuis son poste d'assistant auprès du professeur Omer Jodogne en 1964 jusqu'à l'année 2004 où il accède à l'éméritat: le profil de chercheur, celui de directeur de travaux, celui de professeur, et enfin celui de collègue.

Toute tentative de résumer les sujets de recherche que Willy Van Hoecke a étudiés aboutit à la constatation qu'il n'y avait aucun topique en linguistique ou en littérature médiévale qui ne l'intéressait pas. Toujours apte, et toujours prêt aussi, à donner de mémoire des renseignements bibliographiques ou à expliquer des théories, il montrait non seulement qu'il avait pris connaissance d'une nouvelle théorie ou d'une nouvelle étude ponctuelle sur un sujet touchant à la diachronie du français, mais en outre qu'il pouvait l'expliquer dans les moindres détails et déjà formuler des observations critiques bien justifiées et argumentées à leur égard, invitant ses collègues à la réflexion et la discussion critiques.

La première balise dans sa carrière de chercheur est sans aucun doute sa thèse de doctorat, qui compte pas moins de cinq gros volumes consacrés à l'œuvre de Baudouin de Condé. Il s'agit d'une édition critique de son œuvre, accompagnée d'un exposé argumenté et basé sur une recherche fouillée à propos de la méthodologie de l'édition critique de textes. À une époque où l'informatique n'offrait pas encore les possibilités mises à profit actuellement, Willy Van Hoecke développa une méthode d'édition de textes qui exigeait encore à ce moment-là une préparation matérielle très assidue, impliquant le découpage et recollage de vers ou parties de vers afin de regrouper toutes les variantes de manuscrits – aujourd'hui, Willy Van Hoecke s'est approprié les techniques informatiques les plus modernes, lui permettant de présenter les matériaux avec plus d'aisance qu'il y a 35 années. Cette thèse fut le début prometteur d'une carrière scientifique qui est devenue, comme le laisse soupçonner le titre de cette introduction, un 'parcours ondoyant'.

Il s'agit d'un parcours ondoyant dans le sens où Willy Van Hoecke a étudié – et étudie toujours – des thèmes de nature fort différente, toujours intéressé par de nouvelles découvertes ou révélations. C'est ainsi qu'il s'occupa pendant une longue période à un projet d'une très grande envergure, à savoir l'édition et l'étude de la *Rectorique de Marc Tulles Cyceron*, une traduction de deux traités de rhétorique latins, le *De Inventione* et la *Rhetorica ad Herennium*, réalisée par Jean d'Antioche en 1282 à Acre en Terre sainte. Au début des années 1970, Willy Van Hoecke lança une série de mémoires de licence consacrés à l'édition critique de cette traduction, ce qui résulta en 14 mémoires, tous minutieusement corrigés par le maître. Dans le prolongement de cette édition débuta en 1985 un projet de recherche subventionné par le Fonds de recherche de l'Université catholique de Leuven et le Fonds national de la recherche scientifique[2], dans le cadre duquel le texte fut réuni en un seul document, et soumis à une première étude linguistique consacrée à la terminologie juridique et réalisée en collaboration avec Dirk Van den Auweele, spécialiste dans l'histoire du droit. Le texte se prête en effet de façon excellente à une telle étude, puisque les traités de rhétorique foisonnent d'exemples tirés de procès judiciaires. Ces analyses donnèrent

---

2. Projet de recherche *Le développement du champ sémantique du droit romain dans le système lexical du français. Une étude de la terminologie juridique dans la traduction par Jean d'Antioche (1282) du "De Inventione" de Cicéron et de la "Rhetorica ad Herennium"* (K.U. Leuven, Onderzoeksfonds OT/85/10; NFWO. Kredieten aan navorsers S 2/5 – ADG.D6285; 01.10.1985-30.09.1987), sous la direction de Willy Van Hoecke et Dirk Van den Auweele.

des résultats très intéressants sur le développement du vocabulaire juridique français et en particulier sur la méthode de traduction de Jean d'Antioche, un traducteur peu ordinaire à son époque[3].

Une fois lancé sur la piste de la lexicologie historique, Willy Van Hoecke a aussi dirigé le projet de recherche *La traduction de traités biologiques au moyen âge: une étude comparative sur les traducteurs et leurs stratégies de traduction en langue savante et en langue vernaculaire*[4], en collaboration cette fois avec Jozef Brams du Centre Dewulf-Mansion de l'Institut supérieur de philosophie, où c'est le lexique biologique qui est analysé. C'est dans le cadre de ce projet que fut organisé le colloque international *Science Translated – La Science en Traduction. Les traductions latines et vernaculaires des traités scientifiques en Europe médiévale*, dont les actes ont paru récemment[5].

En parallèle à ces projets, Willy Van Hoecke s'est intéressé à des thématiques très diverses, historiques, linguistiques ou autres. Ainsi, il fut l'éditeur de volumes consacrés à l'amour et au mariage au moyen âge[6], au roi Arthur[7], mais aussi aux parties du discours[8] et à la grammaticographie au XVIe siècle[9]. Ces thématiques ont aussi engendré de nombreux articles historico-littéraires, concernant l'évolution du français dans les Flandres françaises, des fragments de manuscrits, des chartes, ou des

3. Voir par exemple Willy Van Hoecke & Dirk Van den Auweele, 'Le développement du champ sémantique du droit romain dans le système lexical du français. Une étude de la terminologie juridique dans la traduction par Jean d'Antioche (1282) du *De Inventione* de Cicéron et de la *Rhetorica ad Herennium*', in: Dieter Kremer (éd.), *Actes du XVIIIe Congrès International de Linguistique et de Philologie Romanes, Université de Trèves (Trier) 1986*, Tome 7 (Tübingen: M. Niemeyer, 1989), p. 512-521.

4. K.U.Leuven, Onderzoeksfonds OT/01/06 (01.10.2001-30.09.2004), sous la direction de Willy Van Hoecke, Michèle Goyens, Jozef Brams et Baudouin Van den Abeele.

5. Voir Michèle Goyens, Pieter De Leemans & An Smets (éds), *Science Translated: Latin and Vernacular Translations of Scientific Treatises in Medieval Europe*, Mediaevalia Lovaniensia, Series I, Studia 40 (Leuven: University Press, 2008).

6. Willy Van Hoecke & Andries Welkenhuysen (éds), *Love and Marriage in the Twelfth Century*, Mediaevalia Lovaniensia, Series 1, Studia 8 (Leuven: Leuven University Press, 1981).

7. Willy Van Hoecke, Gilbert Tournoy & Werner Verbeke (éds), *Arturus Rex*. Volumen II. *Acta Conventus Lovaniensis 1987*, Mediaevalia Lovaniensia, Series 1, Studia 17 (Leuven: Leuven University Press, 1991).

8. Pierre Swiggers & Willy Van Hoecke (dir.), *Mot et parties du discours. Word and Word Classes. Wort und Wortarten*, La Pensée Linguistique 1 (Leuven: Leuven University Press – Peeters, 1986).

9. Pierre Swiggers & Willy van Hoecke (dir.), *La langue française au XVIe siècle: usage, enseignement et approches descriptives*, La Pensée Linguistique 2 (Leuven: Leuven University Press – Peeters Louvain-Paris, 1989).

contributions strictement linguistiques, comme la qualification de la graphie en moyen français, l'évolution des possessifs, la négation, etc. Les sujets sont trop nombreux pour être tous mentionnés, et d'ailleurs il travaille dans son coin à maints sujets dont il ne souffle mot.

Beaucoup de ces travaux furent réalisés dans le cadre de l'Institut des études médiévales, pour lequel il conçut le colloque "L'essor des langues vernaculaires au moyen âge" en 2000[10], unique dans sa thématique et source d'inspiration de nombreux autres travaux.

Aussi sur le plan international, Willy Van Hoecke a eu de nombreux contacts scientifiques intenses: on peut citer par exemple Yasmina Foehr-Janssens en Suisse, Yves-Charles Morin et Louise Dagenais au Canada, Claude Buridant, Christiane Marchello-Nizia, Liselotte Pasques, Cinzia Pignatelli, Gilles Roques et Henriette Walter en France, Leena Löfstedt aux Etats-Unis, etc., autant de personnes qui ont été invitées à Leuven, où elles ont participé à des réunions scientifiques avec des collègues et des étudiants. Willy Van Hoecke a échangé beaucoup de discussions avec elles, qui ont permis à chaque partie d'avancer dans sa recherche.

Un second profil qui permet de caractériser Willy Van Hoecke est celui de directeur de travaux: un directeur enthousiasmant et menant toujours plus loin les étudiants ou chercheurs travaillant avec lui. Il dirigea ainsi pas moins de 176 mémoires de licence et trois thèses de doctorat.

En tant que professeur de linguistique historique du français et de philologie, Willy Van Hoecke s'est acquis une grande renommée auprès de ses étudiants, tous néerlandophones. Sa passion pour l'enseignement était plus qu'évidente, lorsqu'il arpentait l'auditoire pour vérifier si tout le monde avait bien compris. En outre, ses cours étaient étayés par des syllabus de plus en plus détaillés, donnant lieu, pour le cours de grammaire historique par exemple, à un manuel de plus de 300 pages en format A4. En outre, la façon d'aborder cette matière est unique en son genre: en s'éloignant de la conception classique de la grammaire historique comme étant un cours d'explication d'auteurs ou un cours d'ancien français, Willy Van Hoecke établit un cadre linguistique et aborda systématiquement les différents domaines de la linguistique, pour lesquels il parcourt les évolutions les plus pertinentes, établissant toujours un lien avec le français moderne et mettant l'accent sur les différences d'ordre typologique entre le latin et le français.

---

10. M. Goyens & W. Verbeke (éds), *The Dawn of the written Vernacular in Western Europe*, Mediaevalia Lovaniensia, Series I, Studia 23 (Leuven: University Press, 2003).

Enfin, en tant que collègue, Willy Van Hoecke se qualifie par sa modestie, son honnêteté et son fair-play inégalables dans le monde académique! Sa modestie l'incite à fournir des idées et des raisonnements qui permettent d'élaborer un nouveau projet de recherche, alors qu'il préfère rester lui-même à l'arrière-plan.

Ce volume est donc dédié à Willy Van Hoecke, un honneur que beaucoup de collègues et d'anciens étudiants tiennent à lui témoigner très chaleureusement, pour le remercier de son travail de professeur, de directeur de thèse ou de mémoire, de diachronicien du français, mais aussi d'administrateur de la Faculté, de la commission d'enseignement et des Presses universitaires, des facettes qui n'ont pas pu être abordées mais qui prennent une place tout aussi importante dans sa carrière. Les choix de contributions ici présentes rejoignent les diverses thématiques qui ont passionné un jour Willy Van Hoecke ou ses étudiants-chercheurs, sans pouvoir prétendre à l'exhaustivité, loin de là. Elles concernent la linguistique et la littérature du moyen âge et englobent des discussions liées à la phraséologie historique, l'histoire, les manuscrits et la miniature, et des figures d'auteurs.

Bibliographie

GOYENS Michèle, Pieter DE LEEMANS & An SMETS (éds), *Science Translated: Latin and Vernacular Translations of Scientific Treatises in Medieval Europe*, Mediaevalia Lovaniensia, Series I, Studia 40 (Leuven: University Press, 2008).

GOYENS Michèle & Werner VERBEKE (éds), *The Dawn of the written Vernacular in Western Europe*, Mediaevalia Lovaniensia, Series I, Studia 23 (Leuven: University Press, 2003).

SWIGGERS Pierre & Willy VAN HOECKE (dir.), *Mot et parties du discours. Word and Word Classes. Wort und Wortarten*, La Pensée Linguistique 1 (Leuven: Leuven University Press – Peeters, 1986).

SWIGGERS Pierre & Willy VAN HOECKE (dir.), *La langue française au XVIᵉ siècle: usage, enseignement et approches descriptives,* La Pensée Linguistique 2 (Leuven: Leuven University Press – Peeters Louvain-Paris, 1989).

VAN HOECKE Willy, *L'œuvre de Baudouin de Condé et le problème de l'édition critique* (Thèse de doctorat, Leuven, 1970), 5 vol.

VAN HOECKE Willy, Gilbert TOURNOY & Werner VERBEKE (éds), *Arturus Rex. Volumen II. Acta Conventus Lovaniensis 1987*, Mediaevalia Lovaniensia, Series 1, Studia 17 (Leuven: Leuven University Press, 1991).

VAN HOECKE Willy & Dirk VAN DEN AUWEELE, 'Le développement du champ sémantique du droit romain dans le système lexical du français. Une étude de la terminologie juridique dans la traduction par Jean d'Antioche (1282) du *De Inventione* de Cicéron et de la *Rhetorica ad Herennium*', in: Dieter KREMER (éd.), *Actes du XVIIIe Congrès International de Linguistique et de Philologie Romanes, Université de Trèves (Trier) 1986*, Tome 7 (Tübingen: M. Niemeyer, 1989), p. 512-521.

VAN HOECKE Willy & Andries WELKENHUYSEN (éds), *Love and Marriage in the Twelfth Century*, Mediaevalia Lovaniensia, Series 1, Studia 8 (Leuven: Leuven University Press, 1981).

Claude BURIDANT

PHRASÉOLOGIE HISTORIQUE DU FRANÇAIS: ESQUISSE DE BILAN ET PERSPECTIVES

1. Objectifs de la phraséologie historique

1.1. Étude des phrasèmes

La phraséologie historique peut se donner pour tâche d'étudier les phrasèmes dans l'histoire de la langue française, en dégageant tout particulièrement leur processus de production et de création, à l'inverse leur capacité de résistance, et leur rôle témoin majeur dans l'architectonique syntaxique et culturelle de cette langue.

En ce qui concerne leur processus de création, comme l'ont montré plusieurs linguistes travaillant sur ce phénomène, les phraséologismes constituent des éléments importants dans la créativité et le fonctionnement d'une langue; M. Gross affirme ainsi, chiffres à l'appui, qu'en français 'les phrases figées sont plus nombreuses que les phrases libres'[1]; et plus largement, les expressions figées ne constituent nullement un phénomène marginal, mais un fait central dans les langues, une réalité de premier plan qui est une caractéristique des langues naturelles et qui fait partie intégrante de leur histoire[2]. Ce faisant, M. Gross prend les phrases figées au sens le plus large: il les définit comme une construction formée d'au moins deux mots, qui échappe le plus souvent aux règles de la compositionalité propres à chacun des termes et ne tolérant qu'un nombre restreint de variations; le figement intervient effectivement dans un très grand nombre d'énoncés ou partie d'énoncés, non sans poser des problèmes de limites, explorés par R. Martin[3] et M. Gross[4], et de variance[5].

Résistant souvent, dans une certaine mesure, à l'évolution de la langue, 'nœuds' linguistiques peu sensibles au changement, les phrasèmes témoignent volontiers de l'émergence de la diachronie dans la synchronie, comme

1. Gross (1992: 22).
2. Gross (1997: 202).
3. Martin (1996).
4. Gross (1988).
5. Gréciano (1996).

des lieux de résidus archéologiques où se marque le plus évidemment l'historicité de la langue; les grilles de configuration deviennent les garants d'une stabilité transgressant normes et époques, avec la retenue hors de l'évolution d'anomalies morphologiques, de nécrotismes, d'archaïsmes fossiles; c'est souvent de ce point de vue qu'on les étudie dans le fonctionnement synchronique d'une langue, souvent à la recherche de leur genèse et de leur origine étymologique, effacée par leur sédimentation et leur obscurcissement sémantique avec le temps, en contraste avec les constructions non figées, 'libres'[6].

Enfin, les phrasèmes ont valeur de témoignage: ils se figent et se fixent dans des moules de création syntaxiques, sémantiques et rhétoriques propres à un état de langue, les figements s'opérant dans des structures archétypiques – locutions verbales, locutions nominales, adjectives, prépositives –, et traduisent des tendances structurales des plurisystèmes langagiers[7]. C'est dire aussi que la phraséologie est un ensemble porteur de l'idiosyncrasie, d'une façon collective de voir les choses, d'une façon idiomatique de parler, d'une culture[8].

Mais elle peut aussi répondre panchroniquement à des tendances fondamentales caractéristiques de la typologie d'un groupe cohérent de langues; la création phraséologique peut être un révélateur, par certains aspects, d'une architectonique rhétorique et culturelle de l'ancienne langue française, mais elle peut être aussi, plus largement, un effet de la tendance générale des langues romanes à favoriser les constructions analytiques renouvelant le lexique de manière expressive par une économie de moyens, composant avec des matériaux disponibles, plutôt que de créer de nouvelles unités synthétiques; toutes les langues romanes ont ainsi développé au cours de leur histoire un large éventail de verbes 'polylexicaux' qui peuvent exprimer au moyen d'un procédé syntagmatique des valeurs aspectuelles que l'on ne saurait préciser lexicalement, comme en espagnol *dar un golpe* (semelfactif) / *dar golpes* (réitératif)[9]. Ce type de verbe n'est cependant pas étranger au latin, comme en témoignent par exemple les expressions périphrastiques à base *dare* sans contrepartie synthétique relevées dans un large corpus par A. M. Martin Rodriguez: *dare calamitatem / caliginem / cladem / consilium / cuneum / gyros / indutias / negotium / nidorem / pausam / perniciem / staticulos / stragem*, bien des verbes synthétiques étant par ailleurs attestés après la locution analytique

6. Marchello-Nizia (1992: 43).
7. Lerat (1995).
8. Gonzalez Rey (2002: 40).
9. Schøsler (2003a: 411) et (2003b: 221-222); Keller (1994).

ou n'étant pas attestés chez des auteurs qui ont pourtant recours à la périphrase correspondante[10].

1.2. Le français préclassique

La phraséologie historique a aussi pour tâche de retracer l'histoire de la phraséologie comme discipline, dans ses principales étapes. Une étape décisive est ainsi constituée par la naissance, en français préclassique, d'une sensibilité aux 'tours' et locutions, qui ne fera que se développer ensuite, comme le souligne avec bonheur G. Sioufi dans son étude sur le développement de la syntaxe dans la réflexion grammaticale de l'époque:

> En schématisant beaucoup, on pourrait dire que le XVIᵉ siècle s'est essentiellement intéressé aux langues modernes sous le rapport du lexique, réservant l'analyse grammaticale au cadre des langues anciennes, que l'on hésite encore à appeler "mortes". La charnière des deux siècles est l'époque des innombrables "trésors", trésors d'innombrables termes qui, par leurs spécialisations d'emploi, leur origine mystérieuse, leurs croisements de sens, pouvaient donner l'impression aux esprits encyclopédiques de la Renaissance de tisser sur le monde un réseau complet de significations.
> On voit néanmoins comment, au sein de cette sensibilité exacerbée au foisonnement lexical, pouvait apparaître, stimulée par la conscience d'un "usage" différent pour chaque langue, la perception d'ensembles désignatifs à caractère figé, de façons de parler intransportables d'une langue à une autre, réservées à certains contextes bien précis, voire à certains groupes sociaux ou professionnels. Le sens différent des expressions "faire le comte" et "faire comte", par exemple, ou de "faire la teste" et "faire teste", attire l'attention d'Henri Estienne sur le problème de l'article, et sur le signifiant de son expression ou de son omission dans la constitution de locutions[11].

C'est précisément le type d'exemple que reprendra Guillaume en soulignant le poids significatif de l'emploi de l'article (cf. infra).

Dès lors une place importante est 'réservée, dans tous les commentaires du XVIᵉ siècle, et particulièrement dans ceux du début du XVIIᵉ, aux expressions, aux locutions, aux 'tours', à ce que l'on appelait alors 'phrases', c'est-à-dire aux unions de mots non spécifiquement rangés dans des fonctions'[12]. Ou encore les 'façons de parler' (FP) dans le *Dictionnaire de l'Académie* dans son édition de 1694, dont on peut esquisser

---

10. Martin Rodriguez (1996: 51).
11. Sioufi (2003: 27-28); dans *Hypomneses*, 1582, p. 184-18: DE ARTICULO IN QVIBUSDAM LOCIS OMITTENDO, & in nonnullis ponendo vel praetermittendo, pro diversa significatione. Item, De praepositione ante articulum ponenda vel omittenda (Traduction de J. Chomarat, p. 435-436).
12. Sioufi (2003: 28).

ici la palette des emplois à partir du balayage des 292 occurrences qui en sont attestées par la recherche dans sa version informatisée de l'ATILF. Elles peuvent être référées à

— des genres de syntagmes liés:

> Façons de parler proverbiales: *amitié·* L'*amitié passe le gand.* FP proverbiale.
> Façons de parler adverbiales: *basse note·* Ne se dit que dans cette FP adverbiale. *chanter à basse note* pour dire 'chanter d'une voix basse'.
> Façons de parler figurées (cf. infra).
> Façons de parler du langage technique: *rabbattre·* On dit figur. L'*on rabbat beaucoup d'une personne.* Quand on diminue de l'estime qu'on avoit d'elle, et en ce sens on dit quelquefois *J'en rabbas quinze* qui est une FP tirée du jeu de paume.

— des marques d'usage diachroniques ou diastratiques, socio-culturelles et plus ou moins normatives: façon de parler ancienne – qui vieillit, commune – ordinaire – familière – populaire – basse – triviale – burlesque:

> *chef· mettre une entreprise en chef, venir en chef*, FP ancienne.
> *comme· Comme ainsi soit que*, FP qui vieillit.
> *Dieu· Dieu le sçache*, FP commune pour marquer l'incertitude où l'on est de quelque chose. *Ce qui arrivera, Dieu le sçache.*
> *Dieu· Dieu sçait*, FP ordinaire qui emporte avec soy une espèce d'affirmation quand on parle du futur…
> *donner· Donner belle*, FP familière, par laquelle on reproche à quelqu'un qu'il abuse de nostre crédulité, ou de nostre patience. *Vous me la donnez belle*, vous nous en voudriez bien faire accroire, vous me la donnez belle…
> *planter·* On dit aussi *Planter quelqu'un en quelque endroit* pour dire L'y laisser en passant, et on ne se sert guère de cette FP que par familiarité, ou par mespris…
> *Dieu· Dieu vous gard.* FP populaire en abordant quelqu'un.
> *torquet·* s. m. il n'a d'usage que dans cette FP populaire et basse, *Donner du torquet à quelqu'un*, Le tromper, luy dire une chose contraire à ce qu'on pense pour le faire tomber dans le panneau.
> *bois·* On dit *trouver visage de bois*, pour dire Trouver la porte fermée, ne trouver personne. Cette FP est basse.
> *Ad patres*, FP basse et burlesque qui n'a guère d'usage qu'en ces phrases: *Aller ad Patres, Envoyer ad Patres.*
> *quolibet*, FP basse et triviale, qui renferme ordinairement une mauvaise plaisanterie…

Les deux types de marques peuvent se combiner:

> *diable· En diable·* FP adverbiale & basse.
> *haye· Haye au bout.* FP bass. & proverb. qui sign. quelque chose pardessus.
> *À tort et mal à propos. À propos de bottes.* FP proverbiale et populaire dont on se sert pour entrer en un discours qui n'a aucune liaison avec les choses dont on parle.

L'examen de l'emploi de *façon de parler* dans cette première édition du *Dictionnaire de l'Académie*, serait riche d'enseignements pour la phraséologie historique, non seulement par les options culturelles en jeu (cf. la péjoration dont commencent à être marqués les 'proverbes'), mais aussi par les témoignages apportés sur l'évolution diachronique des phraséologismes.

Étant entendu que ces *façons de parler* sont loin de répertorier tous les phraséologismes enregistrés par le *Dictionnaire*, nombre de 'façons de parler' peuvent être repérés à l'intérieur des articles sans mention particulière, comme dans l'exemple ci-dessus *torquet*, commenté par la locution *tomber dans le panneau*, ou encore *donner dans le panneau* s. v. *panneau*.

Au-delà de cette étape importante, une étude spécifique resterait à faire sur le traitement des phrasèmes dans l'évolution de la lexicographie: typologie des phrasèmes, modes d'enregistrements, marques d'usage, etc., comme le fait J.-P. Saint-Gérand pour le *Dictionnaire universel* de Boiste en suivant ses éditions, depuis l'édition originale de 1800 jusqu'à l'édition de 1857, en soulignant l'importance des collocations et la part croissante de la stéréotypie marquée par le métalangage:

> Non seulement les entrées et les marqueurs d'usage stylistiques progressent quantitativement de manière significative, eu égard aux visées du lexicographe et à l'évolution des notions utilisées par la société, mais les éléments du métalangage dénotant la stéréotypie s'accroissent dans une proportion encore supérieure, qui atteste – jusque dans la langue – l'importance des "idées reçues", et qui prouve l'adaptation du dictionnaire aux besoins et aux préoccupations de son public. Dans cette perspective, le rôle du lexicographe ne se limite pas à enregistrer les variations du vocabulaire, il consiste également à marquer l'affleurement des plaques de la sclérose lexicale, les effets de la stéréotypie portant atteinte à la vie du langage[13].

2. Définition de l'objet

La définition englobante recouvre une large palette de phrasèmes, le phrasème pouvant être défini comme un polylexème plus ou moins figé et plus ou moins figuré, que l'on peut étalonner sur une échelle comme l'a fait Fraser pour les locutions de l'anglais[14]; ce polylexème peut être à géométrie variable, avec fluctuation du figement des éléments dans une phraséologie semi-ouverte où l'on distinguera à la base les collocations, soit les collocations libres – ce que Bally appelle les 'combinaisons libres'

13. Saint-Gérand (1990: 162).
14. Fraser (1970).

(*avoir une maison*), – mais aussi les 'groupements usuels' (*chaleur suffo-cante*), et par ailleurs les collocations restreintes avec ou sans métaphores, et les séries phraséologiques.

Une conception étroite de la phraséologie exclut les combinaisons phra-séologiques constituant des phrases autonomes que sont les proverbes, les phrases proverbiales, les citations et les terminologies complexes, et allant jusqu'à embrasser les slogans, les titres de livres, de presse, etc. Une conception large les inclut, et c'est cette option qui est retenue ici, comme elle l'est à présent très largement chez les phraséologues[15], la phraséologie d'une époque reflétant les caractéristiques globales d'une langue à cette époque, où interviennent les paramètres syntaxiques, rhé-toriques et culturels.

L'échelle allant des collocations aux séquences phraséologiques auto-nomes peut être inscrite dans la typologie des phrasèmes établie par I. A. Mel'čuk, la phraséologisation pouvant se mesurer par les propriétés du lexème complexe de ne pas découler des propriétés des signes qui le composent:

> Nous avons affaire à la phraséologie chaque fois que, dans une langue L, un complexe Z de signes X et Y possède des propriétés – sémantiques, phonétiques ou combinatoires – qui ne découlent pas, suivant les règles standard de L, des propriétés correspondantes des signes constituants. Autrement dit, Z différent de X + Y. L'expression Z est alors appelée com-plexe phraséologisé de signes. Nous appelons un tel Z un phrasème, et l'ensemble de tous les phrasèmes de L, la phraséologie de L[16].

Dans cette typologie, le phraséologisme comprend ainsi trois compo-santes: le signifié, le signifiant et le syntactique.

Dans ce cadre, on peut distinguer les phrasèmes non sémantiques des phrasèmes sémantiques. Parmi les premiers, on décèle:
– les phrasèmes formels (le signifiant en morphologie est lexicalisé), ce sont des formes supplétives fonctionnant dans des périphrases, comme les périphrases marquant les différentes phases du procès distinguées par E. Coseriu: ingressif, duratif, égressif;
– les phrasèmes combinatoires, où le syntaxique est lexicalisé: signes uniques tels que les pragmatèmes que sont les formules de salutation.
En ce qui concerne les phrasèmes sémantiques, dont le signifié est lexi-calisé, on peut les définir ainsi: un phrasème X est dit sémantique si et seulement si X est quasi-représentable dans son signifiant. Soit l'exemple

15. Cf. Burger – Häcki Buhofer – Gréciano (éds 2003) et le compte rendu de C. Buridant.
16. Mel'čuk (1995: 393).

vendre au mot premier; le signifiant de cette expression est parfaitement représentable en termes de signifiants de signes constituants (*vendre + au + mot + premier*) alors que son signifié ne l'est pas: 'vendre au mot premier', i. e. 'vendre sans marchander, sans barguigner' vs. 'vendre' + 'au' + 'mot' + 'premier'.

On peut distinguer trois classes de phrasèmes sémantiques, depuis les phrasèmes sémantiques faibles jusqu'aux phrasèmes sémantiques forts ou complets. Les *phrasèmes sémantiques faibles* ou *semi-phrasèmes*, que l'on peut aussi dénommer *collocations*, constituent la majorité des lexèmes figés et semi-figés d'une langue: le signifié de ce type de phrasème inclut le signifié des signes constituants mais ne partage aucune composante non triviale avec les signifiés des autres signes; leur sens est totalement compositionnel: *donner crédit, croyance, opinion, réponse.* La théorie Sens-Texte propose pour les décrire un outil spécial que sont les *fonctions lexicales.*

En ce qui concerne les *quasi-phrasèmes sémantiques*, le signifié du phrasème inclut les signifiés de tous les signes constituants mais contient en plus une composante sémantique imprévisible; leur sens est partiellement compositionnel: *appeler à l'aide* 'appeler pour de l'aide dans une situation de danger ou d'urgence'.

Quant aux *phrasèmes sémantiques forts*, ou *complets*, où le signifié du phrasème ne partage aucune composante non triviale avec aucun des signifiés des signes constituants, ce sont les phrasèmes les plus reconnaissables: la compréhension des composantes séparées est complètement opaque, et le niveau de métaphorisation est le plus fort. Ces phrasèmes répondent aux trois critères distingués par G. Gréciano pour identifier les phraséologismes: polylexicalité, figement (relatif) et figuration qui rend leur sens global non déductible du sens de chacun de leurs éléments. Leur sens est totalement non-compositionnel, au regard des constructions libres. Le pouvoir fixateur et généralisateur de la signification associée fait de ce type de phrasème une dénomination.

Quel que soit leur niveau, les phrasèmes ont l'avantage de faciliter la mémorisation, le stockage en mémoire.

3. Bilan des études et perspectives

3.1. Typologie et analyse

Au niveau premier des collocations ou phrasèmes sémantiques faibles, on peut dégager des collocations à base de verbes polylexicaux, et en particulier de verbes de large champ sémantique. L'ancienne langue se caractérise en effet par une tendance générale consistant à multiplier les séquences verbales formées à partir de verbes opérateurs de sémantisme large, comme dans *faire delivre* → *delivrer*, ainsi que par l'existence d'un nombre considérable de doublets formés de séquences verbales plus ou moins phraséologiques qui concurrencent des verbes simples: *asalir / donner assaut* ; *doner conseil / conseillier*; *desirier / avoir desirance*; *destruire / mettre en destruisement, faire destruction...* Comme le souligne J. Chaurand pour *doner conseil / conseillier*, ces lexies complexes, à l'état brut ne disent rien de plus que le correspondant simple[17]. Ces doublets périphrastiques peuvent cependant offrir l'avantage d'exprimer les différents aspects, de l'ingressif au duratif: *prendre, emprendre, movoir, faire, mener, maintenir guerre*. L'on touche ici aux verbes supports, dont les critères de figement ont été amorcés par C. Marchello-Nizia esquissant une grammaire partielle des expressions verbales figées ou partiellement figées en ancien français et mettant en évidence leur spécificité diachronique. Elle dégage ainsi quelques traits caractéristiques de ces formations:

1. l'objet nominal antéposé non anaphorique, non thématisé ni emphatisé, est non déterminé, comme dans les exemples: *merveilles me dites, fet Perceval, qui me dites que..; noveles vos aport molt merveilleuses...; saluz vos mande li bons chevaliers*[18];

2. il s'agit dans plusieurs cas de verbes qu'on nomme pour le français actuel 'verbes supports', et qui, en corrélation avec un nom qui leur donne leur sens, forment une expression quasi figée: *poor avoir* ('avoir peur'), *mot ne dire* ('ne dire mot'), *saluz mander* ('dire bonjour, saluer');

3. ce type d'énoncé est fréquemment à sujet nul;

4. il s'agit d'un groupe lié: pas d'épithète entre le complément d'objet direct antéposé et le verbe;

5. pas d'expansion entre l'objet antéposé et le verbe, de type complément déterminatif ou proposition relative;

6. quand l'objet nominal antéposé au verbe est accompagné d'un adjectif, il s'agit d'un adjectif intensif (*grant*) ou évaluatif (*bon, bel*), l'objet pouvant être emphatisé;

7. ces expressions sont particulièrement fréquentes en discours direct ou en 'style indirect libre';

17. Chaurand (1983: 14).
18. *La Queste del Saint Graal*, 100, 5, 30.

8. elles peuvent commuter avec des verbes simples: *saluz mander / saluer, prendre fin / finir*, etc.;

9. elles sont marquées par certaines contraintes: non seulement elles constituent un groupe lié dont les éléments ne peuvent être disjoints que par certains adverbes comme *onques, ja, volontiers*, mais aussi certains noms y apparaissent plus comme des objets adverbialisés que comme de véritables objets, qualifiés ou quantifiés comme le serait un adjectif ou un adverbe, comme dans *faire honor:* 'si li fist mout honor';[19]

10. un ensemble d'autres expressions partagent plusieurs traits communs avec les expressions relevées, formées avec les verbes supports *avoir/fere* surtout, mais aussi *crier/demander/dire/envoiier, oïr/veoir/ savoir, donner/metre/prendre/porter/tenir, trover, vouloir, avoir/ trover aventure; fere/porter/tenir compaignie; demander/doner/ prendre congié; demander/donner/envoiier/prendre/voloir conseil ; avoir doute; fere duel; fere feste; avoir/fere honor; avoir/crier/ trover merci (de); dire/oïr/veoir merveille; savoir mestier; dire/ respondre mot; demander/dire/savoir/oïr noveles (de); metre peine; avoir pitié; avoir poor; avoir preu; fere semblant; dire/fere vilenie; mettre* dans une multitude d'expressions comme *mettre en termes* 'exposer, exprimer, préciser'[20]; *faire* dans des locutions comme *faire bon* 'être utile, convenable'[21].

Ces constructions offrent un trait commun: elles peuvent être antéposées au verbe sans présenter les critères nécessaires permettant en syntaxe et en pragmatique normales à un groupe nominal de se trouver dans cette position; en français moderne, cette possibilité a disparu, et le trait archaïque restant est la possibilité pour le nom supporté de se construire sans déterminant.

D'autres études, plus récentes, sous la plume de L. Schøsler en particulier, prenant en compte la valence des verbes, examinent dans de larges corpus les étapes menant à la constitution de verbes polylexicaux à partir de la sélection des substantifs *chère, demande, droit, gré* et du substantif *garde*, selon un processus de lexicalisation, et permettent d'affiner certaines conclusions en proposant plusieurs étapes[22]. Dans ce qui suit, nous décrivons ces étapes.

19. *La Queste del* Saint *Graal*, 51.
20. Cf. Schmid (1984: 210).
21. Di Stefano (1991: 90c).
22. Schøsler (2003a et 2003b).

Comme point de départ sont prises en considération les constructions libres, caractérisées par la combinaison en principe illimitée des unités, où les seules contraintes en jeu sont celles imposées par la combinaison lexicale. Les substantifs y fonctionnent comme objets directs (*baisser la chiere, oïr la demande, empescher le droit de leur pere*), compléments prépositionnels (*une fort cité de forte garde*), ou compléments du sujet (*c'est le vouloir et le gré de Jhesu*). Un substantif comme *garde* au sens de 'protection' apparaît ainsi, selon les relevés de L. Schøsler, dans des constructions en syntaxe libre, non contrainte, dans la mesure où les limitations d'emploi sont prévisibles par la syntaxe lexicale, en sujet ou régime, avec ou sans qualification, adjectivale: *Lors me dit le roy: 'Dient il voir que la garde de l'abbaïe est moye? – Certes, sire, fis-je, non est, ains est moye'*[23].

Pour le passage à la construction à verbe support (CVS), la question se pose de distinguer la syntaxe libre de ce type de construction, deux définitions pouvant être retenues, empruntées à Gaatone[24]:
– une définition analytique, la construction à verbe support pouvant être définie comme un verbe complexe sans structure interne;
– une définition synthétique, le substantif de la construction ayant la fonction d'un objet direct ou d'un objet prépositionnel.
La deuxième définition semble plus appropriée que la première: si le substantif a la fonction interne d'objet direct, la CVS peut gouverner un objet prépositionnel, jamais un objet direct; et si le substantif a la fonction interne d'un objet prépositionnel, la CVS peut gouverner un objet direct. Cette façon de voir les choses n'implique pas que le substantif de la CVS occupe actuellement la place de l'objet direct ou de l'objet prépositionnel.

L'identification de la CVS peut se faire sur deux critères formels, à savoir la contrainte sur les déterminants et l'absence de pronominalisation. Pour le premier, en dehors du déterminant zéro, l'article indéfini est seul possible[25], ce qui veut dire qu'il n'y aurait pas de référent marqué. Il faut cependant remarquer que l'emploi constant de l'article défini peut contribuer au figement d'une locution, comme dans *doner l'eve* 'donner l'eau', réduction de la formule complète *doner l'eve a mains laver*[26]; il en va de même pour *corner l'eve* 'annoncer par une sonnerie de cor que l'on peut venir se laver les mains'. L'article alors renvoie implicitement à la situation typique de circonstances extralinguistiques.

---

23. Joinville, *La Vie de saint Louis,* éd. Monfrin, §676.
24. Gaatone (1998).
25. Cf. Vivès (1993: 11).
26. *Cligès,* 4976.

L'absence d'article peut être, plus largement, le signe de l'amorce d'un phraséologisme. Soit l'exemple de *cort* dans *La mort Artu*: sur les 81 occurrences du mot au singulier, *venir a cort* est représenté 19 fois, au regard de *venir a la cort* avec article lorsque *cort* est spécifié par un complément déterminatif ou quand *venir* est accompagné d'une particule séparée comme *aval*. Il en irait de même dans *tenir cort* / *tenir grant cort* ou *faire bataille*, qu'on peut traduire par 'combattre' (cf. aussi infra l'éduction de ce verbe). L'on est à la limite inférieure d'un processus de constitution d'un syntagme, comme dans *oïr messe*, systématique dans cette oeuvre, même avec un complément déterminatif: *oïr messe del seint Esperit* (176, 47). Dans cette limite, on repère des latitudes ou des habitudes combinatoires avec un invariant sémantique qui se retrouve dans le parallélisme de deux tournures: un syntagme prédicatif et un verbe unique, le nom qui appartient au syntagme spécifiant le procès selon le sens du verbe correspondant. Au seuil de l'auxiliarité, se traduisant par un évidement sémantique, le verbe présente une aptitude à entrer en combinaison, qui peut à son tour s'intégrer dans le paradigme verbal[27]. Dans son étude du verbe *doner* dans les oeuvres de Chrétien de Troyes, J. Chaurand peut ainsi relever plusieurs groupes de syntagmes où le verbe devient un support:

– en équivalence du simple correspondant: *doner conseil* / *conseillier*, mais plus largement *conseil* peut entrer dans un ensemble de constructions valentielles équivalent à *conseillier*: *soi conseillier* / *demander*, *prendre conseil*; *conseiller* / *doner conseil* ; *estre conseillié* / *avoir*, *recevoir conseil*. Cependant, l'équivalence n'est pas nécessairement stricte (cf. infra la différence entre *faire demande* et *demander*).

– en équivalence d'un verbe simple sans rapport morphologique: *doner cop* / *ferir*, où *coup* apparaît comme le chef de file superordonné par rapport à une série d'hyponymes spécifiant la variété de coup donné: *anpointe, bufe, colee, golee, joee,* etc.

Dans ces lexies complexes, on est en deçà du seuil de dématérialisation du verbe, et c'est ce seuil qu'il est difficile de déterminer, comme le reconnaît G. Moignet en posant la question du classement des locutions où entrent des verbes 'largement extensifs' comme *prendre, donner, rendre, perdre*: *prendre pied, prendre patience, donner raison, donner lieu, rendre justice, rendre compte, perdre patience, perdre pied*, etc[28].

27. Chaurand (1983: 29).
28. Moignet (1981: 145).

Dans le processus de constitution de CVS, l'absence d'article correspond à un mouvement de dématérialisation du substantif mis en relief par G. Guillaume (cf. infra).

Le deuxième critère formel est l'absence de pronominalisation, selon les critères proposés par l'approche pronominale. Alors que dans la syntaxe libre, les séquences nominales peuvent être reprises par un pronom, dans les CVS cette reprise est impossible, comme dans *donner un cadeau* → *je le lui donne* vs. *je lui donne connaissance de cette affaire* →* *je la lui donne/ *qu'est-ce que je lui donne? / *je lui en donne de cette affaire.* Ceci vaut pour la possibilité de clivage: **C'est connaissance de cette affaire que je lui donne.*

Ou encore dans *monter/observer une attaque*, exemple commenté par L. Schøsler: *Max monte une attaque contre le fort / Max observe une attaque contre le fort /C'est contre le fort que Max (monte/*observe) une attaque.*

Le clivage spécifique pour les CVS montre que *monter une attaque* est une CVS qui a comme complément *contre le fort* et que le verbe *observer* ne forme pas avec *une attaque* un tout par rapport à *contre le fort: observer une attaque* est donc en syntaxe libre.

L'impossibilité de pronominalisation et de clivage est révélatrice de l'état de prédication et de catégorisation du substantif postposé: prédiqué, le substantif fait corps avec la structure verbale et l'on peut alors considérer le verbe comme verbe support, alors que non prédiqué il est un complément direct du verbe. Et admettre la prédication, c'est aussi considérer le substantif comme décatégorisé ou en cours de décatégorisation.

L'application de ces critères aux polylexèmes verbaux constitués à partir des cinq substantifs sélectionnés par L. Schøsler permet d'observer leur possibilité et leur degré de figement en CVS avec des verbes comme *avoir* et *faire*:

— *ch(i)ere* constitue un paradigme avec un nombre limité de verbes supports, *avoir* et *faire*, accompagné d'un adjectif positif ou négatif en se lexicalisant progressivement au sens d''accueil' puis de 'repas': *faire bonne chere/ tresbonne chere / grant chere*;

— *demande* constitue un paradigme avec *faire*, mais ce paradigme est en cours de constitution, une différence s'observant entre *faire une / sa demande...* et *demander*, le premier portant sur le procès 'demander', le second sur la question (cf. infra);

— *droit* constitue un paradigme avec *avoir* et *faire*, dans une phase statique ou dynamique: *avoir droit / faire droit*;

- *gré* offre des analogies avec *ch(i)ere*: polarisation entre le positif et le négatif: sans adjectif, le sens est positif, comme dans le verbe *agréer*, au regard de *maugréer*, négatif;
- l'exemple de *garde* est plus complexe, et L. Schøsler le traite plus en détail[29]. D'abord, avec *garde*, les constructions à verbe support se répartissent en deux sens, celui d''attention' et celui de 'protection'. Dans le premier cas, le verbe support est souvent *donner*, à côté de *prendre*, et il correspond au verbe simple *garder* suivi par une proposition subordonnée ou *se garder de* + proposition à l'infinitif: *Et Lancelos, qui de l'aguet ne se donoit garde, vint a l'uis de la chambre qui ouvroit par devers le jardin, si l'uevre* ('De son côté Lancelot, qui ne se méfiait pas du guet-apens, vint à la porte de la chambre qui donnait sur le jardin')[30]. Dans le second cas, le substantif a le sens de 'protection'; employé dans des phases digressives ou statiques avec une palette plus variée de verbes comme *être, mettre en (la) garde*, il correspond aux verbes simples *garder* ou *protéger*: *En ta sainte garde me mez* ('Mets-moi en ta sainte garde')[31]. Surtout, il présente, dans l'évolution de la langue, un processus de figement et de fossilisation avec *prendre* à l'impératif, dans le langage militaire, lexicalisé dans le *garde-à-vous*, présentant ainsi toute la palette de l'évolution depuis les constructions libres jusqu'à l'étape ultime de fossilisation, soit:

> la garde de l'abbaïe est moye
> ('la protection de l'abbaye m'incombe'; Joinville, 674)
> Ore vous en donrez garde
> ('Faites donc attention!'; *Miracles ND*, 26, 286)
> Prenez vous en garde
> ('Faites attention à vous', lexie complexe)
> Garde-à-vous → le garde-à-vous
> ('Commandement militaire donné au soldat de se tenir debout, dans une attitude attentive et respectueuse' → 'position immobile du soldat prêt à exécuter un ordre')

L'évidement du sens plein du verbe dans le processus de création du verbe support, évoqué supra au sujet de l'article, est un autre phénomène majeur étudié par G. Guillaume, qui examine le problème dans le cadre du mécanisme de la subduction, où l'on passe du verbe de langue à un verbe de langage élargi (*avoir* auxiliaire = verbe de langue, impossible en langage s'il est pris isolément, devenant verbe de langage dans *avoir*

---

29. Schøsler (2003b).
30. *La Mort Artu*, 89, 56-58.
31. *Les Miracles Notre Dame*, 19, 155.

lu) qu'il distingue de l'éduction mise en oeuvre dans un petit ensemble de lexies complexes, en s'attardant sur *faire preuve*[32] :

> Dans une expression comme *faire preuve*, la dématérialisation du verbe *faire* a créé en lui un vide assez grand pour y loger l'idée "preuve" en tant que matière de restitution. Le mot *preuve* s'intègre donc au verbe de langage. Il n'a pas d'autonomie, et conséquemment pas de réalisation formelle propre, ce dont témoigne l'absence d'article. Mais à côté de *preuve* existe une expression formée des mêmes mots, sauf l'article : *faire la preuve*, qui n'a pas du tout le même sens. Exemples : *faire preuve de courage, faire la preuve de ce que j'avance*. Remarquons tout d'abord que dans cette seconde expression, *faire* est beaucoup moins dématérialisé que dans *faire preuve*, et que d'autre part *preuve* a une existence individuelle mieux accusée. Cela tient à ce qu'une expression de ce genre a été formée non pas par une subduction de la matière du verbe, mais par une *éduction* de la forme (*educo:* 'mener hors de, faire sortir').

Dans *faire preuve*, on a *faire*, matériellement diminué, et *preuve*, apportant la matière manquante ; au résultat, un verbe de langage *faire preuve*, plus large que le verbe de langue *faire* qui a été matériellement réduit et au sein duquel un vide matériel a été créé. *Preuve* comble la lacune, emplit le vide créé par la matière soustraite.

Dans *faire la preuve*, les choses se passent différemment… Le complément *la preuve* n'emplit pas un vide matériel créé dans le verbe, mais un vide en quelque sorte artificiel, fictif, maintenu entre matière et forme attendue. C'est ce procédé de construction qui est appelé 'l'éduction formelle'. La différence entre les deux constructions est illustrée par un schéma.

Le fait que dans les deux cas le nom est aspiré par un vide dont le verbe est le lieu explique que les deux types d'expression présentent sensiblement la même homogénéité et qu'il faille y voir, qu'ils enferment ou n'enferment pas l'article, un verbe de langage en plusieurs mots. Il n'en reste pas moins que la subduction est une chose et une éduction une autre. Ce qui leur est commun, c'est de faire la différence entre verbe de langue et verbe de langage. Ce qui les différencie, c'est que la subduction crée dans le verbe, en ne prenant pas toute la matière du verbe, un vide matériel à combler, tandis que l'éduction, qui elle laisse au verbe toute sa matière, ou à tout le moins la possibilité entière de sa réalisation, qui n'est pas nettement suspendue, crée un vide analogue en différant la venue de la forme.

---

32. Guillaume (1938-1939, éd. 1992: 42-43).

La langue française a fait le plus large usage de l'éduction de forme qui permet, au niveau du langage, de substituer en quelque sorte au verbe de langue un verbe sensiblement élargi dans la chaîne parlée, et dont la compréhension est accrue (cf. *faire la cuisine, mettre sous presse*).

Guillaume y revient ailleurs en commentant l'exemple de *faire fête* vs. *faire la fête*[33], que reprend T. Ponchon dans son étude sur le verbe *faire* en français médiéval[34]. Dans cette étude, T. Ponchon examine précisément le processus menant à l'emploi de *faire* comme verbe support, en passant de son sens plein à son sens subduit.

Dans la construction [V + N], le verbe *faire* détient, sous certaines conditions, sa valeur plénière de 'fabriquer' (au sens large). C'est en ce sens qu'il faut entendre l'*ipsivalence* de *faire:*

> Sire, dist Orcanus, depuis que fustes fait chevalier je me suis acointié d'une jenne dame que j'ay prins a femme et avons fait depuis ung manoir ou nous sommes retrais...
> ('Seigneur, depuis que vous avez été fait chevalier, j'ai fait la connaissance d'une jeune dame que j'ai épousée et nous avons édifié depuis une demeure où nous nous sommes retirés...'; *Perceforest*, 1020)
> Glorieus sire, pere! qui tout le mont fesistes
> Et le ciel et le tere et le siecle establistes...
> ('Glorieux Seigneur, père, qui créâtes l'univers, et le ciel et la terre et le monde d'ici-bas...'; *Aiol*, 6219)
> Bon chastel funt et bon burg,
> K'um claime uncore Escardeburg
> ('Ils construisent un puissant château et une ville forte, encore nommé depuis Escardebourg'; *La Vie de saint Edmund*, 235)

Cette valeur véritablement plénière est déjà présente en latin: *pontem in Arare faciendum curat* ('il fait construire un pont sur l'Arve')[35].

Dans cet emploi, le verbe *faire* a le sens de et peut être glosé par 'construire', 'bâtir', 'élaborer avec des matériaux', 'creuser' (un fossé), qu'on peut considérer comme une fabrication par la négative, ou encore le sens de 'former', 'constituer', 'confectionner manuellement', 'établir par écrit', 'rédiger', pouvant avoir des bénéficiaires, avec des nuances de sens que T. Ponchon considère comme déviantes par rapport au sens plénier de 'fabriquer': *fait de marbre*[36], *faire l'arriere garde*[37], *faire unes lettres*.

33. Guillaume (1956-1957, éd. 1982).
34. Ponchon (1994).
35. César, *De bello gallico*, I, 13.
36. *La Chanson de Roland*, 2268.
37. *Le Charroi de Nîmes*, 871.

Dans cet emploi, toujours, la morphogénèse est suffisamment tardive pour saisir une idéogénèse accomplie, soit figurativement:

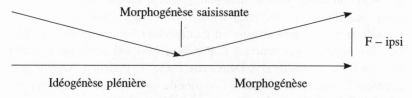

Morphogénèse saisissante

F – ipsi

Idéogénèse plénière   Morphogénèse

Dans l'emploi de *faire* comme verbe support, T. Ponchon retient d'abord des critères transformationnels, dont:
– effacement dans une transformation du type N0 comme par exemple: *Et Evruins fist feinte pais*[38] → *la feinte pais d'Evruin* *
– relativisation: pour que *faire* soit support, la formation d'une proposition relative doit être acceptable: *Si alerent de tere en tere /Ardant, robant, feisant grant guere*[39] → *la guerre qu'ils faisaient était grande*
– adverbialisation: lorsque le nom accompagnant le verbe support possède un qualifiant adjectival, celui-ci n'est guère différent d'un adverbe dit 'de manière' ne changeant pas le sens et n'ajoutant pas d'élément au procès: *fere traïson / si vilaine et si desloial /vers mon droit seignor natural*[40] → transformation en *vilainement* et *desloyalment* ne changeant rien au sens et n'ajoutant rien au procès.
Il y ajoute la dématérialisation de *faire* liée à l'emploi de l'article en distinguant *in fine locution verbale* et *locution verbale de discours*:
– locution verbale: structure non actualisée, c'est-à-dire employée avec un déterminant zéro (singulier ou pluriel)
– locution verbale de discours: structure employée soit avec l'article *un*, juste en-deçà du générique, soit avec l'article *le* juste au-delà du spécifique, soit avec les adjectifs indéfinis à valeur non spécifique.
Il distingue alors *faire* dans les emplois coalescents et non coalescents: *faire doute, faire guerre, faire bataille, faire sejour, faire debat; faire la guerre, faire la justice, faire le pardon...*
Il examine enfin le cas remarquable de *faire (le) semblant*, présentant tous les stades de lexicalisation de la structure, depuis le sens plénier jusqu'au sens subduit de *semblant. Semblant* est au départ un substantif pouvant être coordonné avec *chiere*. Il possède deux valeurs, positive et négative, qui vont être exploitées dans son association avec *faire*. Quand

---

38. *La Vie de saint Léger*, 19a.
39. *La Vie de saint Edmund*, 3432.
40. *La Chastelaine de Vergi*, 96.

faire (le) semblant signifie 'créer une expression du visage, avoir l'air, accueillir', *faire* est alors ipsivalent et le substantif est de sens plénier, pouvant être caractérisé et complété par un adjectif: *faire bel/morne semblant*. Quand l'expression est glosable par 'exprimer un sentiment, exprimer une pensée (par des traits du visage)', le substantif ne peut plus être qu'exceptionnellement caractérisé, mais la complémentation substantivale reste possible:

> Après il regarda une fois que les deux suers jouoient ensemble aux tables a deux chevaliers; mais l'ainsnee tensa à l'un des chevaliers et mena forte fin; maiz sa suer puisnee, qui aussy avoit perdu, *ne faisoit semblant* de sa perte, ains faisoit bonne chiere comme se elle eust tout gaigné[41].

Faire est alors à la charnière entre une valeur ipsivalente – référence au physique – et une valeur de support – référence à la cause.

Quand *faire semblant* signifie 'simuler, feindre', *faire* est support d'un substantif non caractérisable, ayant subi une subduction de son sens plénier, et normalement suivi du subjonctif au mode personnel en ancien français, signe de l'illusion et de l'apparence:

> Bien s'aperçoit et voir li sanble
> Par les muances des colors
> Que ce sont accident d'amors;
> Mes ne lor an vialt feire angoisse,
> *Ne fet sanblant* qu'ele conoisse
> Rien nule de quanqu'ele voit
> ('Il lui semble bien reconnaître, à ces changements de couleur, les effets de l'amour, mais elle ne veut pas mettre les jeunes gens dans l'embarras et elle fait semblant de ne rien remarquer dans tout ce qu'elle voit'; *Cligés*, 1582)

L'on peut figurer la lexicalisation subductrice de *semblant* au sein du phraséologisme final comme le fait T. Ponchon:

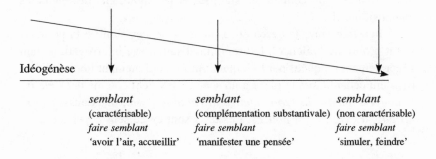

Idéogénèse		
semblant	*semblant*	*semblant*
(caractérisable)	(complémentation substantivale)	(non caractérisable)
faire semblant	*faire semblant*	*faire semblant*
'avoir l'air, accueillir'	'manifester une pensée'	'simuler, feindre'

41. *Landry*, XIV, exemple de Ponchon (1994: 115).

Une analyse de même type peut être faite sur d'autres verbes, comme *mettre*, en mettant à profit l'analyse d'A.-M. Schmid, reposant sur des critères syntactico-sémantiques qui mettent en oeuvre les valences du verbe[42]. Le verbe présente une structure valentielle tripartite, selon les paramètres de Tesnière: *mettre le pain sur la table*. Lorsque le verbe a son sens plein de 'placer' dans un lieu, cette structure tripartite peut être à l'oeuvre dans des combinaisons libres, comme dans cet ensemble d'exemples de la *Mort Artu* relevés dans le *Concordancier* de P. Kunst-mann: *metre le cors en une biere* 162 09; *prendre monseigneur Gauvain et metre en la nef* 167 07; *metre en la tombe Gaheriet* 173 024; *metre enz le cors Lancelot* 203 013; *metre la main a l'espee* 20 002; *metre dedenz le champ* 84 14; *metre l'espee el hiaume* 112 066; *metre le glaive / les glaives / l'espee / le fer parmi le cors; metre en dras de soie* 173, 14; *metre el mileu del moustier* 175 10; *soi metre el jardin* 90 070 / *soi metre en un sentier* 74 06/ *soi metre el bois* 48 13; *soi metre en mi les rens* 18 002.

De ces combinaisons libres se distinguent, selon A.-M. Schmid, deux types de locutions complexes. Un premier type, *mettre I*, met en œuvre, sur le plan sémantique, la faculté d'association structurée, surtout pour désigner une action donnée, le verbe ayant le sens fondamental de 'pla-cer, disposer', soit proprement locatif, soit transformatif ('faire subir'), soit causatif ('mettre en ordre'). La combinaison du verbe *mettre* et d'éléments verbaux auto-sémantiques s'inscrit alors de manière fixe dans la valence 3, plus rarement dans la valence 2, la locution fonctionnant comme un verbe simple avec un profil valentiel semblable. Le contenu sémantique peut être en partie déduit du sémantisme dénotatif de ses constituants. Il réfère sans grand enrichissement illocutif à une action sur la base *mettre*; on connaît les signifiés et les signifiants des éléments compositionnels.

Le lien fixe entre le verbe et sa ou ses valences signifie la perte du statut propre de 'valence', la pronominalisation et l'interrogation étant généralement bloquées par l'élément phraséologiquement lié, le schéma trivalent cédant alors la place à un schéma bivalent comme dans *mettre le couvert, mettre la table, mettre la radio/le poste*, mais aussi *mettre les gaz, les voiles, les pouces*. Les tests sont en ce sens révélateurs:

---

42. Schmid (1984).

– pronominalisation: *il a mis le poste* → *qu'est-ce qu'il a mis ? *le poste*; **où l'a-t-il mis?* La pronominalisation détruit le phraséologisme, en prenant le verbe *mettre* en son sens plein, comme on le fait des proverbes quand on les prend au pied de la lettre en détruisant la métaphore.

– substitution par *faire* pour le verbe plein: **Marie met le poste et elle le fait dans la chambre.*

Quant à la structure syntaxique de ce premier type, elle présente des substantifs sans déterminant ou avec déterminant défini – article ou possessif – comme *mettre dans son tort* – alors que l'article indéfini est la marque d'une syntaxe libre, comme dans *mettre dans une situation gênante*. Dans de nombreux exemples des locutions de type *mettre I*, c'est aussi la préposition seule *en, à, sur, sous* qui assure le lien entre le verbe et le substantif en conférant une grande fixité syntaxique à la locution. Les possibilités de substitution ou d'équivalence avec le verbe simple sont fréquentes: *mettre à nu* → *dénuder; mettre le trouble* → *troubler,* etc. Pour l'ancien français: *metre a conseil* → *conseiller; metre en peine* → *chagriner; metre en ordre* → *ranger, metre a raison* → *araisoner, metre a sauvaison* → *sauver, metre en eissil* → *essiller, metre en esmai* → *esmaier, metre en ire* → *irriter, metre en obli* → *oblier, metre paine* → *soi painer, metre blasme* → *blasmer, metre contredit* → *contredire, metre defense* → *defendre, metre a delivrance / a delivre* → *delivrer, metre a fin* → *finer, metre a neant* → *neantir, soi metre a la fuie* → *fuir.*

Un second type, *mettre II*, met en oeuvre sur le plan sémantique la faculté d'association structurée, surtout pour désigner un état de chose donné. Dans ce type, le contenu sémantique ne peut être déduit du sémantisme des constituants, mais il leur est irréductible et fonctionne comme un signe linguistique primaire, avec transposition métaphorique du substantif. Les valences 2 et 3 sont phraséologiquement liées au verbe dans une cohésion qui ne tolère pratiquement aucune intercalation d'autres éléments discursifs.

Ainsi dans les exemples du français contemporain *mettre dans le bain, mettre du plomb dans la tête, mettre du beurre dans les épinards, se mettre le doigt dans l'oeil,* etc.

Pour l'ancien français: *metre a la viez taille,* i. e. littéralement 'mettre sur la partie du bâton de compte où les entailles ont été nivelées après paiement', d'où le sens de 'mettre en oubli':

(Quar) povres qui a bien sans faille
Met tout le mal a la viez taille
('Pauvre qui est dans l'abondance oublie son infortune', Rutebeuf, *Vie de sainte Elysabel*, 1517-18)

Des études seraient à mener en diachronie sur d'autres verbes pris comme supports, tel *prendre*, dont le fonctionnement est éclairé en français contemporain[43].

Un problème particulier est posé par le jeu des particules séparées avec *metre*, comme la particule *sus*. L'ancien français dispose d'un riche jeu de particules polyvalentes, pouvant être prépositions ou adverbes: en tant que prépositions, elles sont incidentes à un substantif, en tant qu'adverbes elles peuvent être incidentes à un élément du contexte ou devenir des particules séparées orientant le sens du verbe. Ces possibilités peuvent être illustrées par les exemples suivants:

Et mistrent sus les autres deus tombes les nons de ceus qui les avoient ocis
(*Mort Artu*, 102, 22-23)
Lors pensent des plaies Lancelot et metent sus ce qu'il cuident que bon li soit
(*Mort Artu,* 158, 30)
au point que mesire Gauvains me met sus
(*Mort Artu*, 46, 24)
se vos connoissiez le fet si comme il le vos met sus
(*Mort Artu*, 68, 14)
onques mes sires ne s'entremist de fere tiex choses com vos li metez sus
(*Mort Artu*, 34, 40)

Dans les trois derniers exemples, l'adverbe n'est plus anaphorique, il occupe en fait la place de la valence 3, i. e. du lieu, le procès s'adressant à un animé, et la particule n'est plus strictement locative, elle forme avec le verbe une locution qui prend le sens en l'occurrence d''imputer', mais elle peut avoir bien d'autres sens, relevés par L. Foulet, comme 'lever, d'une armée', 'lever, d'un impôt', etc.[44]

On remarquera à cette étape que des analyses de même type ont été proposées pour le latin à propos de verbes s'intégrant dans des phrasèmes périphrastiques et subissant un processus de subduction qui, pour n'être pas caractérisé comme tel par recours à l'appareil guillaumien, n'en est pas moins patent. L'analyse de *dare* 'auxiliaire lexical du latin' par M. Martin Rodriguez propose ainsi des étapes de 'dé-sémantisation' ou 'érosion' du verbe, en se référant à sa structure actancielle, dans une

43. Rouget (1994).
44. Foulet (1946).

gradation passant par trois étapes pour aboutir à une équivalence avec *faire*, où il perd son contenu sémantique datif:

- 1re étape: périphrase et verbe simple ayant même structure de prédicat: *dare promissa = promitto*.
- 2e étape: récession des verbes synthétiques par rapport à la construction analytique, ces verbes étant des verbes intransitifs englobant l'ensemble verbe + objet des constructions transitives: *do tibi auxilium = ego tibi auxilior*.
- 3e étape: récession des verbes synthétiques dans la transformation de la construction trivalentielle, avec bénéficiaire, en construction bivalentielle avec objet: *ego tibi basium do / ego te basio*.
- 4e étape: structure où *dare*, privé de son datif, son actant le plus caractéristique, affaiblit son contenu sémantique en marquant presque exclusivement l'idée de 'production', provoquant une neutralisation partielle de ses différences avec *faire*; le verbe devient alors un 'causatif d'existence': *dare clamorem / saltus*. Cette équivalence est signalée par les grammairiens latins: *dabit ille ruinas 'dabit' pro faciet*[45].

Il s'agit donc bien d'un phénomène de subduction où *dare* perd l'une de ses valences constitutives pour devenir un causatif au sens de 'produire', la structure propre au terme régi occupant alors sa place, ce qui conduit à l'auxiliarisation[46], un phénomène de même type pouvant s'observer pour *facere* dans ses emplois subduits, étudié par S. López Moreda[47].

Un autre point mérite d'être relevé dans l'intérêt des constructions à verbe support par rapport aux verbes simples équivalents, de même base ou non, point mis en relief par L. Schøsler: au regard du verbe simple, la construction à verbe support permet de thématiser l'action exprimée par un verbe qui, dans l'ancienne langue, peut ne pas s'employer en construction absolue. Ainsi dans les exemples de *faire sa demande* et *demander* extraits des *Miracles de Nostre Dame*:

> Nostre Dame: Amis, tu m'as servie a gré; Aussi ont ton pere et ta mere, Qui moult ont souffert de misere Puis l'eure que fus engendrez. Avant, dyable, avant venez Devant mon fil en jugement: Vez le cy ou il nous atent.
> *Alez faire votre demande*
> (*Les Miracles de Nostre Dame*, I, 1565)

45. Martin Rodriguez (1996: 57-59).
46. Pinkster (1987: 195).
47. López Moreda (1987).

Certes la glorieuse vierge monta au jour de son absumpcion es cieulx... et pour ce a la demande que font toutes ces dames, qui ne sont que figures, et Marie verité, quant ilz *demandent* qui est ceste, diz je que...
(*Les Miracles de Nostre Dame*, 27, 154 ff)

Faire sa demande en construction absolue place en position thématique le procès du verbe, au regard de *demander* assorti d'un régime.

Ou encore dans les exemples de *faire bonne/belle chere* prenant le sens d'*'accueillir'*: L. Schøsler compare les emplois concurrentiels de *faire belle chiere, accueillir, bienvenir* dans deux exemples tirés de *Jehan de Paris* et des *Miracles de Nostre Dame*:

Jehan de Paris *bienveigna* les Anglois et leur fit grant chiere, et en souppant devisa longuement avec eulx
(*Jehan de Paris*, 23)
Biau sire, entendez ma raison: Puisqu'elle [Notre Dame] nous fait desraison, Voulons nous li tort faire aussi. Ces deux jeunes gens qu'*elle a acueilli*, qui lui ont voué caasté, Avant que voie un mois passé Je leur ferai leur veu brisier
(*Les Miracles de Nostre Dame*, 100, 1, p. 97)

Dans le premier cas, 'si l'on compare l'effet de sens du verbe simple avec celui de la construction à verbe support, on constate une différence au niveau de la structure informationnelle: la construction à verbe support thématise l'action d'accueillir de telle ou telle façon, alors que la ou les personnes accueillies jouent un rôle secondaire'. Dans le second cas, 'dans la construction à verbe simple, ce sont la ou les personnes accueillies qui importent', point auquel s'ajoute l'argument syntaxique suivant: 'dans l'ancienne langue, un verbe comme *accueillir* ne s'emploie guère de façon absolue, un COD étant normalement explicite'. D'autres exemples pourraient s'ajouter; *metre feu* peut ainsi s'employer absolument au regard de *ardre*:

Tant sejorna qu'a un mardi
Vint au chastel li cuens Aliers
A sergenz et chevaliers,
Et *mistrent feu* et *pristrent proies*
('Il demeura jusqu'au jour – un mardi – où le comte Alier parut devant le château, avec des hommes d'armes et des chevaliers, brûlant et pillant tout sur leur passage', *Yvain*, 3138-41)

Metre feu et *prendre proie* sont ici deux phrasèmes en parallèle sans complémentation, au regard de *metre le feu* et *alumer* dans cet autre exemple:

Et li reis i fist meintenant
Metre le feu, lur oilz veant,
Le chastel fist tot *alumer*,
Portes abatre, murs grater
(*Roman de Rou*, III, 3337-3340)

Au total, 'dans l'ancienne langue, la thématisation de l'action exprimée par le verbe se ferait plutôt à l'aide de la construction à verbe support qu'avec le verbe simple'[48].

En dehors des différents tests évoqués ci-dessus (pronominalisation, interrogation, etc.), un autre test serait révélateur du degré de phraséologisation de lexies complexes, ce serait la traduction: le passage d'une langue dans une autre permet en effet souvent de mesurer la 'résistance' d'un phraséologisme, qu'il est souvent difficile de transposer littéralement d'une langue dans une autre sans le faire éclater. Pour l'ancien français, il serait intéressant, primo, d'exploiter les traductions des textes originaux dans les autres langues romanes à la même époque, et, secundo, d'explorer les traductions en français contemporain – ou en d'autres langues – pour discerner les phraséologismes qui deviennent intraduisibles terme à terme sans altération.

Prenons en guise d'exemple *prendre male confesse* dans ce passage d'*Yvain* de Chrétien de Troyes:

> ... je n'os plus ci arester,
> car g'i porroie trop ester,
> espoir que l'an me mescreroit
> por ce que l'en ne me verroit
> avoec les autres en la presse,
> *s'an pranroie male confesse.*
> (*Yvain*, 1337-1342)

La traduction littérale de la locution 'prendre mauvaise confession' serait incompréhensible en français contemporain, il faut l'expliciter, comme le font les différentes traductions: 'L'on me gronderait sévèrement' (trad. P. Fouché, p. 248) / 'Je devrais durement l'expier' (trad. C. Buridant – J. Trotin, p. 18) / 'Je m'exposerais à des réprimandes sévères' (trad. D. F. Hult, Livre de Poche, p. 156) / 'and I might be severely punished', trad. B. Raffel, p. 42). Examinons aussi *N'i a rien del corjon ploier* dans un autre passage du même roman:

> *N'i a rien del corjon ploier*
> qu'ancor vendra trestot a tans
> vostre suer ci, si con je pans.
> (*Yvain*, 5910-12)

Ploier le corjon serait littéralement 'plier sa courroie', d'où 'plier bagages', mais l'expression peut avoir un sens figuré 'user de subterfuge,

---

48. Schøsler (2003b: 248-49).

tromper, jouer double jeu', et les traductions hésitent entre les deux inter-
prétations: 'Vous ne devez vous retirer' (trad. Fouché, p. 30) / 'Il n'est
pas question de plier bagages' (trad. Hulst, p. 523) / 'Il n'est pas question
de plier bagage' (trad. Buridant – Trotin) / 'There'll be nothing fast and
lose' (trad. B. Raffel, p. 176).

L'approche diachronique permet de déceler les processus de figement
à l'oeuvre dans les phraséologismes: on peut les repérer, à la suite de
C. Marchello-Nizia, dans la comparaison de l'évolution des lexèmes complexes *si m'aït Deus* et *assavoir*[49].

Le premier phrasème, étudié ultérieurement par C. Marchello-Nizia[50],
schème syntactico-sémantique se présentant sous la forme la plus typique *si m'aït Deus*, est une formule de serment qui apparaît au XIIᵉ siècle
et qui est employée dans les textes littéraires du XIIᵉ et du XIIIᵉ siècle
avec une valeur pragmatique bien particulière: elle marque un engagement solennel; celui qui la prononce se sent lié, il doit avoir dit la vérité;
énoncé *de dicto*, il glose et qualifie l'énoncé qu'il accompagne en en
garantissant la véracité. La formule est soumise à un fort ensemble de
contraintes: elle est employée en corrélation, en couple avec l'énoncé
précédent; l'adverbe *si* est en tête d'énoncé, comme opérateur d'asser-
tion: il pose l'énoncé précédent comme un préalable nécessaire à l'opé-
ration suivante dont il assure la vérédicité par référence au garant de Dieu,
qui ne peut mentir; la nature des éléments qui composent la formule est
fortement contrainte; l'ordre des éléments qui la composent est également contraint, avec la position de *si* en tête et la postposition du verbe;
enfin, les variations sont limitées: elles peuvent toucher la forme du verbe
introducteur, l'ordre du sujet et du groupe verbal, la nature du sujet, la
nature lexicale du verbe, la personne du pronom régime, soit: *Dex* / noms
de saints; *aidier, sauver, garder, secorre*; *t'* / *vos* ; *si* / *se* avec ordre *se* +
sujet + verbe, avec tendance à l'emploi polémique dans le 1ᵉʳ cas, à
l'emploi purement assertif dans le second; formule non-négativable et
strictement affirmative; toujours en discours direct / indirect.

La traduction de la formule est souvent insatisfaisante, le sens fondamental en étant: 'aussi vrai que je demande à Dieu de m'aider…', condi-
tionnant l'interprétation du premier énoncé comme vrai. On peut en recons-
tituer avec une grande vraisemblance les jalons chronologiques: le schème
formulaire syntactico-sémantique remonte au latin classique pour être remo-
delé lexicalement sur des formules chrétiennes postérieures dans l'empire

49. Marchello-Nizia (1990 et 1985); Ollier (1984).
50. Marchello-Nizia (1996).

carolingien, soit: *ita me dii ament* → *sic me dii ament* → *(adjuta Deus +
tu illum adjuva)* → *si(c) me adjutet/ adjutet Deus* → *si m'aït Deus*.

L'étude diachronique au-delà du Moyen Âge permet de retracer le destin de la formule jusqu'à sa disparition et sa probable réanalyse. Ainsi, un
brouillage s'opère progressivement dans l'identification de ses éléments
constitutifs: *aï* en hiatus se réduit phonétiquement à *e*; le subjonctif *aït*
du verbe *aidier* est refait sur le radical *aid-*; l'ordre sujet-verbe-objet se
généralise. Ces éléments conduisent à une nouvelle version de la formule
m'ait à *mes* dans des formes comme *mes Dieu / my Dieu*, la forme réduite
medieu pouvant dès lors devenir *mon Dieu*, qui peut être interprétée
comme un avatar.

L'étude de la naissance et de la disparition de cette formule a un caractère exemplaire: en effet, une formule de ce type, à haut degré de cohésion, ne se fabrique pas par fragments successifs, mais apparaît complète
dès sa première attestation; par ailleurs, le figement est soumis aux règles
générales d'évolution de la langue, mais dans certaines limites: il offre une
certaine résistance, une certaine opacité, un certain degré de 'démotiva-
tion' par rapport à l'évolution syntaxique, qui sont aussi des facteurs de
fragilité et des ferments de disparition: pour que le figement fonctionne, il
faut aussi qu'il ait un sens, un degré minimal de motivation étant nécessaire à son fonctionnement. En dernier lieu, une formule ne se défige pas
en dénouant les particules qui la composent: elle ne peut se revitaliser sans
une remotivation globale, qui est peut-être en l'occurrence *mon Dieu*.

On peut enfin considérer que le blocage des propriétés transformationnelles et des possiblités d'évolution d'un figement, et donc sa relative
fragilité, est lié à son caractère de non-compositionalité.

3.2. Spécificités propres à l'ancienne langue

La phraséologie historique peut cerner les spécificités des processus
de création phraséologique propres à une époque donnée, en opérant des
coupes diachroniques. On peut ainsi discerner un certain nombre de spécificités propres à l'ancienne langue.

Parmi les collocations, on relèvera les comparaisons qui s'appuient sur
des référents aux traits sémantiques prototypiques, relevées par W. Ziltener, comme la neige symbole de blancheur et de pureté au dernier degré,
l'absence d'article pouvant en souligner le caractère générique: *blanc
comme neige* au propre et au figuré[51]. La liste peut en être augmentée;

51. Ziltener (1972-1989).

dans le domaine érotique par exemple, *roide* du membre viril en érection dans le *Dictionnaire des locutions* de Di Stefano, que complètent des relevés occasionnels: *Plus effulés de culer et caucquier / Que cornemuse ou pippe de vacquier*, que mentionne J.-P. Chambon dans les *Faits et dits* de Jean Molinet, 735, v. 110 en relevant *roide comme ung cornet de vacquier* dans un *Sermon plaisant* du *Recueil de sermons joyeux* édité par Koopmans[52]. Certaines comparaisons emploient des noms propres comme étalons ou modèles: *armé comme saint George* 'armé de pied en cap'[53].

Une caractéristique de l'ancienne langue est aussi l'emploi, pour désigner des maladies, de la construction directe du complément du nom sans préposition, appelée cas régime absolu, dont les contraintes fondamentales sont rappelées par M. Huchon[54]: nom déterminant, singulier, généralement animé, individualisé, lié au nom déterminé par une relation de dépendance et suivant généralement celui-ci sauf dans *la Dieu merci, l'autrui joie*. S'intègrent dans cette construction, au Moyen Âge, un vaste ensemble de maladies désignées par le nom d'un saint censé les guérir par ses vertus, exercées le plus souvent dans le cadre miraculeux de leur légende, un lien d'analogie étymologique étant souvent fait entre le nom du saint et la maladie qu'il guérit[55]. *Le mal saint Antoine* est ainsi la maladie dont guérissait saint Antoine avant tous les autres saints; *le mal saint Jean* était celui que saint Jean avait le pouvoir de guérir ou de produire. L'on a affaire à des phraséologismes dont la combinaison des éléments renvoie à un signifié codé: *le mal saint Antoine*, alternant avec *le feu saint Antoine*, désigne une affection caractérisée par des douleurs brûlantes, soit l'ergotisme gangréneux, maladie due à l'intoxication par les ergots de céréales, notamment de seigle, provoquant 'le feu d'enfer' brûlant et consommant ses victimes. Le saint ermite est considéré dès l'origine comme le triomphateur des tentations de la chair symbolisées par les flammes infernales et, d'une manière générale, comme le maître du feu, étant invoqué contre une maladie dévorant les membres comme le feu[56]; *le mal saint Fiacre* désigne les hémorroïdes, une pierre sur laquelle il s'assit s'étant miraculeusement amollie sous son corps, selon la légende, etc.

---

52. Chambon (1991-1992: 90).
53. Di Stefano (1991: 782a); Hassel (1982: G34); Bidler (2003: 202); *Mélusine* (Vincensini éd. 2003: 508).
54. Huchon (2002: 79).
55. Kraemer (1950).
56. Kraemer (1950: 17).

Parmi les collocations, les groupes binaires occupent une place importante, historiquement, en se rattachant à la figure rhétorique de l'*adnomi-
natio*, 'eamdem rem dicere sed commutate', qui, héritée de l'Antiquité,
est largement répandue dans toute l'Europe médiévale, puisque l'on peut
en consigner les relevés aussi bien en français que dans d'autres langues,
comme le catalan[57]. L'étude que lui consacre C. Buridant, appuyée sur
un large corpus inédit et un relevé complet dans la *Chronique des rois
de France*, en souligne les différents traits:
- aspect stéréotypé: une bonne partie de ces binômes quasi-synonymiques peuvent apparaître comme figés et stéréotypés, d'autres binômes
  peuvent être le lieu d'une véritable création lexicale.
- aspect glossateur: les binômes quasi-synonymiques peuvent s'inscrire
  dans la pratique de la glose, le second élément du couple venant
  souvent affiner et préciser un trait sémantique implicite d'un premier
  terme ayant un sens large, en français comme en latin[58], ou visant à
  acclimater, dans les traductions, un terme savant de la langue-source
  en le flanquant d'un mot connu de la langue-cible.

L'étude d'A. Melkersson consacrée à l'itération lexicale, et y incluant
la diérèse, qui exprime la totalité par l'association des contraires (*les
sages et les fous, les clercs et les lais, les vieux et les jeunes*, etc.), affinant
encore les conclusions de C. Buridant, montre que les binômes synonymiques, relevés systématiquement chez un auteur, peuvent en constituer
une marque stylistique majeure et aider à son identification, comme c'est
le cas pour *Guillaume d'Angleterre* que l'on peut, sur cette base, attribuer,
sans certitude absolue cependant, à Chrétien de Troyes[59].

Les binômes synonymiques ont subi un large arasement dans l'histoire
du français, pour des raisons liées en grande partie à la "révolution rhétorique" du classicisme, soulignées par C. Buridant[60]. Certains existent
encore en français, sous des formes figées, comme *clair et net, bel et bon*,
non sans que, plus largement, les groupes binaires ne soient pas absents du
français contemporain. F. Hammer y consacre une approche structurale
synchronique dans l'une des *Rencontres linguistiques en pays rhénan*, en
en établissant une large palette[61].

57. Wittlin (1991).
58. Buridant (1978).
59. Melkersson (1992).
60. Buridant (1980).
61. Hammer (1995).

Les expressions figées sont le lieu de conservatismes de constructions anciennes qui ont résisté à l'évolution de la langue, des conservatoires de constructions à complémentation antéposées de plusieurs types. On relève d'abord le complément déterminatif à ordre spécifiant – spécifié, qui a hérité du latin l'emploi de *Dieu: Dieu merci* conservé de façon résiduelle, uniquement dans ce résidu du complément déterminatif sans préposition, fortement conditionné en ancien français par tout un ensemble de contraintes sémantico-syntaxiques. Ensuite, il y a le complément antéposé du verbe dans *savoir raison garder*, et dans les emplois avec préposition *sans mot dire, sans coup férir, férir* n'étant conservé que dans cette expression. Signalons enfin l'emploi du pronom relatif *qui* autarcique limité aux parémies, dont il constitue un trait constitutif au point d'être à la source de créations imitatives dans la publicité contemporaine (cf. infra); emploi de *que* au sens de 'ce que', dans *advienne que pourra*.

D'autre part, certains termes ne sont plus employés que dans des expressions figées, comme *guise* dans *agir/vivre à sa guise*, en dehors de *en guise de…*

3.3. Les locutions figurées et leurs approches

On distinguera ici dans les locutions figurées ce qui est symbolique et ce qui est métaphorique.

3.3.1. Les locutions à portée symbolique

Des éléments symboliques peuvent être typiques d'une civilisation, d'une esthétique:
– symbolique du *gant* dans la société féodale, marquant la puissance, l'autorité: *jeter le gant* renvoie alors à un défi, comme l'est *briser le fêtu*, pour rompre le contrat féodal synallagmatique liant un vassal à son suzerain. On entre ainsi dans la symbolique des gestes.
– symbolique des gestes typisés, étudiés, entre autres, par E. Lommatzsch et J.-C. Schmitt[62]: dans la *Chanson de Roland*, c'est par des gestes seulement que Charlemagne marque son émotion face au courroux de son neveu: *il baisse la tête, tord sa moustache*. Le deuil, l'affliction, le désespoir sont traduits par des gestes stéréotypés dont rend compte une palette d'expressions: *mettre / tenir sa main a la maisselle, hocher la tête*. La joie innocente, la sûreté de soi est traduite par *regarder/esgarder ses piés*:

---

62. Lommatzsch (1910); Schmitt (1990).

Aucassin ot du baisier
Qu'il ara au repairier
…
Si monta sor son destrier
Et prent l'escu et l'espiel;
Regarda andex ses piés,
Bien li sissent ses estriers
('Aucassin a entendu qu'à son retour il aura un baiser… Il monta sur son destrier et prit le bouclier et la lance. Il regarda ses deux pieds, ils étaient bien posés dans les étriers'. *Aucassin et Nicolete*, IX, 12, trad. J. Dufournet, qui ne signale pourtant pas le sens symbolique de l'expression).

La sûreté de soi peut aller jusqu'à la fierté, l'orgueil dédaigneux, comme dans cet exemple du *Chevalier au barisel:*

Et leur sire est remés cha fors,
Qui mout estoit crueus et fors
Et fel et fiers et plus irous
Ke kiens dervés ne leus warous.
Ses piés resgarde fierement,
Si se rafice, si s'estent
(*Chevalier au Barisel*, 159-164)

3.3.2. Les transferts métaphoriques

[a] L'explication du transfert métaphorique n'est pas nouvelle; M. Bierbach la relève dans tout un ensemble d'ouvrages prenant en compte, en plus du contenu des locutions, des éléments linguistiques en jeu: *Explications morales d'aucuns proverbes communs en la langue françoyse* de Jean Nicot (1606), appendice au *Thresor de la langue françoyse; L'Etymologie ou explication des proverbes françois, divisée en trois livres par chapitres en forme de dialogue,* par Fleury de Bellingen (La Haye, 1656); *Essai préliminaire sur les proverbes* de l'abbé Tuet (1789), imité des *Adages* d'Erasme; *Dictionnaire étymologique, historique et anecdotique des proverbes et des locutions proverbiales de la langue française en rapport avec des expressions proverbiales des autres langues* de P.-M. Quitard (Paris, 1842), explications traditionnelles reprises et augmentées dans un ouvrage sans prétention scientifique comme *La puce à l'oreille* de C. Duneton[63].

Après une analyse critique de ce genre d'ouvrages ou d'études, et en complément de l'esquisse de C. Buridant[64], M. Bierbach énonce les

---

63. Duneton (1978).
64. Buridant (1989).

critères permettant d'aborder une approche linguistique sérieuse de ce
type de locutions, en exigeant que deux conditions au moins soient rem-
plies pour leur explication historique, voire étymologique. Tout d'abord, la
situation ou l'action de référence doit avoir un caractère supra-individuel,
une signification sémiologique formant unité lexicale. Ensuite, il faut disposer d'attestations sûres et situables dans le temps assurant la signification supra-individuelle de l'action en question, comme on peut le faire
pour *renvoyer l'ascenseur*, expression se référant à l'action de renvoyer
l'ascenseur dès qu'on le quitte et formant à présent une unité lexicale
signifiant 'répondre à une complaisance, à un service quelconque par une
action comparable'. Une étude sérieuse se doit de renvoyer aux sources
de la métaphore associative et de la motivation historique et en suivre le
cheminement en faisant appel à l'étymologie interne dûment contrôlée
en relevant la grande variété des tours, des contextes et des conditions
d'emploi, pour relever inlassablement tout ce qui peut passer pour l'ébau-
che d'une locution, l'histoire des locutions médiévales ne devant pas se
limiter à leur première attestation, mais devant établir un inventaire si
possible exhaustif de toutes leurs occurrences en retraçant la préhistoire
des mots qui la composent, et relever les traces multiples et inattendues
qu'elles ont laissées, sans négliger l'angle régional[65].

Le transfert métaphorique peut être illustré par *jeter son bonnet par-
dessus les moulins* 'braver la bienséance', signification idiomatique qui
n'est pas le résultat immédiat du sémantisme des différents éléments.
Parmi cette catégorie, des locutions verbales telles que *mettre la clef
sous la porte* 'déménager, partir furtivement' ou *jeter le manche après
la cognée* 'se décourager par lassitude, par dégoût', *jeter de la poudre
aux yeux* 'chercher à éblouir', mais ayant eu aussi la signification de
'l'emporter sur, surpasser', à travers une filiation remarquable qui
remonte jusqu'à l'Antiquité[66], *tirer les vers du nez* 'tirer de quelqu'un
un secret en le questionnant adroitement', i. e. type de locution appartenant à la classe des verbes et dont le sémantisme est tout à fait différent
de celui du verbe analysable à l'intérieur de l'expression (*mettre* ou
jeter n'ont rien à faire avec les significations idiomatiques des deux
locutions citées).

65. Roques (1984a: 42) et (1985: 150). M. Bierbach en donne une illustration en
étudiant la locution *mettre la charrue avant les boeufs*, appuyée sur une riche documentation qui établit les données lexicologiques de l'expression et de ses variantes dans une
rigoureuse chronologie; Bierbach (1990: 466-474).
66. Roques (1990).

[b] Les études à base sémasiologique demandent autant de rigueur philologique dans les enquêtes, en recourant à la documentation fournie par le *FEW*, le *TLF*, le *Dictionnaire des locutions en moyen français* de Di Stefano, mais aussi les lexiques d'auteurs, les concordances et les travaux lexicographiques: locutions et expressions utilisant un même mot, en particulier les mots désignant les parties du corps, les expressions à base somatique étant les plus fréquentes dans la formation des expressions et locutions, alimentant un fonds dans lequel on puise commodément. S'appuyant sur une large documentation amorçant son étude du *pied* dans les expressions françaises, G. Roques remarque ainsi: 'Les parties du corps sont les mots les plus fréquemment utilisés dans les expressions et en particulier, cités dans un ordre décroissant, *oeil, pied, main* et *tête*, ces trois autres mots s'associant d'ailleurs avec *pied* dans certaines expressions'[67]. Cette importance des parties du corps dans le lexique, soulignée par tout un ensemble de recherches récentes[68], doit aussi être un axe de recherche de la phraséologie historique, avec les caractéristiques des phraséologismes se rapportant aux parties du corps, qui engagent une véritable vision du monde (Weltanschauung) et une structuration anthropomorphique.

La phraséologie doit donc, dans ce domaine, dégager non seulement la spécificité de ces dénominations à travers le temps, mais aussi les invariants stéréotypiques qui perdurent dans le temps et qui peuvent être les témoins d'une culture.

Dans ce domaine, des amorces importantes d'études ont vu le jour, dont des études contrastives comme celles de S. Mejri (2003), dégageant des contrastes culturels entre le rôle stéréotypique des parties du corps selon les univers de croyance.

Ainsi, on relève l'étude des expressions comportant le mot *pied*, employé dans un très grand nombre d'expressions indiquant la façon de se comporter, l'appel silencieux et discret, l'harmonie, la prétention dans *se moucher du pied* et similaires, sans compter *mal soit du pied*, répertorié par Godefroy VI, 148a, locution semblant exprimer l'idée de 'grand-peine', comme dans cet exemple: *mal soit du pié qui y demourast qui ne feust mort* 'catastrophe pour celui qui serait resté'[69].

---

67. Roques (1994: 386).
68. Mejri (2003).
69. *Mélusine* (Vincensini éd. 2003: 622-23).

On peut mentionner aussi l'étude des expressions comportant le mot *oeil*, par G. Roques, comme organe de la vue, regard actif ou passif, organe du jugement et de l'appréciation, siège du sentiment et de la vie, objet précieux[70]. Une étude récente montre, sur l'exemple d'une analyse des collocations verbales du français exprimant le visuel, à partir du noyau *oeil/yeux* ou *regard* (*tourner les yeux / le regard vers qn. / qc., porter le regard sur / vers qn. / qc.*, etc), à quel point est fragile la frontière entre collocations et idiotismes sur la base des critères habituels d'idiomaticité et de compositionalité; les collocations répertoriées présentent des traits d'idiomaticité, comme l'unicité et la répétitivité, et ressortissent de champs lexicaux aux structurations parfaitement orchestrées selon l'agent / le patient / la métaphorisation[71].

Par ailleurs, il serait souhaitable que des études soient consacrées aux locutions formées sur d'autres parties du corps, comme *main*, s'appuyant sur les dictionnaires historiques du français et sur les relevés occasionnels, à partir des grands axes d'emploi dessinés par C. Buridant[72]:

– *de la main:* expression qualifiant surtout *un bon homme: un bon homme de la main*[73]; *preux de la main* ; *moult vaillans homs de la main* 'expert au maniement des armes'[74].

– *de bonne main:* 'convenable, obligeant, honnête' vs. *de male main* 'désagréable, vilain, déplaisant'.

– *a deus mains,* relevé par A. Saly dans le *Meliacin* de Girart d'Amiens au sens de 'avec empressement, tout de suite, sans hésitation', au regard de l'expression *a quatre mains* dans Huguet V, 82 s. v. *main*, mais avec un sens tout différent dans *un petit avocat a quatre mains*, 'qui cherche à prendre de tout côté'[75]:

> Il n'a ci nul regne environ,
> Tant par i ait riche baron,
> Que, s'il i a fille ne niece,
> Pour tant qu'ele te plaise et siece,
> Que tu ne l'aies *a .ii. mains*
> (v. 3569-3573)

Et plus loin, lorsque le roi de Serre médite de racheter son fils prisonnier:

70. Roques (1990 et 1995).
71. Sabban (2003).
72. Buridant (1981).
73. *Mélusine* (Vincensini éd. 2003: 455).
74. *Mélusine* (Vincensini éd. 2003: 556).
75. Saly (1988: 403).

Se Sabiax ses fiex estoit vis,
Ou volentier ou a envis,
I vaudra tant du sien donner,
S'il autrement n'en puet finer,
C'om li rendra *a .ii. mains.*
(v. 9644-68)

De même avec *nez*, à la base de phraséologismes dont certains sont tombés en désuétude et que M. Barsi enregistre dans la *Chronique de Pierre Belon*[76]:

– *demeurer avec demi pied de nez* 'demeurer tout couvert de honte'[77], que les dictionnaires de Godefroy et Huguet enregistrent, ce dernier référant à l'explication de Robert Estienne considérant l'expression et ses variantes (*demeurer avec autant de nez / avec un pan de nez / deux pieds de nez / trois pieds de nez* 'selon la discrétion et libéralité de chacun') dans ses *Deux dialogues du nouveau langage italianizé*[78]
– *se refaire le nez* 'faire bonne chère, devenir gras'[79], comme l'enregistre Oudin
– *n'estre plus long que son nez* 'avoir la pensée courte, avoir la réflexion limitée', absente des dictionnaires[80] (cf. *ne voir pas plus loin que le bout de son nez*)
– *tourner le nez* 'être vexé, faire grise mine'[81]; cf. *tourner son nez.*

Mais d'autres éléments peuvent être à la base de multiples expressions, comme le mot *vent* étudié par G. Roques dans un article très documenté étudiant le vent dans les locutions et expressions médiévales françaises[82]:

– comme réalité concrète partant du sens technique d''odeur que le gibier laisse sur son passage', dans *ne savoir ne voie ne vent*, passant au sens figuré au sens de 'n'avoir aucune nouvelle de quelqu'un', et d'air que l'on respire et qui rafraîchit, base d'une large palette de locutions comme *herbergier au vent* 'loger à la belle étoile';
– comme force cosmique, dans des domaines techniques comme la fauconnerie ou la navigation maritime, lieux de métaphores comme *quiex vent vous guie?* se lexicalisant pour devenir une simple formule de salutation, ou dans le domaine de la météorologie *petite pluie abat grant*

---

76. Barsi (2002-2003: 34-35).
77. La *Chronique de Pierre Belon*, 240r/317, éd. Barsi, p. 187.
78. Éd. Smith, II, 363-67.
79. La *Chronique de Pierre Belon*, 149r/463, éd. Barsi, p. 245.
80. La *Chronique de Pierre Belon*, 238r/310, éd. Barsi, p. 185.
81. La *Chronique de Pierre Belon*, 131r/402, éd. Barsi, p. 222.
82. Roques (1987).

vent, qui peut passer du statut de dicton à celui de proverbe en prenant une valeur métaphorique, dans une palette variée de valeurs (cf. infra).
– comme symbole de rapidité (*vif comme vent*), d'instabilité (*le vent a tourné, autant en emporte le vent*), à l'origine de leçons de morale appliquée, ou illustrant la vanité, l'inanité, l'illusion, la destruction.

Le champ d'investigation peut être élargi en diachronie comme en diatopie. Des études retracent la formation des expressions dans une perspective pan-romane remontant aux origines latines. C'est ainsi que le grand romaniste E. Coseriu revisite l'expression *Il cuide tenir Dieu par les pieds*, abordée par A. Långfors dans un cadre spatio-temporel strictement français[83]. Si cette tournure apparaît dans les textes littéraires en ancien et en moyen français entre le XIIe et le XVe siècle, pour exprimer de façon imagée une joie exubérante, une étude plus documentée montre qu'elle déborde largement cette période avec des attestations en français moderne et dans le dialecte wallon, et plus largement encore l'aire proprement francophone: elle se trouve, sous forme de deux tournures (*s'imaginer avoir touché le ciel avec les doigts / avoir attrapé Dieu par une partie du corps*) dans d'autres langues romanes comme le roumain, l'italien et l'espagnol; ceci interdit de penser à une polygenèse, mais conduit à remonter à des bases latines, qui présentent des analogies parfaites avec la seconde tournure en particulier[84].

Dans ce champ d'investigation, le *Dictionnaire du moyen français* en cours d'élaboration se révèle un précieux allié, sans compter les *Lexiques* satellites accessibles sous forme électronique sur le site de l'ATILF, ou en cours d'élaboration. Il a parmi ses principes le souci de faire une large part aux locutions et, plus généralement, à tous les faits de figement: ils facilitent la lecture et peuvent guider utilement le repérage des informations. Il est par exemple possible de disposer des articles où il est question de *blé* dans le champ d'un indicateur *au figuratif* ou *métaphorique*, (où l'on peut obtenir des locutions comme *battre son blé sur la grange* 'faire l'amour avec sa femme' – Deschamps –, ou *manger son blé en vert* 'dépenser son revenu d'avance').

Utile est aussi le *Dictionnaire des locutions en moyen français* de G. di Stefano, souffrant cependant de l'absence de distinctions entre les différents types de locutions et très rudimentaire dans sa technique lexicographique:

83. Långfors (1952).
84. Coseriu (1979).

Il ne faut pas perdre de vue qu'il n'est pas fait pour les lexicographes pressés, car c'est au fond une belle collection de pierres brutes, non façonnées. Tout reste à faire, car il faut distinguer les locutions des syntagmes ou des proverbes ou des comparaisons (cf. *tost comme (que) vent*, 871a; *coyement que nue* 52c), ou même de simples contextes sans aucune empreinte spéciale (cf. *Et une piece sejorna* 673b; *picotin* 672c)...
(Möhren 1997: 197).

Les mêmes remarques vaudraient pour le *Dictionnaire des façons de parler du XVIᵉ siècle* de P. Enckell[85], qui collectionne un vaste ensemble de 'façons de parler' ignorées des relevés lexicographiques: des phrasèmes figurés comme *prendre la lune avec les dents*, symbole de l'entreprise impossible, y voisinent avec des interjections comme *hou* et des locutions adverbiales comme *de prime abord*.

Dans la lignée du *Dictionnaire des locutions*, plusieurs articles ont engrangé des locutions disparates glanées dans des oeuvres et destinées à compléter les relevés existants, ainsi de G. Palumbo, pour les locutions dans le *Livre et histoire royal* composé vers le milieu du XVᵉ siècle[86].

[c] Des recueils et ouvrages de type onomasiologique peuvent constituer de précieux relevés. Le *Dictionnaire érotique, ancien français, moyen français, Renaissance*, de Rose M. Bidler, permet le repérage d'une foule de locutions figurées se rapportant aux choses de l'amour: *abaytteur de bois/de quilles* 'faiseur de grandes prouesses' (p. 8), *faire bonbon* 'provoquer du plaisir', *estre aux fers* 'faire l'amour', *avoir passé devant l'huis du patissier* 'avoir eu sa première expérience sexuelle' (p. 355), *monter aux eschauffaux* 'être en rut, se conduire en nymphomane' (p. 291), *recorder ses flours* 'coïter', *ouvrir son livre* idem / *bouter sa plume roide et dure* idem. Dans ce domaine, très nombreuses sont les locutions construites sur un petit nombre de métaphores qui se renouvellent indéfiniment, P. Guiraud observant ainsi dans son *Dictionnaire érotique* que les innombrables synonymes désignant le vagin et le pénis 'se rattachent à un nombre infime d'images fondamentales: ainsi, le *pénis* étant un 'instrument' prolifère en 'instruments artisanaux', 'instruments de musique', 'armes' et, de là, en *flèche, lance, dague, piquer*, etc., *flûte, pipeau, fifre*, etc., *lancette, éperon, aiguillon*, etc.'[87]. Plus largement, tout ce qui évoque le trou peut se rapporter au vagin, tout ce qui évoque le bâton au pénis.

Les expressions peuvent être regroupées autour de grandes émotions, comme la colère: *estre de chaude colle* 'être irascible', relevé par Hassell,

---

85. Enckell (2000).
86. Palumbo (1998).
87. Guiraud (1978: 7-8).

Bidler et Vincensini[88]. Ou encore autour de la croyance, de la conviction, terrain remarquable d'expressions figées, comme l'expression toute récente *y'a pas photo*, qui vient du milieu hippique: dans une course hippique, lorsqu'il est impossible de départager un ou plusieurs chevaux franchissant la ligne d'arrivée sur le fil, on a alors recours à la photographie pour trancher: 'il y a photo'. Au rebours, *y'a pas photo* signifie proprement que l'ordre d'arrivée est évident et, figurément, qu''il n'y a pas à hésiter, c'est évident'. La publicité a joué sur l'expression avec la réclame des magasins Darty pour les appareils photonumériques: 'Chez Darty, pour la photonumérique, y'a pas photo!'

Les expressions comportant un nom propre seraient aussi à prendre en considération. Parmi celles-ci, les expressions formées sur *Martin* sont soigneusement examinées par G. Roques comme première étape d'une étude exhaustive de l'ensemble de l'étymon, et particulièrement *chanter/ parler d'autre Martin*, qui offre deux acceptions fondamentales: *d'autre Martin (vos) convendra parler/chanter:* 'Votre situation sera bien différente (de ce que vous imaginez actuellement)' / *il parlera d'autre Martin* 'il se comportera de façon différente'[89]. Ou encore les locutions employant *Phebé*, avatar de *Phébus*, comme *jouer du phebé*, que G. Roques relève entre 1496 et 1520 au sens de 'dissimuler', 'duper'[90].

4. *Les parémies, dernier degré dans l'échelle des phraséologismes*

Le dernier degré ou dernier palier des phraséologismes est constitué par les parémies, objets d'étude de la parémiologie, qu'il faut distinguer de la parémiographie. La parémiologie est l'approche métalinguistique consciente des proverbes, au regard de la parémiographie, qui traite de la notation écrite des proverbes. La parémiologie médiévale, longtemps demeurée au stade des relevés, s'est enrichie, au cours des dernières années, d'études dévolues au fonctionnement littéraire des proverbes, mais aussi au discours paralittéraire.

4.1. Définition

Les proverbes entrent dans la catégorie des *dictiones* comme phrases complètes, dans la terminologie de Quintilien, fonctionnant à la manière

---

88. Hassell (1982); Bidler (2003); Vincensini (éd. 2003: 210).
89. Roques (1999: 113).
90. Roques (1984a).

de citations dans le discours où ils sont intégrés, réitérés dans des oeuvres diverses. Ils sont souvent reconnaissables précisément par leur mode de citation marqué.

4.2. Modes ou clés de citations des proverbes

Le proverbe peut être introduit expressément comme tel, avec référence à son ancienneté, comme dans cet exemple:

> Et pour ce, tres noble seignur, que l'ancien proverbe dist en ceste maner que celuy qu'est avant garnys n'est pas honys, de ce est, tres redoubté seignur, que je vous d'ascun de voz enemys, come j'ay ben aperceu par evident experience, vuille garnir[91].

Mais c'est sa fréquence qui est souvent mentionnée, référée à un énonciateur anonyme représentant l'*auctoritas*: *Hoc sepe dicitur quando... Hoc... frequenter allegatur de*[92]. Ce mode d'introduction est tellement caractéristique du proverbe qu'il peut être introduit dans la citation d'une locution sentencieuse ancienne, pour en assurer l'identification, comme dans ces exemples où les deux proverbes sont flanqués, dans la traduction de J.-J. Vincensini, de *comme on dit, comme le dit le proverbe, comme dit la maxime*, qui est un jugement de locutionnalité:

> Lors quant Olivier, ses filz, ouy ce que le roy disoit, si respondy haultement: "Sire, il a grant paour qui tremble. Cilz chevaliers, je croy, cuide "prendre les grues en voulant". Par foy, il faudra bien a ce qu'il pense: "On ne prend pas telz chaz sans moufles."
> 'Quand il entendit ce que disait le roi, Olivier, le fils de Josselin, s'écria haut et fort: – Monseigneur, si on tremble c'est qu'on a peur! Ce chevalier me semble-t-il, rêve, *comme on dit*, "d'attraper les grues au vol". Mais sur mon honneur, il manquera bien son but: *comme dit le proverbe*: "Un tel chat ne se prend pas sans mitaines."'
> (*Mélusine*, Vincensini éd. 2003: 246-247).

Dans un passage où sont cités deux proverbes contraires soulignant de leur autorité le caractère hasardeux de l'entreprise, la traduction de M. Perret n'ajoute pas ces introducteurs: 'Monseigneur, qui tremble a grand-peur! Ce chevalier, je pense, croit prendre les grues, mais il manque son but: on ne prend pas de tels chats sans gants.'[93] Est ainsi marquée comme maxime, dans un passage rempli de conseils de bon gouvernement, chez Vincensini, et soulignée comme telle par la formulation générique à balancement symétrique, cette phrase entre guillemets:

91. *Lettres anglo-françaises (1265-1399)*, *Lettre* 163, cf. Tanquerey (éd. 1916: 168).
92. Librova (2002: 204).
93. *Mélusine*, trad. Perret (1996: 91).

Prenés sur eux (i. e. vos sujets) vostre droit, sans eulx taillier oultre raison ne alever coustumes inraisonnables. Car "se peuple est povre, le seigneur est mendiz".
'Obtenez de leur part ce qui vous revient de droit, sans les imposer outre mesure ni leur infliger des redevances injustifiées. *Ne dit-on pas*: "À peuple indigent, seigneur mendiant"?'

Rien de tel dans la traduction de M. Perret, où la formulation gnomique est gommée: 'Prenez ce à quoi vous aurez droit, mais ne les taillez pas sans mesure, ne levez pas d'impôts immodérément, car si le peuple est pauvre, le seigneur est mendiant'. De même, plus loin: *Car sachiez que une "toison d'une année est plus prouffitable que celle qui est tondue trois foiz"*, traduit par: 'Vous le devez savoir: "tondre une fois l'an profite plus que trois"'/ 'car sachez qu'une seule grande tonte par an est préférable à trois petites'[94]. De même: *Mais "de ce que fol pense remaint la plus grant part a la foiz"* traduit ainsi: 'Mais, *comme dit la maxime*, "de pensées de fou ne reste pas beaucoup" / "Mais projet de fou n'aboutit pas souvent"'[95].

4.3. Sur le plan du sens

Le sens triple du proverbe a été dégagé par P. L. J. Arnaud[96]:
– *sens propositionnel* = 'constatation ou précepte relatifs aux conduites de l'homme dans son environnement naturel ou social et de valeur générale';
– *sens référentiel* découlant de la valeur spécifique du proverbe et lui permettant de dénommer 'une classe de situation';
– *sens fonctionnel* comme porteur d'une fonction communicative.
Dans leur sens propositionnel, les proverbes sont des outils de généralisation impliquant une portée voulue de vérité universelle dans les référents, au regard des phrases figées faisant partie intégrante du discours même et nécessitant un sujet[97]. Dire que cette portée est voulue comme universelle signifie que les proverbes énoncent en réalité des vérités fonctionnant sur le mode des vérités génériques du type *souvent/beaucoup de* dont les conséquences n'ont rien de contradictoire, ce qui explique la coexistence de proverbes antinomiques comme *Nature passe nourreture* vs. *Nourreture passe nature*, qui sont contraires mais non contradictoires fondamentalement pour peu qu'ils soient rapportés au quantificateur *souvent*

94. *Mélusine* (Vincensini éd. 2003: 309); trad. Perret (1996: 115).
95. *Mélusine* (Vincensini éd. 2003: 571); trad. Perret (1996: 185).
96. Arnaud (1999: 16-17).
97. Conenna (1988: 100).

'beaucoup de fois': 'souvent *Nature passe nourreture*', mais il est non moins vrai que 'souvent *Nourreture passe Nature*'[98]. Ce qui explique que les proverbes puissent s'insérer dans des échanges argumentatifs pour servir de garants à des thèses opposées, comme dans les *Jeux-Partis*[99], ou dans les joutes poétiques et oratoires des *gara poetica* sardes, ou encore dans la pièce de théâtre *La bête sur la lune*, d'Irina Brook, où un homme et sa jeune épouse se lancent à la tête des parémies empruntées à la Bible, l'homme à l'appui de son autorité, son épouse à l'appui de sa revendication de liberté (cf. la diffusion de la pièce sur la chaîne de télévision Festival fin janvier – début février 2005).

4.4. Sur le plan de la forme

Sur le plan de la forme, on reconnaît le proverbe sur la base d'éléments syntaxiques et rythmiques particuliers mis en évidence par les parémiologues: éléments de généralisation et de mémorisation par le mode du verbe, appel au *qui* autarcique, symétrie binaire dans le rythme et les allitérations, introduction dans le discours, mais forme grammaticale et rhétorique fixe susceptible de variantes limitées.

4.5. Proverbes et locutions proverbiales

Les proverbes peuvent servir d'inspiration à des locutions proverbiales variant selon la conjugaison en mode, temps, et personne: ainsi dans ces trois vers de *La chasse d'Amours*, attribuée à Octovien de Saint-Gelais, v. 4168-70[100]:

> Le clou tres bien leur riveray
> En mettant le feu a l'estouppe,
> Car de tel pain telle auront souppe.

Le passage est fait de trois locutions: *river le clou à quelqu'un, mettre le feu à l'estouppe, avoir de tel pain telle souppe*. Les deux dernières sont des locutions que l'on peut appeler proverbiales en ce sens qu'elles font référence à des proverbes très connus[101]. Est illustré ici le polymorphisme sémantique du proverbe, énoncé remarquablement flexible en dépit de sa fixité, adaptable à une large variété de contextes, ce que remarque Vincensini en relevant les proverbes et expressions sentencieuses dans

98. Kleiber (1999).
99. Buridant (1976).
100. Éd. Winn.
101. Roques (1992b: 85).

Mélusine: 'Une évidence: souvent, le roman modifie les proverbes "classiques" qu'il utilise: nous indiquerons les écarts les plus notables.'[102] Cette variabilité est mise en relief dans les recherches les plus récentes consacrées aux proverbes, en particulier à partir d'enquêtes sur le terrain: l'enquête menée par F. Cermak en tchèque contemporain permet d'étudier l'emploi du proverbe dans un contexte d'usage et de dégager de cet emploi un large ensemble de précieux paramètres de forme (longueur), de variabilité (syntagmatiques, paradigmatiques, mariant les deux axes), de structures, de possibilités transformationnelles, d'insertion en discours, qui concourent à donner du proverbe *in vivo* une plasticité bien plus grande qu'on le pense traditionnellement, mais qui ne permettent pas, en revanche, de dégager le minimum parémiologique requis[103].

4.6. Rapports avec d'autres énoncés de type didactique

Les proverbes sont des énoncés autonomes entretenant des rapports complexes avec d'autres énoncés de type didactique, comme les sentences, les fables, les *exempla*, le proverbe pouvant être considéré comme une fable en réduction ou un exemplum condensé par sa moralité, de la moralité en boîte. La parenté modale entre le proverbe et la fable apparaît par exemple lorsque tel ou tel proverbe s'articule avec une fable: le commentaire consacré au proverbe *Belle chiere vault ung moys* d'un des recueils de proverbes à finalité juridique étudié par B. Librova est ainsi fondé sur un rapprochement avec la fable sur le rat des villes et le rat des champs[104].

Par ailleurs, il faut mentionner le dicton, un dicton pouvant passer en proverbe en étant métaphorisé et en se référant à un comportement humain normé, comme le souligne G. Kleiber en reprenant implicitement les traits définitionnels établis par F. Rodegem et à la suite de Buridant à propos de la phrase *Petite pluie abat grand vent*, 'qui n'est que dicton, si elle se cantonne au sens littéral en enregistrant une habituabilité uniquement météorologique, mais fonctionne comme proverbe si elle se charge d'un sens figuré qui en fait une règle par défaut concernant les hommes'[105]. Une remarquable illustration de ce transfert est précisément offert dans un passage du roman de *Mélusine* où trois frères irlandais, violents et farouches, répondent orgueilleusement au messager envoyé par Geoffroy, fils

---

102. *Mélusine* (Vincensini éd. 2003: 851, note 1).
103. Cermak (2003).
104. Librova (2002).
105. Rodegem (1972); Buridant (1976 et 1984); Kleiber (1999).

de Mélusine, leur enjoignant de se soumettre à l'autorité de Raymond, son père. Voici le passage:

> Moult furent les .iii. freres fiers et estoux et orguilleux, et vouloient suppediter tous leurs voisins et estre seigneurs de tous. Gieffroy envoya devers les freres, en disant comment ilz venissent faire obeissance a Remond son pere. Et ceulx dirent au messaige, pour Remond ne pour homme de par lui, ne feroient ilz rien et qu'il n'y retournast plus, car il feroit que folz. "Par foy, dist le message, je vous promet que je m'en garderay bien, si non que je vous amaine le medicin qui vous destrempera un tel electuaire que vous en seréz tous penduz par la gorge." De ce mot furent les freres moult courrouciéz et sachiéz, se le messaige n'eust si tost hasté le cheval, qu'il estoit mort sans remede, car ilz estoient felz et crueulx et ne craingnoient ne Dieu ne homme. Et le messaigier retourna a Gieffory et lui compte l'orgueil et le bobant des .iii. freres. "Par mon chief, dit Gieffroy, "grant vent chiet pour pou de pluie". Je les payeray bien de leurs gaiges.
> 'Particulièrement farouches, violents et orgueilleux, ces trois frères voulaient asservir tous leurs voisins et devenir leurs seigneurs à tous. Geoffroy leur envoya un messager chargé de leur enjoindre de venir se soumettre à l'obéissance de Raymond, son père. Ils répondirent au messager qu'ils n'avaient pas l'intention de se soumettre à qui que ce soit, ni à Raymond ni à son émissaire et qu'il était inutile de revenir car ce serait folie de sa part. "Certainement pas! fit le messager. Je m'en garderai bien, c'est promis! À moins de vous emmener chez le médecin qui vous concoctera un électuaire tel que vous allez tous finir la corde au cou." Ces paroles déchaînèrent la colère des frères et, je vous assure, si le messager n'avait pas tout de suite lâché la bride à son cheval, il était irrémédiablement mort, car ils étaient d'une impitoyable férocité, ne craignant ni Dieu ni homme. Revenu auprès de Geoffroy, le messager lui fit part de la morgue insolente des trois frères. "Sur ma tête, dit Geoffroy, petite pluie abat grand vent. Je vais leur rendre la monnaie de leur pièce!"'
> (*Mélusine*, Vincensini éd. 2003: 554-556).

Le dicton est donc transféré à la situation présente, par métaphore, le *grand vent* désignant l'orgueil des trois frères, que Geoffroy se promet d'abattre facilement à l'image d'une *petite pluie*.

4.7. Variété typologique des proverbes

Les recueils de proverbes offrent une grande variété typologique, une large palette de compilations depuis le Moyen Âge:
– recueils à commentaires bibliques et allégoriques contenant de brefs commentaires, à perspective purement religieuse: classification dans Morawski[106];

---

106. Morawski (1922: 489 ss.).

– recueils à finalité juridique dont les commentaires viennent aussi bien
des compilations du droit civil et du droit canon que des *auctores*[107];
– recueils de proverbes rimés.

Ces recueils peuvent être utilisés sur le plan littéraire, comme les *Proverbes au vilain*, qui connaissent une popularité exceptionnelle au sein de la création littéraire[108], et les proverbes versifiés, ayant une fonction mnémotechnique.

4.8. Types d'emplois et correspondances

Les proverbes médiévaux sont insérés dans un contexte par l'intermédiaire de commentaires parémiographiques, commentaires pouvant être révélateurs d'une approche parémiologique particulière aux clercs médiévaux, qui réside essentiellement dans l'établissement de divers types de correspondances, de nature intrinsèque ou extrinsèque.

En ce qui concerne les correspondances de nature intrinsèque, dans les recueils juridiques en particulier, la glose est en consonance avec celle de la citation, dans son sens propositionnel, mais aussi référentiel standard, sans exclure des écarts par rapport à ce sens[109].

On relève des correspondances de nature extrinsèque, dans les recueils à commentaires bibliques et allégoriques en particulier: association allégorisante partant d'un membre du proverbe dissocié de son entourage lexical, comme dans *De (brebis) comptées prent lous* rapproché de l'Évangile de Jean (VI, 71): *nonne .xii. elegi et unus ex vobis diabolus est*, suggéré par l'adjectif *comptées* évoquant le choix des douze apôtres, et le substantif *lous* évoquant le diable. Ce type de raisonnement obéit aux mêmes lois que l'élaboration de la *senefiance* et reflète la pratique des exégètes et des prédicateurs, confirmant les parties des divisions du thème des sermons par des citations bibliques correspondantes. Mais aussi, plus occasionnellement, dans les recueils juridiques, où la forte connotation propre aux lexèmes animaliers peut activer la signification allégorique des animaux, comme le loup, consignée dans des dictionnaires bibliques, des répertoires d'images, des recueils de *distinctiones*.

Quant à l'emploi des proverbes, on relève que ceux-ci sont volontiers employés tout d'abord dans la prédication, en particulier dans le prothème, dont la fonction est de préparer l'avènement du thème – exemple du prédicateur Ferrier Catalan rapporté par B. Librova[110], mais aussi dans

---

107. Librova (2002: 204).
108. Rattunde (1966) et Schulze-Busacker (1985).
109. Librova (2002: 210).
110. Librova (2002).

le développement[111]. Ils se retrouvent ensuite dans les échanges entre adversaires des jeux-partis comme arguments d'autorité[112], et enfin dans les œuvres didactiques ou les 'castoiements', et dans maintes œuvres littéraires, romans ou chansons de geste. Ainsi, dans le roman de *Mélusine*, Mélusine appuie volontiers de proverbes et maximes les conseils moraux et politiques qu'elle prodigue à ses enfants: ne pas accabler le peuple d'impôts, car *se peuple est povre, le seigneur est mendiz* (308), et il serait privé de ressources en cas de nécessité, car *une toison d'une annee est plus prouffitable que celle qui est tondue trois foiz* (ibid.); ne pas signer des traités trop longs avec les ennemis, car *les saiges reculent pour plus loing saillir* (310).

4.9. Exploitation d'un fonds proverbial en français contemporain

Un fonds traditionnel de proverbes est exploité dans la publicité contemporaine, qui joue sur leurs caractéristiques formelles et leur prégnance mémorielle, les rapprochant du slogan publicitaire, comme l'a relevé M. Coppens d'Eeckenbrugge:

> *Qui veut voyager loin ménage sa monture*
> → *Qui veut voyager loin ménage sa fortune… aux Caisses d'Epargne et de prévoyance*[113].

Le phénomène ne se limite pas au français. N. Bass le relève dans la publicité des journaux en Suisse alémanique explorés entre 1928 et 1998[114].

Conclusion

Cet aperçu panoramique de la phraséologie historique du français, appuyé sur une large palette de travaux critiques théoriques et de monographies ou articles détaillés, permet de dégager *in fine* des traits majeurs, depuis les collocations élémentaires jusqu'aux parémies, de la cave au grenier, si l'on préfère. Ainsi, on relève des invariants sur le plan formel, syntaxique, sémantique:
– appel à des verbes supports depuis le latin, pour constituer des phrasèmes élémentaires dont les caractéristiques ne varient pas fondamentalement de l'ancien français au français contemporain;

---

111. Buridant (1984); Bland (1997).
112. Buridant (1976).
113. Coppens d'Eeckenbrugge (1989).
114. Bass (2003).

– permanence des éléments somatiques sur le plan sémantique;
– figement élémentaire, structure basique du proverbe, reprise dans les parodies, les imitations du proverbe, son exploitation publicitaire.

L'évolution dévoile enfin des variables: caractéristiques des structures syntaxiques et rhétoriques de la civilisation médiévale: ordre des mots, *qui* autarcique, emploi des binômes, stéréotypie exemplaire, comparaisons symboliques, maladies typiques des saints, exploitation des proverbes dans une énorme littérature parénétique et moralisatrice, exploitant de la 'moralité en boîte' immédiatement accessible à la mémoire.

La phraséologie historique du français se situe ainsi au croisement de la variabilité et de l'invariance, alimentée et confortée qu'elle pourra être encore dans ses approches par les monographies les plus précises et les vastes projets de constitution de bases de données et de corpus étendus qui en affineront les contours[115], sans compter l'engrangement par les nouvelles technologies des références bibliographiques, pour faire suite à l'énorme bibliographie de Lengert portant sur les langues romanes, remarquable par la richesse des matériaux et la précision des informations[116].

L'ensemble des considérations précédentes peut être illustré par le schéma final affiné de Buridant (1989: 132):

Université de Strasbourg

---

115. Cf. en particulier Rassart-Eeckhout, Base de données textuelles: Comparaisons, proverbes et locutions figurées dans les textes littéraires en moyen français.
116. Lengert (1997).

Bibliographie

ARNAUD P. J. L. 1999, 'Réflexions sur le proverbe', *Cahiers de lexicologie*, 59, 2, p. 6-27.

BARSI M. 2002-2003, 'Quelques phrasèmes d'un "texte inédit" de 1562: la *Chronique de Pierre Belon du Mans, médecin*', dans: G. DI STEFANO – R.M. BIDLER (éds), *Actes du Colloque international, Université McGill, Montréal, 2-3-4 octobre 2000. Le moyen français: traduction, dérimation, compilation*, numéro thématique de la revue *Le moyen français*, 51-52-53 (Montréal: CERES), p. 19-39.

BASS N. 2003, 'Phraseologismen und Modifikationen in der Deutschschweitzer Anzeigerwerbung 1928-1998', dans: H. BURGER. – A. HÄCKI BUHOFER – G. GRÉCIANO (éds), *Flut von Texten...*, p. 381-390.

BIDLER R. M. 2003, *Dictionnaire érotique. Ancien français, Moyen français, Renaissance*, Bibliothèque du Moyen Français, 2 (Montréal: CERES).

BIERBACH M. 1990, '"Mettre la charrue avant les bœufs": réflexions méthodologiques en phraséologie diachronique', *Revue de Linguistique romane*, 54, p. 447-474.

BLAND D. L. 1997, 'The use of proverbs in two medieval genres of discourse: *The art of poetry* and *The art of preaching*', *Proverbium*, 14, p. 1-21.

BURGER H., A. HÄCKI BUHOFER & G. GRÉCIANO. éds 2003, *Flut von Texten – Vielfalt der Kulturen, Ascona 2001 zur Methodologie und Kulturspezifik der Phraseologie*, Phraseologie und Parömiologie, 14 (Baltmannsweiler: Schneider Verlag Hohengehren). [Compte rendu BURIDANT, 2004].

BURIDANT C. 1976, 'Nature et fonction des proverbes dans les *Jeux-Partis*', dans *Rhétorique du proverbe, Revue des Sciences Humaines*, 163, p. 377-418 (Numéro avec bibliographie préparé par C. BURIDANT).

BURIDANT C. 1978, *Les problèmes de traduction du latin au français au XIIIᵉ siècle à partir de 'L'histoire en français de Charlemagne à Philippe-Auguste'* (Lille: Thèse dactylographiée, Université de Lille III).

BURIDANT C. 1980, 'Les binômes synonymiques. Esquisse d'une histoire des couples de synonymes du Moyen Age au XVIIᵉ siècle', *Bulletin du Centre d'Analyse du Discours: Synonymies*, 4 (Lille), p. 5-79.

BURIDANT C. 1981, 'Le mot *main* dans les dictionnaires français du XVIᵉ au XXᵉ siècle', dans: F. DE SIVERS (éd.), *La main et les doigts dans l'expression linguistique. Actes du Colloque organisé par le Laboratoire des langues et civilisations à tradition orale, Paris, 9-11 septembre 1980*, Eurasie, 6 (Paris: Lacito-Documents), p. 45-64.

BURIDANT C. 1984, 'Les proverbes et la prédication au Moyen Age', dans: F. SUARD (éd.), *Richesse du proverbe*, I (Lille: Université de Lille III), p. 23-54.

BURIDANT C. 1989, 'L'approche diachronique en phraséologie: quelques aspects de la phraséologie en ancien et en moyen français', dans: G. GRÉCIANO (éd.), *Europhras 88...*, p. 31-42.

BURIDANT C. 2004, Compte rendu de H. BURGER – A. HÄCKI BUHOFER – G. GRÉCIANO (éds), *Flut von Texten...* dans: *Bulletin de la Société de Linguistique de Paris*, XCIX, 2, p. 69-82.

CERMAK F. 2003, 'Paramiological Minimum of Czech: The Corpus Evidence', dans: H. BURGER – A. HÄCKI BUHOFER – G. GRÉCIANO (éds 2003), *Flut von Texten...*, p.15-31.

CHAMBON J.-P. 1991-1992, '*Un sermon plaisant* (Koopmans 23): questions de localisation et d'attribution', *Les dialectes de Wallonie*, 19-20, p. 81-95.

CHAURAND J. 1983, 'Les verbes-supports en ancien français: *doner* dans les œuvres de Chrétien de Troyes', *Lingvisticae Investigationes*, VII, 1, p. 11-46.

CONENNA M. 1988, 'Sur un lexique-grammaire comparé de proverbes', *Langages*, 90 (*Les expressions figées*, numéro coordonné par L. DANLOS, p. 99-116).

COPPENS D'EECKENBRUGGE M. 1989, 'Petits proverbes, grands effets... De l'usage des proverbes dans la publicité contemporaine', dans: G. GRÉCIANO (éd.), *Europhras 88...*, p. 51-63.

COSERIU E. 1979, 'Tenir Dieu par les pieds', dans: *Mélanges d'études romanes offerts à Leiv Flydal, Revue Romane*, 18 numéro spécial (Copenhague: Etudes Romanes de l'Université de Copenhague), p. 34-44.

DI STEFANO G. 1991, *Dictionnaire des locutions en moyen français*, Bibliothèque du moyen français, 1 (Montréal: Ceres).

DUNETON C. 1978, *La puce à l'oreille* (Paris: Stock).

ENCKELL P. 2000, *La lune avec les dents. Le dictionnaire des façons de parler du XVIe siècle* (Paris: CNRS Editions).

FOULET L. 1946, 'L'effacement des adverbes de lieu', *Romania*, 69, p. 1-79.

FRASER B. 1970, 'Idioms within a Transformational Grammar', *Foundations of Language*, 6/1, p. 22-42.

GAATONE D. 1998, *Le passif en français*, Champs linguistiques. Recherche (Paris & Bruxelles: Duculot).

GONZALEZ REY I. 2002, *La phraséologie du français* (Toulouse: Presses Universitaires du Mirail).

GRÉCIANO G. éd. 1989, *Europhras 88. Phraséologie contrastive, Actes du Colloque International Klingenthal – Strasbourg, 12-16 mai 1988*, Collection Recherches germaniques n° 2 (Strasbourg: Université des Sciences Humaines – Département d'Etudes Allemandes).

GRÉCIANO G. 1996, 'La variance du figement', dans: G. KLEIBER – M. RIEGEL (éds), *Les formes du sens, Mélanges Robert Martin*, Champs linguistiques (Bruxelles: Duculot).

GROSS G. 1997, 'Du bon usage de la notion de "locution"', dans: M. MARTINS – BALTAR (éd.), *La locution entre langue et usages*, Collection Signes (Paris: ENS Fontenay/Saint-Cloud, Diff. Ophrys), p. 201-223.

GROSS M. 1988, 'Les limites de la phrase figée', *Langages*, 90 (*Les expressions figées*, numéro coordonné par F. DANLOS), p. 7-22.

GROSS M. 1992, 'Une classification des phrases figées du français', *Revue québécoise de linguistique*, 11, 2, p. 151-185.

GUILLAUME G. 1992, *Leçons de linguistique 1938-1939*, R. VALIN – W. HIRTLE – A. JOLY (dir.), Texte établi par Annette Vassant, en collaboration avec Hervé Curat (Laval – Lille: Presses de l'Université Laval – Presses universitaires de Lille).

GUILLAUME G. 1982, *Leçons de linguistique 1956-1957. Systèmes linguistiques et successivité historique des systèmes*, II, R. VALIN – W. HIRTLE – A. JOLY (dir.), Texte établi par Guy Plante (Laval – Lille: Presses de l'Université Laval – Presses Universitaires de Lille).

GUIRAUD P. 1978, *Dictionnaire historique, stylistique, rhétorique, étymologique, de la littérature érotique. Le langage de la sexualité*, Tome I (Paris: Payot).

HAMMER F. 1995, 'Groupes binaires et récurrence en français: une approche structurale synchronique', *Rencontres linguistiques en pays rhénan*, 5/6, p. 213-225.

HASSEL J. W. Jr. 1982, *Middle French Proverbs, Sentences and Proverbial Phrases*, Subsidia Mediaevalia, 12 (Toronto: Pontifical Institute of Medieval Studies).

HUCHON M. 2002, *Histoire de la langue française. Serments de Strasbourg, Langues d'oc et d'oïl, Plurilinguisme, Académie française, Francophonie*, Inédit, Littérature (Paris: Le Livre de Poche).

KELLER R. 1994, *Sprachwandel von der unsichtbaren Hand in der Sprache* (Tübingen – Basel: Francke).

KLEIBER G. 1999, 'Les proverbes antinomiques: une grosse pierre "logique" dans le jardin toujours "universel" des proverbes', *Bulletin de la Société de Linguistique de Paris*, XCIV, 1, p.185-207.

KRAEMER E. von. 1950, *Les maladies désignées par le nom d'un saint*, Commentationes Humanarum Litterarum, XV, 2 (Helsingfors: Societas Scientarum Fennica), p. 1-150.

LÅNGFORS A. 1952, 'Il cuide tenir Dieu par les pieds', *Mélanges de philologie romane offerts à M. Karl Michaëlsson* (Göteborg), p. 351-355.

LENGERT J. 1997, *Romanische Phraseologie und Parömiologie. Eine teilkommentierte Bibliographie von den Anfängen bis 1997*. Band I, *Romanisch, Französisch, Italienisch*. Band II, *Katalanisch, Portugiesisch, Provenzalisch, Rumänisch, Sardisch, Spanisch* (Tübingen: Gunter Narr). [Compte rendu de G. ROQUES, *Revue de linguistique romane*, 64 (2000), p. 475-478]

LERAT P. 1995, *Les langues spécialisées* (Paris: Presses universitaires de France).

LIBROVA B. 2002, 'Le proverbe animalier sous la plume des clercs médiévaux: les commentaires parémiographiques face aux emplois littéraires', *Proverbium*, 19, p. 203-223.

LOMMATZSCH E. 1910, *System der Gebärden, dargestellt auf Grund der mittelalterlichen Literatur Frankreichs* (Berlin: Dissertation).

LÓPEZ MOREDA S. 1987, *Los grupos lexemáticos de facio en el latin arcaico y clasico. Estudio estructural* (Léon: Publicaciones de la Universidad de Léon).

MARCHELLO-NIZIA C. 1985, *Dire le vrai: l'adverbe* si *en français médiéval* (Genève: Droz).

MARCHELLO-NIZIA C. 1990, 'Les figements: lexique et syntaxe en moyen français', Exposé au séminaire de l'INaLF, 1er octobre 1990.

MARCHELLO-NIZIA C. 1992, 'Formation, défection et réfection d'un figement. Une formule de serment européenne', *Le gré des langues*, 3, p. 43-75.

MARCHELLO-NIZIA C. 1996, 'Les verbes supports en diachronie: le cas du français', *Langages*, 121, p. 91-98.

MARTIN R. 1996, 'Sur les problèmes du figement lexical', *Locution et théorie linguistique. Actes du colloque international de Saint-Cloud* (Paris: ENS édition).

MARTIN RODRIGUEZ A. M. 1996, '*Dare*, auxiliaire lexical en latin', dans: M. FRUYT – CL. MOUSSY (éds), *Structures lexicales du latin*. Lingua latina, Recherches linguistiques du Centre Alfred Ernout, 3 (Paris: Presses de l'Université de Paris-Sorbonne), p. 49-64.

MEJRI S. 2003, 'La stéréotypie du corps dans la phraséologie: approche contrastive', dans: H. BURGER – A. HÄCKI BUHOFER – G. GRÉCIANO (éds), *Flut von Texten* ..., p. 203-218.

MEL'ČUK I. A. 1995, 'Phrasemes in Language and Phraseology in Linguistics', dans: M. EVERAERT, E.J. VAN DER LINDEN, A. SCHENK, R. SCHREUDER (éds), *Idioms: Structural and Psychological Perspectives* (Hillsdale, NJ – Hove, UK, 1195: Lawrence Erlbaum Associates), p. 167-232.

MELKERSSON A. 1992, *L'itération lexicale. Étude sur l'usage d'une figure stylistique dans onze romans français des XIIe et XIIIe siècles*, Romanica Gothoburgensia, XLI (Göteborg).

MÖHREN F. 1997, 'Bilan sur les travaux lexicologiques en moyen français, avec un développement sur la définition', dans: B. COMBETTES – S. MONSONEGO (éds), *Le moyen français. Actes du VIIIe Colloque international sur le moyen français, Nancy 1994* (Paris: CNRS – INALF – Didier), p. 195-210.

MOIGNET G. 1981, *Systématique de la langue française* (Paris: Klincksieck).

MORAWSKI J. 1922, 'Les recueils d'anciens proverbes français classés et analysés', *Romania*, 48, p. 481-558.

OLLIER M.-L. 1984, 'Spécialité discursive d'une locution: *si m'aïst Deus / se Deus m'aït*', dans: G. DI STEFANO – R. MCGILLIVRAY (éds), *La locution*, numéro thématique de la revue *Le Moyen Français*, 14-15 (Montréal: CERES), p. 323-367.

PALUMBO G. 1998, 'Le locuzioni nel *Livre et histoire royal*', *Le Moyen Français*, 42, p. 115-121.

PERRET, M. trad. 1996. *Jean d'Arras. Le roman de Mélusine ou l'Histoire des Lusignan*. Préface de Jacques Le Goff; postface de Michèle Perret; mis en français moderne par Michèle Perret (Paris: Stock).

PINKSTER H. 1987, 'The strategy and chronology of the development of future and perfect tense auxiliaries in Latin', dans: M. HARRIS – P. RAMAT (éds), *Historical Development of Auxiliaries* (Berlin – New York – Amsterdam: Mouton de Gruyter), p.195-223.

PONCHON T. 1994, *Sémantique lexicale et sémantique grammaticale: Le verbe faire en français médiéval*, Publications romanes et françaises, CCXI (Genève: Droz).

RASSART-EECKHOUT E., 'Base de données textuelles: Comparaisons, Proverbes et Locutions figurées dans les textes littéraires en moyen français', Université Catholique de Louvain, Centre d'étude de la langue française en Belgique.

RATTUNDE E. 1966, *Li proverbes au vilain. Untersuchungen zur romanischen Spruchdichtung des Mittelalters*, Studia Romanica, 11 (Heidelberg: Carl Winter Universitätsverlag).

RODEGEM F. 1972, 'Un problème de terminologie des locutions sentencieuses', *Cahiers de l'Institut de Linguistique de Louvain*, I, 5, p. 677-703.

ROQUES G. 1984a, 'Expressions médiévales: 1° *Jouer du phebé*, 2° *Mettre la main a la paste*', *Revue de Linguistique romane*, 48, p. 15-27.

ROQUES G., 1984b, 'Sans rime ni raison', dans: G. DI STEFANO – R. MCGILLIVRAY (éds), *La locution*, numéro thématique de la revue *Le Moyen Français*, 14-15 (Montréal: CERES), p. 416-426.

ROQUES G. 1985, 'Envoyer au peautre', *Revue de linguistique romane*, 49, p. 137-150.

ROQUES G. 1987, 'Le vent dans les locutions et expressions médiévales françaises', *Travaux de Linguistique et de Littérature*, XXV, 1, p.181-206.

ROQUES G. 1990, 'Jeter de la poudre aux yeux', dans: PH. A. BENNETT – G. A. RUNNALS (éds), *The Editor and the Text, in honour of Professor Anthony J. Holden* (Edinburgh: Edinburgh University Press), p. 114-124.

ROQUES G. 1992a, Compte rendu de G. DI STEFANO, *Dictionnaire des locutions en Moyen Français*, dans *Revue de Linguistique romane*, 56, p. 572-575.

ROQUES G. 1992b, 'La place des locutions dans le lexique français', dans: E. SAKARI – H. HÄYRYNEN (éds), *Approches du moyen français II* (Jyväskylä: University of Jyväskylä), p. 82-95.

ROQUES G. 1994, 'Le pied dans les expressions françaises', *Travaux de linguistique et de philologie*, XXXI, p. 385- 398.

ROQUES G. 1995, 'L'œil dans les locutions et expressions françaises', dans: C. BOUGY – P. BOISSEL – B. GARNIER (éds), *Mélanges René Lepelley, Annales de Normandie, Cahiers des Annales de Normandie*, 26, p. 375-384.

ROQUES G. 1999, 'Parler d'autre Martin', *Travaux de linguistique et de philologie*, XXXVII, p. 109-122.

ROUGET C. 1994, 'Comment rendre compte des locutions verbales? Le cas des 'expressions' en PRENDRE', *International Journal of Lexicography*, 7: 2, p. 177-196.

SABBAN A. 2003, 'Zwischen Phraseologismus und freier Wortverbindung: korpusbasierte Untersuchungen zu Kollokationen und Kollokationsfeldern des visuellen Verhaltens im Französischen', dans: H. BURGER – A. HÄCKI BUHOFER – G. GRÉCIANO (éds), *Flut von Texten...*, p. 61-72.

SAINT-GÉRAND J.-P. 1990, 'Usage, emplois, stéréotypie dans les éditions du *Dictionnaire universel* de Boiste: note sur le cas des marqueurs d'usage et leur fonction', dans: M. GLATIGNY (éd.), *Les marques d'usage dans les dictionnaires (XVIIᵉ – XVIIIᵉ siècles), Lexique,* 9 (Lille: Presses Universitaires de Lille), p. 154-167.

SALY A. 1988, 'Le vocabulaire de Girart d'Amiens dans le *Meliacin*', dans: D. KREMER (éd.), *Actes du XVIIIᵉ Congrès international de Linguistique et Philologie Romanes, Trèves, 1986* (Tübingen: Niemeyer), IV, p. 401-408.

SCHMID A.-M. 1984, *Ein Beitrag zur Phraseologie des Französischen: syntaktisch-semantische Untersuchung zu* mettre *in festen Verbindungen*, Innsbrucker Beiträge zur Kulturwissenschaft, 57 (Innsbruck: Verlag des Instituts für Sprachwissenschaft der Universität Innsbruck).

SCHMITT J.-C. 1990, *La raison des gestes dans l'Occident médiéval*, Bibliothèque des histoires (Paris: Gallimard).

SCHØSLER L. 2003a. 'Grammaticalisation of valency patterns? An investigation into valency patterns and support verb constructions, based on diachronic corpora', *Forum for Modern Language Studies*, XXXIX, 4, p. 400-413.

SCHØSLER L. 2003b. 'Les verbes supports dans une perspective diachronique. Le cas de *garde*, noyau prédicatif', dans: P KUNSTMANN – F. MARTINEAU – D. FORGET (éds), *Ancien et moyen français sur le Web. Enjeux méthodologiques et analyse du discours* (Ottawa: Editions David), p. 221-271.

SCHULZE-BUSACKER E. 1985, *Proverbes et expressions proverbiales dans la littérature narrative du Moyen Age français*, Nouvelle Bibliothèque du Moyen Age, 9 (Genève: Slatkine).

SIOUFI G. 2003, 'Le regard des grammairiens', dans: B. COMBETTES (éd.), *Évolution et variation en français préclassique. Études de syntaxe,* Collection Linguistique historique, 1 (Paris: Champion), p. 19-67.

TANQUEREY F.J. éd. 1916. *Recueil de lettres anglo-françaises. 1265-1399* (Paris: Champion).

VINCENSINI J.-J. éd. 2003, *Jean d'Arras: Mélusine ou la Noble Histoire de Lusignan, roman du XIVᵉ siècle,* Collection Lettres Gothiques (Paris: Le Livre de Poche).

VIVÈS R. 1993, 'La prédication nominale et l'analyse par verbes supports', *L'Information grammaticale,* 59, p. 8-15.

WITTLIN C. 1991, *Repertori d'expressions multinomials i de grups de sinonims en traduccions catalanes antigues,* Repertoris de la seccio filologica, I (Barcelona: Institut d'estudis catalans).

ZILTENER W. 1972-1989, *Repertorium der Gleichnisse und bildhaften Vergleiche der okzitanischen und der französischen Versliteratur des Mittelalters* (Bern: Francke).

Brigitte L. CALLAY

CRESTÏEN *QUI DIRE SIAUT* IN *GUILLAUME D'ANGLETERRE*

Introduction

Few verses have generated as much speculation as the introductory verses by a poet who names himself Crestïen in *Guillaume d'Angleterre*, mainly due to the possible identification with Chrétien de Troyes[1]. Arguments pro and con have bounced around since the earliest edition by Francisque Michel[2], and have been refueled more recently, without yielding a definitive resolution[3]. In earlier work[4], I concluded that the tale, as

---

1. The tale is told without the prologue or epilogue in the Spanish *Estoria del Rey Guillelme*, G. Knust (ed.), *Dos obras didácticas y dos leyendas sacadas de manuscritos de la Biblioteca del Escorial* (Madrid, 1878), p. 159-247. Knust compares a large portion of the French poem to the Spanish version. There is no mention of authorship either in other extant versions of the *Guillaume d'Angleterre* story: the summary by Robert de Blois in his *Enseignement des Princes*, J.H. Fox (ed.), *Robert de Blois: Son œuvre didactique et narrative,* diss. Fac. des Lettres, Université de Paris 1948 (Paris-Lille, 1950), p. 116-17, v. 833-852; a *Dit,* S. Buzetti Gallararti (ed.), *Dit de Guillaume d'Engleterre* (Alessandria, 1990); a XVIth century conconction, *Chrónica del Rey Don Guillermo,* Knust, *Dos Obras…*, p. 295-403.

2. F. Michel (ed.), *Dou Roi Guillaume d'Angleterre,* in: F. Michel (ed.), *Chroniques anglo-normandes,* III (Rouen, 1840), p. 39-172.

3. See e.g. the comments by the two most recent editors, who find the attribution to Chrétien de Troyes tenuous at best: A. Berthelot (trans. and ed.), *Guillaume d'Angleterre,* in: D. Poirion (dir.), A. Berthelot, P.F. Dembowski, S. Lefèvre, K.D. Uitti & Ph. Walter (eds.), *Chrétien de Troyes. Oeuvres Complètes* (Paris, 1994), p. 1433-34; A. Holden (ed.), *Chrétien. Guillaume d'Angleterre* (Geneva, 1988), p. 29-36. See also: J.J. Duggan, *The Romances of Chrétien de Troyes* (New Haven & London, 2001), p. 23-24; B. Callay, 'Guillaume d'Angleterre *en essil*', in: Catherine Bel, Pascale Dumont & Frank Willaert (eds.), *"Contez me tout" : mélanges de langue et de littérature médiévales offerts à Herman Braet,* La république des lettres, 28 (Louvain: Peeters, 2006), p. 129-146.

4. A review of the authorship question will be the subject of further work based on B. Callay, *Crestïen's Guillaume d'Angleterre. Themes. Message. Historical Moment,* diss. Katholieke Universiteit Leuven, Instituut voor Middeleeuwse Studies, 1977 (unpublished). I would like to thank Professor Van Hoecke for his invaluable comments as a member of my committee. His kind and sound scholarly advice were greatly helpful, and came to fruition for this article.

extant in manuscripts P^5 and C^6 is probably to be placed in the first quarter of the XIIIth century[7]. Since then, criticism has not unearthed new key evidence that could shed light on the poet or on the date of the poem[8].

Leaving aside the authorship question, the present article explores in particular a passage in the prologue that may nevertheless have some bearing on the discussion of Crestïen's identity. After announcing that he will tell a tale in rhyme (*conter un conte par rime*, v. 3) based on an *estoire* to be found at St. Edmunds, the poet starts his story with *Crestïens dit, qui dire siaut, / Que...* (v. 18-19). Since in this context, *dire* leaves room for different interpretations, it is useful to begin with discussing some of its multiple meanings.

1. Meanings of dire

1.1. Classification

In her study on the *Dit,* Léonard discerns four meanings of the verb *dire* aside from conveying the basic sense of uttering words, as in 'to say

---

5. P = Paris, Bibliothèque Nationale, ms. French 375 (formerly 6987), fol. 240 vb-247 va. A detailed description of this manuscript can be found in A. Micha, *La tradition manuscrite des romans de Chrétien de Troyes* (Geneva, 1966), p. 29-32. Berthelot, *Guillaume...*, uses this manuscript for her edition.

6. C = Cambridge, Saint John's College, Manuscript B9, fol. 55b-75d. Holden, *Guillaume...*, uses this manuscript for his edition. We cite from this edition, referring to Berthelot, *Guillaume...*, only if there is a difference for the interpretation.

7. The first mention of a *Guillaume d'Angleterre* story is in Robert de Blois' summary, see note 1 above. This provides a *terminus ad quem* for *Guillaume*, at the latest within the second third of the XIIIth century, the period during which Robert de Blois composed his works, see Fox, *Robert de Blois...*, p. 13, 43-46.

8. In spite of the fact that the poem is a unicum when placed ca. 1175, this early a date is often assumed even by critics who doubt the attribution to Chrétien de Troyes. Among the latter, Becker is an exception, proposing a first third of the XIIIth century date for the poem, as he links the problem of *Philomela*'s and *Guillaume d'Angleterre*'s authorship, see Ph. A. Becker, 'Von den Erzählern neben und nach Chrestien de Troyes', *Zeitschrift für romanische Philologie,* 55 (1935), p. 442-4. Nerlich sets a date of composition ca. 1170-80: M. Nerlich, 'Der Kaufmann von Galvaïde, oder die Sünden der Chrestien-Forschung. Ein Essay über die Ursprünge der Moderne-Mentalität in der literarischen Gestaltung', *Lendemains,* 45 (1987), p. 23, or between 1160-90, ca. 1175: M. Nerlich, 'Ein Hauch von Posthistoire? Antwort auf zwei Kenner des *Guillaume d'Angleterre*', *Lendemains,* 48 (1987), p. 119-120. The critic considers the poem not only a remarkable social document, but also concludes that evolution in the status of the *bourgeois* and in the organization of trading by ship must have occurred earlier than attested by historians (Nerlich, 'Ein Hauch...', p. 117, 119). While many points of his discussion are on target, the reason for his dating of the poem is unclear, considering that he is neither for or against an attribution of the poem to Chrétien de Troyes (Nerlich, 'Ein Hauch...', p. 120), and consequently there seems to be no reason to withhold a later date of composition which also may be more fitting in view of evolving social trends (see note 49 below).

something'. She discusses them under the broad headings of 1) *lire à haute voix* (reading aloud), 2) *composer* (composing), 3) *traiter d'un sujet* (treating a topic), and 4) *dire un chant* (speaking/reciting a song)[9]. *TL*[10] devotes several columns to the verb[11], rendering translations in categories determined by structure in a wide variety of contexts: 1) with a personal subject (including shades of meaning that could fit under the broad headings given by Léonard), 2) with a noun as subject (with the senses of 'containing in words', 'signifying a meaning', 'to convey or tell'), 3) as a noun ('words or discourse'). Since Léonard's classification is semantic in reference to literary activity and based on usage in poems, it is used here as a starting point, with reference to *TL* as warranted.

1.2. *Dire* in the sense of 'composing'

For the second category of Léonard's classification, clarification is needed for our further discussion. Léonard explains the heading *composer* as follows: 'Le verbe *dire* signifie couramment "composer une oeuvre littéraire" et en particulier une pièce en vers'[12]. However, the examples she cites do not permit to conclude that the verb itself expresses authorship of the work *per se*, as *dire* refers rather to composing as an artistic expression or skill (*en rime, biau, bien*), even if it expresses the sense of composing on parchment (*'dire bien en parchemin'*)[13]. In the cited passages, it is apparent that the poet is speaking, but the verb *dire* in itself merely denotes 'to compose', and requires the mention of what is being composed or other contextual indications to connote authorship. Léonard notes that the verb *traitier* is used as a synonym for *dire* in the sense of 'composing', without object but qualified by *bien* or *biau*[14]. In this case, *traitier* therefore also refers to a skill, rather than to authorship, although the context may indicate that the poet is speaking about his own work.

9. M. Léonard, *Le Dit et sa technique littéraire des origines à 1340* (Paris, 1996), p. 45-49.
10. *TL* = A. Tobler – E. Lommatzsch, *Alfranzösisches Wörterbuch* (Wiesbaden, 1925-).
11. *TL*, II, col. 1932, line 52 – col. 1941, line 16.
12. Léonard, *Le Dit...*, p. 48.
13. These are the examples cited by Léonard, *Le Dit...*, p. 48:
    Qui beau set dire et rimoier
    Bien doit sa science avoier
    A fere chose ou l'en apregne (*Du Vilain au buffet*, v. 1-3)
    Gentilz Roys, pour vous est diz
    Et rimés cilz enseignemens (Watriquet de Couvins, *Dit du Roi*, v. 256-257)
    Je vous di bien en parchemin (Huon Le Roi de Cambrai, *ABC par équivoque*, v. 5)
14. Léonard, *Le Dit...*, p. 48.

1.3. *Dire, traiter, faire, trover* and *rimer* in the *Miracle d'une none tresoriere*[15]

An example of distinctions in meaning for *dire, traiter, faire, rimer* and *trover* is furnished in the following passage of the *Miracle d'une none tresoriere*, in which the poet took pains to use a variation of verbs:

> Gautiers d'Arras qui fist d'Eracle,
> Et Guios qui maint bel miracle
> Traita de cele damoisele
> Qui sen pere enfanta pucele,
> Et Crestiens qui molt bel dist
> Quant Cleget et Percheval fist,
> Et li Kievres qui rimer valt
> L'amor de Tristan et d'Isault,
> Et d'Isaire et de Tentaïs
> Trova Rogiers de Lisaïs...
> (v. 1-10)[16]

The passage is first of all interesting because of the clear difference in meaning between *dire* and *faire*. *Dire*, modified by *bel* (v. 5), evidently refers to Chrétien de Troyes' artistic ability to compose beautifully, while *faire* (with the titles of works as direct objects) refers to his authorship[17].

Faire is also used to indicate Gautier d'Arras' authorship of a story about Eracle, while *trover* is used to denote that Rogier de Lisaïs' was the poet who composed about Isaire and Tentaïs. *Rimer* denotes the manner in which li Kievres treated his topic, the love of Tristan and Isault, namely in rhyme. With *traiter maint bel miracle*, the sense of 'treating a certain *matiere*', i.e. the miracles related to Mary, can be understood.

1.4. Ambiguities with regard to expressing authorship

1.4.1. Composing or reading aloud (reciting)?

In her discussion of the first category 'reading aloud', Léonard notes that the meaning of *dire*, is not always clear. Citing the following passage

---

15. Since the original edition by Gröber was not accessible to me for this passage, I cite from a reprint: G. Gröber (ed.), *Miracle d'une none tresoriere*, in: *Festgabe W. Foerster* (1902), p. 428, reprinted in U. Mölk, *Französische Literäresthetik des 12. und 13. Jahrhunderts* (Tübingen, 1969), p. 75, n° 61.

16. Mölk, *Französische...*, p.75, n° 61, v. 1-10.

17. Compare to Chrétien de Troyes's own words in *Cligés*: 'Cil qui fist d'Erec et d'Enide': A. Micha (ed.), *Les Romans de Chrétien de Troyes*, II, *Cligés* (Paris, 1968), v. 1.

from the *Complainte des Jacobins et des Cordeliers*[18], Léonard remarks that when the verb is used without object (absolute usage), an ambiguity may result between the two senses of 'composing' and 'reciting/reading aloud'[19]:

> Auchune gent m'ont fait proiere
> de dire; or ai trouvé maniere
> Si com je volrai commenchier…
> (v. 1-3)

The critic wonders if the *Je* who is speaking refers to the immediate past when one would have asked him to recite a text, or to a moment further in the past when he would have been approached about composing a *dit*[20].

1.4.2. *Dire* in a passage from Raoul de Houdenc's *Songe d'Enfer*[21]

Léonard also points to a similar ambiguity ('composing' or 'reading aloud/reciting') even if *dire* is used with a direct object, as is the case for the example she cites from Raoul de Houdenc's [Raoul de Hodenc][22] *Songe d'Enfer*. Léonard notes that it is not clear if the poet intends to recite to an audience from memory, or if he also wants to compose new *dits* based upon what he read[23]:

> Je reting du livre par cuer
> Les nons et les fais et les dis,
> Dont je cuit encore biaus dis
> Dire, sanz epargnier nului
> (v. 648-651)

18. Léonard, *Le Dit…*, p. 47, note 124, cites from A. Jubinal (ed.), *Complainte des Jacobins et Cordeliers,* in: A. Jubinal (ed.), *Œuvres de Rutebeuf* (1874 – 75), 3 vol., III, p. 172-175.

19. Léonard, *Le Dit…*, p. 46-47, note 124.

20. '… le *Je* qui parle fait-il référence à un passé immédiat où on lui aurait demandé de "réciter" un texte, ou bien à un passé plus lointain où il aurait été prié de: "composer un dit"?': Léonard, *Le Dit…*, p. 47, note 124.

21. I cite from M. Timmel Mihm (ed.), *The Songe d'Enfer of Raoul de Houdenc* (Tübingen, 1984).

22. Busby agrees with the identification of the poet proposed by A. Fourrier, 'Raoul de Hodenc: est-ce lui?', in: J. Renson (ed.), *Mélanges de linguistique romane et de philosophie médiévale offerts à M. Maurice Delbouille*, 2 vols. (Gembloux, 1964), II, p. 165-193, and calls him Raoul de Hodenc; K. Busby (ed.), *Raoul de Hodenc: Le Roman des Eles. The anonymous Ordene de Chevalerie* (Amsterdam/Philadelphia, 1983), p. 15. Raoul was active composing poems in the first third of the XIIIth century, see Busby, *Raoul…*, p. 14-15, and M. Timmel Mihm, *The Songe…*, p. 4-7.

23. Léonard, *Le Dit…*, p. 46,

Since the *dit* is a piece that is composed to be recited, and therefore *dire* envisages in any case its recitation, the larger context may shed more light on the usage of the verb in this passage.

In his dream, Raoul is a pilgrim to Hell, and the poet casts himself in the role of a wayfaring *conteor*. When asked who he is or from where, he says he has traveled the world:

> "Raoul, bien soies tu venus!
> Dont viens tu? " – "Je viens de Saissoigne
> Et de Champagne et de Borgoigne,
> De Lombardie et d'Engleterre:
> Bien ai cerchie toute terre."
> (v. 412-416)

After the banquet, he is asked to entertain by reading aloud from a book provided by the king of Hell. There he reads and recites the deeds of *fols menestrels,* the ones of interest to denizens of Hell:

> Me fist un sien livre aporter
> Qu'en enfer ot leenz escrit
> Uns mestres qui mist en ecrit
> Les droiz le roi, et les forez,
> Les fols vices et les fols fez
> C'on fet, et tout le mal afere
> Dont li rois doit justice fere-
> En cel livre me rouva dire;
> Tantost i commençai a lire.
> Qu'en diroie? En cel livre lui,
> Et tant que en lisant connui
> En cel livre, qui estoit tels,
> Les vies des fols menestrels
> En un quaier toutes escrites.
> Et li rois dist: "Ici me dites,
> Quar me plaist mult a oïr,
> Si puisse je d'Enfer joïr,
> Que c'est del plus plesant endroit."
> Et g'i commençai tout a droit
> Et tout au miex que je soi lire;
> Des fols menestrels pris a dire
> Les fais, et trestout a point en rime,
> Si bel, si bien si leonime
> Que je le soi a raconter
> (v. 614-637)

When finished reciting, Raoul is duly paid, as is the custom for a *conteor* or *jongleur*, but in *deablies* (v. 653) appropriate for Hell:

Et quant assez escouté m'ot,
Tant com lui plot, ne mie mains,
Doner me fist dedenz mes mains
Quarante sols de deablies,
Dont j'achetai byffes jolies
(v. 654-658)

Portraying himself in the role of a traveling *conteor*[24], by some thought
to be his real occupation[25], Raoul recites aloud from a text that is not his
own, seizing the opportunity to add to his repertoire by learning by heart
what he reads. This does not resolve the question whether *dire* refers
here to composing the *dits* he proposes to recite later, or that he will
recite just what he learned by heart. However, it illustrates a semantic
fluidity that stems from the fact that a *conteor* is in the general business
of *dire,* often used as a synonym for *reciter, conter,* or *retraire*[26], i.e.
telling tales of his own making and of others[27], with the result that *dire*
skirts the authorship question.

1.4.3. *Dire* referring to *mestier* in a passage from Gerbert de Montreuil's continuation of *Perceval*[28]

Dire also skirts the authorship question in the following passage from
Gerbert de Montreuil's continuation of *Perceval*:

Après mengier vont caroler.
Jogleor chantent et vïelent;
Li un harpent et calemelent;

24. Concerning the term *conteor*, see E. Faral, *Les Jongleurs en France au moyen âge*
(Paris, 1910), p. 66-86. Faral states that *jongleur* is a general name for a professional
entertainer of various specialties, that include *conteor*, and was applicable to storytellers
of all ilk in the XIIIth century; Faral, *Les jongleurs...*, p. 64, 106.
25. For a discussion of this trade for Raoul, see Timmel Mihm, *The Songe ...*, p. 6-8.
The reference to *fols menestrels* in v. 626 and 634, is no objection to imagining Raoul in
the same trade, as performers frequently taunted others; Timmel Mihm, *The Songe...*,
p. 134, note to v. 626. Raoul's status as a *miles* does not invalidate this conjecture,
see Timmel Mihm, *The Songe...*, p. 9; Busby, *Raoul...*, p. 15; Fourrier, *Raoul...*,
p. 193.
26. Léonard, *Le Dit...*, p. 47. See also *TL*, II, col. 1936, line 25–col. 1937, line 6,
ein Dichtwerk vortragen; W. Foerster, *Wörterbuch zu Kristian von Troyes' sämtlichen
Werken* (Halle, 1933), p. 95-96, *erzählen, eine Lesung vortragen.*
27. Faral notes that the *conteor* earned his living from reciting his own work as well
as that of others. Faral, *Les Jongleurs...*, p. 78-79. Raoul, in his dream role, is an example
of this activity.
28. I cite from M. Williams (ed.), *Gerbert de Montreuil. La Continuation de Perceval*
(Paris, 1922-1955).

Chascuns, selonc le sien afaire,
Vient avant por son mestier faire;
Cil conteor dient biaus contes
Devant dames et devant contes;
Et quant assez orent jüé,
Bien sont li menestrel loé
(v. 6702-10)[29]

Since each entertainer does what his particular specialty is, *dire biax contes* signifies the *mestier* ('occupation, trade') of the *conteor* in terms of performance, not of his composition of the tales. The storytellers may have recited their own, poems of others, or both.

1.4.4. Ambiguity in the absolute usage of *dire* in the prologue of the *Roman des Eles*[30]

Another example of ambiguity can be found in the Raoul de Hodenc's *Roman des Eles. TL* gives only one example of the verb *dire* for which the meaning of '*dichten*' (composing) is listed, namely the first verse of the *Roman des Eles*[31]:

Tan me sui de dire tenuz
Que je me sui aperceüz:
De trop parler et de trop tere
Ne porroit nus a bon chief trere.
(v. 1-4)

Must the verb be indeed understood as 'to compose' in v. 1? It is clear that *dire*, used here without object (absolute usage), refers to an activity that the poet has not done for a period of time. Busby renders the passage as: 'I have refrained so long from speaking that this I have noticed: no-one can come to a good end by talking too much or remaining silent for too long'[32].

---

29. Although the term *jongleur* is used for performers in general (see note 24 above), distinctions were made as is shown in this passage. *Menestrel* seems to be used here as the general term, considering that it is immediately followed by the description of what all performers received as payment for their services:
    Car tout valet et chevalier
    Se penoient de despoillier
    Et de doner leur garnements...
    (Williams, *Gerbert...*, I, v. 6711-12).
30. I cite from the edition by K. Busby (ed. and transl.), *Le Roman des Eles*, in: K. Busby (ed.), *Raoul de Hodenc: Le Roman des Eles, The anonymous Ordene de Cheva-lerie* (Amsterdam/Philadelphia, 1983), p. 29-70, translation p. 160-169. Raoul was active composing poems in the first third of the XIIIth century, see Busby, *Raoul...*, p. 14-15, and Timmel Mihm, *The Songe...*, p. 4-7.
31. *TL*, II, col. 1938, line 39.
32. Busby, *Raoul...*, p. 159.

In the further passage the poet says that he is starting a new tale, using the verb *trover* to indicate 'composing':

> Por ce me plest en mon romanz
> Que des chevaliers vous commanz
> Noviaus moz, ou l'on porroit prendre
> Example, et cortoisie aprendre;
> Mes moi poise que je n'i puis
> Plus biau trover que je n'i truis.
> (v. 5-11)

It appears therefore that *dire* is not used as a synonym for *trover*[33], and since it is associated with *parler* and opposed to *taire* (v. 3), Busby's translation of 'speaking' is connoted. The poet is not referring to composing in the first verse, but to oral expression. Another sense can also be understood, namely that of 'reciting', since this is an activity Raoul conceivably also did as a *trouvère*, an image compatible with his role in the *Songe d'Enfer*.

A rendering that would express the ambiguity in connotations might be 'I have refrained so long from telling tales', keeping in mind that the poem was initially composed to be 'spoken', so that this sense of *dire* could immediately be understood by the audience if the poet intended to express that he had not been heard for a while.

1.5. *Dire* referring to composing as an oral activity in Huon de Méri's *Tourneiment Antichrist*[34]

Even in the sense of 'composing', *dire* implies an oral activity as expressed by Huon de Méri in his *Tourneiment Anticrist*, when he deplores his plight as a *troverre* left without untreated old *matire* with which he could compose (*trover*):

> N'est pas oiseus, ainz fet bon oevre
> Le troverre qui sa buche œuvre
> Pur bon œuvre conter et dire;
> Mes qui bien troeve pleins est d'ire
> Quant il n'a de matire point.
> Inclineté somunt et point
> Mon cuer de dire aucun beau dit;
> Mes n'ai de coi, kar tut est dit
> Fors ço que de novel avient.
> (v. 1- 9)

---

33. See also 1.3. above.
34. I cite from M. O. Bender (ed.), *Le Torneiment anticrist by Huon de Méri: A Critical Edition* (Mississippi University, 1976). Huon composed his poem probably soon after 1233, cf. Bender, *Le Torneiment...*, p. 22.

The oral aspect of composing prompted Murray's reminder in her study on Chrétien de Troyes' *Lancelot*, that the romance is a fundamentally oral work destined to be read or recited aloud and heard in public, but accessible only to the modern reader as the written manuscript[35]. In this period, the text is therefore a supporting medium of transmission for the poet's voice, as the storyteller 'qui sa buche oeuvre' is to be heard by his audience. Since the modern critic is constantly faced with the written word, it is easy to interpret as 'writing' what was initially 'told' in live performance. What is more, the distinction which we now perceive between 'composing' (with the connotation of authorship) and 'reciting' may not have played for the medieval audience, who saw either the poet or another *conteor* in front of it, speaking by heart or from a text, as the question of authorship was settled instantly (if the composer was the performer) or with the express mention of the poet's name if the *conteor* 'told' a story that was not his own[36].

1.6. Conclusion

With its inherent meaning of orality, the verb *dire* reflects a tradition in which telling tales was by word of mouth. Pertaining to the *mestier* of *conteor,* the sense of *dire* fluctuates with the context. If there is no clear indication of what is meant, ambiguity results between the meanings of 'composing' and 'reciting/reading aloud', as well as difficulty in determining if authorship is connoted.

2. Meaning of 'dire' in the prologue of Guillaume d'Angleterre

2.1. Crestïens dit, qui dire siaut, /Que... (v. 18-19)

2.1.1. dire... que

The basic significance of 'expressing in words/saying/relating'[37] is evident for *Crestïens dit* since the tale that follows is conveyed as the poet's words in indirect discourse, introduced by *que*: *Que en Angleterre ot ja un roi* (v. 19)[38]. As such, the poet confirms that he is speaking, and

---

35. K. S.-J. Murray, 'Cil qui fist... cil qui dist: Oratio et lettreüre dans le Chevalier de la Charrette (Lancelot)', Œuvres et Critiques, XXVII 1 (2002), p. 84.

36. On this point, see M. Tyssens, 'Le Jongleur et l'écrit', in: P. Gallais and Y.-J. Riou (eds.), Mélanges offerts à René Crozet... (Poitiers, 1966), I, p. 685-695.

37. Léonard, Le Dit..., p. 45; TL, col. 1933, lines 6-30.

38. In her interesting study on direct and indirect discourse in Lancelot, K. S.-J. Murray, 'Cil qui fist...', p. 83-131, distinguishes the 'oratio recta' cléricale'(statements made by

hence his authorship of the tale that follows, already stated with *Crestïens se viaut entremestre…/De conter…* (v. 1, 3). After *que*, the poet's voice fuses with that of the narrator/reciter intervening in first person direct discourse, starting with *Ne je ne vueil mantir dou conte* (v. 34)[39]. By marking transitions in his tale (v. 841, 1041-43, 1330-35, 1943-46, 2963), as well as the end (3001-3), he remains ubiquitous as *cil qui dist*, the one who is in control of telling the tale, as if speaking face to face with his audience[40], rather than detaching himself and letting the story unfold on its own.

2.1.2. *qui dire siaut*

The second *dire* is conveyed as a habitual and continuing activity (*siaut*: present tense of *soloir,* 'to be wont to', 'to be in the practice/habit of')[41], denoting experience (= extending into the past) as well and ongoing action (= extending into the future). The problem is to understand what exactly this activity entails. Drawing a profile of the poet from the meager indications in the text is useful to shed light on the matter.

2.2. Crestïen's profile

Initially, to authenticate his story, Crestïen refers to an *estoire*, a text to be found in St. Edmunds (v. 11-17), no doubt a fictitious source he claims nevertheless to have read (*En l'estoire trovai et lui,* v. 46)[42]. Though the poet's assurance that he read the *estoire* is pretense, Crestïen invites the listener who does not believe him to go to St. Edmunds, and

---

the *clerc* in the third person) from the '*oratio recta*' (direct discourse) and the '*oratio obliqua*' (indirect discourse). In *Guillaume d'Angleterre*, Crestïen's prologue falls in the first category, while there is an immediate transition with *que* to the tale as the poet's indirect discourse ('*oratio obliqua* cléricale'?), a category not discerned by Murray.

39. Murray, '*Cil qui fist…*', p. 108, finds only one '*oratio recta* cléricale' by the poet/ narrator in the first person within the tale of *Lancelot* (except for the prologue and epilogue).

40. M. Tyssens, 'Le Jongleur…', p. 688, explains this kind of passage from the third to the first person as facilitating the recitation by others. When the poet himself is not the narrator/reciter, the story can be told with the interventions in the first person as the voice of the *jongleur*, while it is still clear who authored the piece as the poet's name is mentioned in the text.

41. With thanks to the late Omer Jodogne, as well as to Prof. Willy Van Hoecke for having set me right on the meaning of *siaut*.

42. See on this point already Foerster's comment that the poet probably imitates those who in similar cases refer to a chronicle of St. Denis when they have no proof or document, W. Foerster (ed.), *Wilhelmsleben (Guillaume d'Angleterre)*, in: W. Foerster (ed.), *Christian von Troyes sämtliche erhaltene Werke*, IV (Halle, 1899), p. 426-7, note 15.

check the source, as if he had been there himself. True or not, this implies wayfaring on the part of Crestïen, since someone who leads a local and stationary existence can hardly refer to something he pretends to have seen elsewhere[43], considering also that he must be imagined as narrating in front of an audience.

The epilogue reinforces this idea. At the end of the tale, Crestïen avows another source for his poem:

> La matiere si me conta
> Uns miens compeins, Rogiers li cointes,
> Qui de meins preudome iert acointes.
> (v. 3304-3306)[44]

As he acknowledges having the subject matter from a 'compeins', a comrade or wayfaring associate[45], it is implied that both Rogier and Crestïen were in the same trade. While its is not clear in what form Rogier told him the *matiere*, it was probably either a derivative of or the Placidus-Eustace legend itself, long known to be *Guillaume d'Angleterre*'s main source[46]. It appears not to have been a story about a king William

---

43. That Crestïen may have had personal knowledge of England is not excluded in view of his acquaintance (though not very precise) with English geography as reflected in the tale.

44. Ms. C has a difference in tense: *Qui de meins preudome iert acointes* (Berthelot, *Guillaume...*,v. 3328, follows the lesson of *P*, no note). Foerster, *Wilhelmsleben...*, p. 460, notes for *iert* in *C* (in contrast to *est* in *P*) that Rogiers must have been dead by the time Crestïen wrote *Guillaume*. However, this is not certain in view of the lesson *est* in *P*.

45. *Compains* indicates specifically wayfaring fellowship or companionship, see *TL*, II, col. 616, lines 30-44 '*Gefährte*'. Rogier remains unknown, although Rogier li Cointes has been suggested to be Roger de Lisaïs, author of a lost romance *Isaire et Tentaïs*, mentioned in Gröber, *Miracle...*, v. 9-10. See also Becker,'Von den Erzählern...', p. 444. This identification is shaky as it rests only on similarity of names.

There is no reason to believe that the Rogier mentioned in the epilogue is in reality the author of the poem, since there is to date no further information on his identity as noted by Berthelot, *Guillaume...*, p. 1414. The theory of Rogier's authorship was first advanced by G. Cohn, 'Zum *Guillaume d'Angleterre*', *Archiv für das Studium der neueren Sprachen und Literaturen* 132 (1914), p. 85-102, 336-351. This critic notes that the tale has stylistic affinities with Chrétien de Troyes' Arthurian romances, but contains linguistic forms that are incompatible with Chrétien's usage. This prompted his contention that *Guillaume d'Angleterre*, in its extant form is a made-over version of an original by Chrétien de Troyes, corrupted by Roger li Cointes. As to the suggestion that Rogier might be the name of a scribe, there is also reason to doubt this, Berthelot, *Guillaume...*, p. 1451, n. 1036.

46. See e.g. Callay, 'Guillaume...', note 5. Although the cult of St. Eustace was known in France in the early XIIth century, the oldest known French versions of the legend date from the XIIIth century, as well as the earliest derivatives (not counting *Guillaume d'Angleterre*). Crestïen's poem seems to have been the earliest derivative, even admitting a

of England, since the poet refers to a non-existing Latin document to create an aura of veracity for his tale, which would not be logical in the case of a known legend. It is therefore not surprising that the poet finally gives up the real source of his inspiration. What exactly he owes to Rogier may never be sure, but *si* seems to imply the storyline, more than simply a theme or folk motif. This sharing of subject matter could be an example of oral transmission between fellow *conteors*, a process that was apparently not a gratuitous routine, since Crestïen treated it as warranting an acknowledgment.

The statement that Rogier is/was acquainted or familiar with many a worthy man may indicate that his audience, and by inference that of Crestïen, was among the better, but not necessarily aristocratic circles[47]. It is likely therefore that the poet of *Guillaume d'Angleterre* was a man who made his living by telling tales as a *conteor*[48], and who composed probably for rich *bourgeois* patrons[49].

XIIIth century date for it. See a.o. the groundbreaking work of G. H. Gerould, 'Forerunners, Congeners and Derivatives of the Eustace Legend', *Publications of the Modern Language Association of America* 19, 3, *New Series* 12, 3 (1904), p. 335-448, and A.H. Krappe, 'La leggenda di S. Eustachio', *Nuovi Studi Medievali* 3, 2 (1926-1927), p. 223-258.

47. Concerning the interpretation that Rogier li Cointes was known in 'better circles', *preudome* does not mean noblemen (i.e. Rogier is not necessarily a *trouvère* who 'von Hof zu Hof zog' as thought by Foerster, *Wilhelmsleben...*, p. CLXVIII) since the term is even applied to a *vilain* in *Guillaume d'Angleterre* (v. 720). The term refers to worthiness, either by character or social status, and was also applied to the *meliores* in the towns, the *preudomes*, see L. Génicot, *Le XIIIᵉ siècle européen* (Paris, 1968), p. 86, and *TL*, II, col. 1926, line 6-col. 1929, line 2. Becker, 'Von den Erzählern...', p. 443-44, also made the inference that both Rogier and Crestïen must have frequented similar audiences.

48. The appeal to generosity, awkward at the end of Guillaume's dithyramb on *covoitise* (Holden, *Guillaume...*,v. 927-930; Berthelot, *Guillaume...*, v. 921-924), may be explained in this light as an indirect plea to the poet's audience.

49. My suggestion that *Guillaume d'Angleterre* was intended for an audience among the rich patriciate with noble aspirations, see B. Callay, 'Noblemen in the Marketplace: Aristocratic versus Bourgeois Values in Old French Literature', *Michigan Academician*, XIV, 3 (1982), p. 321-323, is based on the hypothesis that the positive portrayal of the rich *bourgeois* of Galveide, in contrast to the checkered image of the *vilain*, is a probable indication of the kind of patrons to whom the poet was catering. The distinction in social stratification implied in the poem, viewed as a hierarchy based on moral criteria by K. Holzermayr, *Historicité et conceptualité de la littérature médiévale: un problème d'esthétique* (Salzburg, 1984), p. 71-76, actually mirrors ongoing societal changes that included royal protection and honors for rich commoners.

The bond between king and *bourgeois* in *Guillaume d'Angleterre* reflects a favorable attitude of the king toward the burgher already noticeable under Louis VII (see e.g. A. Luchaire, *Louis VII—Philippe-Auguste—Louis XIII* (Paris, 1901), p. 233; Ch. Petit-Dutaillis, *Les Communes francaises: Caractères et évolution des origines au XVIIIᵉ siècle*, Paris, 1947, p. 103-123), but one needs only to go through the acts of Philippe-Auguste

2.3. Problems in rendering the meaning of *qui dire siaut*

2.3.1. Ambiguity

The core difficulty in understanding *qui dire siaut* is whether to take it as a reference to the poet's ongoing activity of 'composing', or to interpret *dire* in the sense of 'reciting/telling tales'. The first would imply previous as well as present authorship, possibly signifying a copious body of work[50]. The second would be an interpretation in terms of Crestïen's professional performance, i.e. his *mestier* as a *conteor*.

2.3.2. Previous interpretations

Becker already brought up the problem of grasping what is meant with *qui dire siaut*. Though neither giving a translation nor a further definition of the term *dire* in the context of *qui dire siaut*, Becker doubts that it indicates that the poet was a prolific author of works in verse, but thinks that the term is rather to be understood as related to the activity of a

(H.F. Delaborde, Ch. Petit-Dutaillis, J. Monicat & J. Boussard eds, *Recueil des actes de Philippe-Auguste*, 3 vols., Paris, 1916-1966), to see how this king increasingly protected the right of burghers and municipalities against possible abrogation by noble lords. The alliance between king and burgher could have a personal character, such as is the case for Raimond Archambaud, *bourgeois* of Cahors, who in 1211 received personal royal protection from Philippe-Auguste for a duration of ten years at the yearly fee of three marcs of gold (Delaborde et al., *Recueil des actes...*, II, p. 317-18), a precursor of the later *bourgeois du roi*, see R. Pernoud, *Histoire de la bourgeoisie en France*, I (Paris, 1960), p. 153-156.

In Crestïen's poem, the *bourgeois* is retained at the king's court as his *maistres conseillers*, Holden, *Guillaume...*, v. 3289, *primes consilliers*, Berthelot, *Guillaume...*, v. 3311. Another intriguing passage favorably reflecting on the king's approval of *bourgeois* and noble intermarriage should give pause to those who attribute the poem to Chrétien de Troyes, who is known to have catered to high nobility. The *bourgeois* of Galveide's two sons are castled, knighted and married to the daughters of rich counts, i.e. high nobility (Holden, *Guillaume...*, vv. 3290-93; Berthelot, *Guillaume*, vv. 3312-15). The king's hand in these marriages echoes the reality of similar social mobility protected by royal sanction under Philippe-Auguste. In 1215, for example, Philippe-Auguste confirmed marriage conventions between Guillaume Crespin and Amicie, daughter of Barthélémy de Roye (Delaborde et al., *Recueil des actes...*, III, p. 526-527), a knight mentioned for his valor in the battle of Bouvines by Guillaume le Breton, see M.J.J. Brial (ed.), *Guillaume le Breton. Gesta Philippi Augusti* (Paris, 1878), p. 95C, and B. Callay, 'Noblemen...', p. 320.

The intrusion of the burgher into noble ranks and at court elicited a sharp reaction of established nobility as echoed in aristocratic literature, see e.g. E. Köhler, *Ideal und Wirlichkeit in der höfischen Epik* (Tübingen, 1970), p. 11-12.

50. This interpretation would obviously carry weight as an indication that Crestïen was a prolific author, and could then possibly serve as an argument in the debate on the authorship question for *Guillaume d'Angleterre*.

professional storyteller[51], a sense that would fit the poet's profile emerging from an analysis of the prologue and the epilogue[52].

Berthelot translates the target verse: 'Chrétien dit, qui a de l'experience en la matière'[53], noting that, although *dire* and *conter* (v. 3) refer to an oral activity, the vocabulary of prologues and epilogues in works like Chrétien de Troyes' romances, as well as the interventions within the texts, are almost always borrowed from oral transmission, a constant rhetorical device in period literature[54]. Allowing for a different shade of meaning to signify experience as a storyteller, Trotin renders the verse as 'Chrétien raconte, en conteur éprouvé'[55]. Both these interpretations may be possible, but they do not fully clarify what is to be understood.

2.3.3. Comparison with the case of *dire* in the *Roman des Eles*

Since Crestïen is about to begin a tale of his own making, and *dire* is used here without object (absolute usage), the case is somewhat similar to that of the first verse in the *Roman des Eles*[56].

For *qui dire siaut*, *dire* is immediately associated with *dire... que* embracing the term. As such, the idea of oral expression is connoted and reinforced, not unlike the usage of *dire* in the *Roman des Eles*, where the verb is linked to *parler* and *taire*.

However, in the *Roman des Eles*, the context of *dire* embroiders on the wisdom that too much speaking is as bad as being silent for too long, perhaps a variant on the topic of the exordium 'the possession of knowledge makes it a duty to impart it', as thought by Busby[57]. In *Eles*, *dire* expresses the meaning of 'speaking/telling' as an activity Raoul has done before, and interrupted for some time, but it does not denote that it is Raoul's usual occupation. Crestïen, on the other hand, says that *dire* is what he does, in other words, he means his *mestier*.

---

51. 'Was bedeutet aber dieses *qui dire siaut*. Soll es heissen der bekannte Romandichter, Verfasser von so und so vielen Werke? Das is der eigentliche Sinn von d i r e nicht. Eher wäre es von einem berufsmässigen Vortragenden zu verstehen, von einem wanderenden Romankolportör...': Becker, 'Von den Erzählern...', p. 443.

52. Although our analysis concurs with Becker's as to Crestïen's occupation as a way-faring storyteller, the scholar goes beyond what can be inferred from the text of *Guillaume d'Angleterre*, as he speculates on the poet's social status, repertoire and his work in relation to *Philomela*: Becker, 'Von den Erzählern...', p. 442-444.

53. Berthelot, *Guillaume...*, p. 955.

54. Berthelot, *Guillaume*, p. 1437, note 5.

55. J. Trotin (transl.), *Chrétien de Troyes. Guillaume d'Angleterre* (Paris, 1974), p. 1.

56. For the following discussion, see in particular 1.3.4. above.

57. Busby, *Raoul* ..., p. 61, note to v. 1-4.

2.4. Translation

Given that *dire* is only qualified by *siaut*, not by a modifier such as *biau* or *bien*, and does not appear with a reference to treating a *matiere*, it cannot be inferred that the sense of 'composing' is connoted[58]. It seems therefore that *qui dire siaut* does not imply previous authorship *per se*, although the poet may have composed other tales. In view of his profile as a wayfaring *conteor*, the sense that can be derived for *dire* in the target verse is merely a simple reference to his *mestier* as a performer in the habit/ practice of telling/reciting tales, 'dire contes'[59], and is not to be taken here as a synonym for *trover* for instance[60].

A translation of the verse *Crestïen dist, qui dire siaut* is problematic, because the concepts of oral expression and written composition are fused today in terms like 'telling tales' or 'narrating a story' when referring to a literary creation. An approximation like Berthelot's or Trotin's, conveying the idea of experience in telling tales, making abstraction of a reference to composition or authorship, is probably the best that can be done. In view of this, a rendering similar to the one for the first verse in the *Roman des Eles*[61] as: 'Crestïen, who is in the practice of telling tales, says/relates that...', leaves the possibility that the poet told tales of others as well as his own.

Bloomsburg University of Pennsylvania

Bibliography

BECKER Philip-August, 'Von den Erzählern neben und nach Chrestien de Troyes', *Zeitschrift für romanische Philologie,* 55 (1935), p. 257-292, 385-445, 513-560; 56 (1936), p. 241-274.

BENDER Margaret O. (ed.), *Le Torneiment anticrist by Huon de Méri: A Critical Edition*, Romance monographs, 17 (Mississippi University, 1971, revised and enlarged edition, 1976).

BERTHELOT Anne (trans. and ed.), *Guillaume d'Angleterre*, in: D. POIRION (dir.), A. BERTHELOT, P. F. DEMBOWSKI, S. LEFÈVRE, K. D. UITTI & PH. WALTER (eds.), *Chrétien de Troyes. Œuvres complètes* (Paris: Gallimard, 1994), p. 955-1036, 1410-1451.

58. See 1.2. above.
59. See 1.4.3. above.
60. See 1.3. above.
61. See 1.4.4. above final paragraph.

BRIAL Michel-Jean-Joseph (ed.), *Guillaume le Breton. Gesta Philippi Augusti,* Recueil des Historiens des Gaules et de la France, 17 (Paris: Victor Palmé, 2nd ed., 1878), p. 62-116.

BUSBY Keith (ed.), *Raoul de Hodenc: Le Roman des Eles, The anonymous Ordene de Chevalerie* (Amsterdam-Philadelphia: John Benjamins Publishing Company, 1983).

BUZETTI GALLARATI Silvia (ed.), *Dit de Guillaume d'Engleterre* (Alessandria: Dell'Orso, 1990).

CALLAY Brigitte, *Crestïen's Guillaume d'Angleterre. Themes. Message. Historical Moment,* dissertation Katholieke Universiteit Leuven, Instituut voor Middeleeuwse Studies, 1977 (unpublished).

CALLAY Brigitte, 'Noblemen in the Marketplace: Aristocratic versus Bourgeois Values in Old French Literature', *Michigan Academician,* XIV, 3 (Winter 1982), p. 313-323.

CALLAY Brigitte, 'Guillaume d'Angleterre *en essil*', in: Catherine BEL, Pascale DUMONT & Frank WILLAERT (eds), *"Contez me tout": mélanges de langue et de littérature médiévales offerts à Herman Braet,* La république des lettres, 28 (Louvain: Peeters, 2006), p. 129-146.

COHN Gustav, 'Zum *Guillaume d'Angleterre*', *Archiv für das Studium der neueren Sprachen und Literaturen,* 132 (1914), p. 85-102, 336-351.

DELABORDE H.F., C.H. PETIT-DUTAILLIS, J. MONICAT & J. BOUSSARD (eds.), *Recueil des actes de Philippe-Auguste, Roi de France,* 3 vols. (Paris: Imprimerie Nationale, Librairie Klincksiek, 1916-1966).

DUGGAN Joseph J., *The Romances of Chrétien de Troyes* (New Haven & London: Yale University Press, 2001).

FARAL Edmond, *Les Jongleurs en France au moyen âge,* Bibliothèque de l'École des Hautes Études – Sciences historiques et philologiques, 187 (Paris: Champion, 1910).

FOERSTER Wendelin (ed.), *Wilhelmsleben (Guillaume d'Angleterre),* in: W. FOERSTER (ed.), *Christian von Troyes sämtliche erhaltene Werke,* IV (Halle: Max Niemeyer, 1899), p. CLIII-CLXXX, 255-360, 426-460, 475.

FOERSTER Wendelin, *Wörterbuch zu Kristian von Troyes' sämtlichen Werken* (Halle: Max Niemeyer, 2nd revised edition, 1933).

FOURRIER Anthime, 'Raoul de Hodenc: est-ce lui?', in: J. RENSON (ed.), *Mélanges de linguistique romane et de philosophie médiévale offerts à M. Maurice Delbouille,* 2 vols. (Gembloux: Duculot, 1964), p. 165-193.

FOX John Howard (ed.), *Robert de Blois: Son œuvre didactique et narrative,* diss. Fac. des Lettres Univ. de Paris 1948 (Paris: Nizet (no date), printed Lille Douriez-Bataille, 1950).

GÉNICOT Léopold, *Le XIIIe siècle européen,* Nouvelle Clio, 18 (Paris: Presses universitaires de France, 1968).

GEROULD Gordon Hall, 'Forerunners, Congeners and Derivatives of the Eustace Legend', *Publications of the Modern Language Association of America,* 19, 3, *New Series* 12, 3 (1904), p. 335-448.

GRÖBER Gustav (ed.), *Miracle d'une none tresoriere,* in: *Festgabe W. Foerster* (1902), p. 428, rpt. in U. MÖLK, *Französische Literäresthetik des 12. und 13. Jahrhunderts,* Sammlung Romanischer Übungstexte, 54 (Tübingen: Max Niemeyer, 1969), p. 75.

HOLDEN Anthony J. (ed.), *Chrétien. Guillaume d'Angleterre*, Textes Littéraires Français (Geneva: Droz, 1988).

HOLZERMAYR Katharina, *Historicité et conceptualité de la littérature médiévale: Un problème d'esthétique*, Salzburger Romanistische Schriften, IX (Salzburg: Institut für Romanistik der Universität Salzburg, 1984).

JUBINAL Achille (ed.), *Complainte des Jacobins et Cordeliers*, in: A. JUBINAL (ed.), *Œuvres de Rutebeuf* (Paris: P. Daffis, 1874-75), 3 vol., III, p. 172-175.

KNUST German (ed.), *Dos obras didácticas y dos leyendas sacadas de manuscritos de la Biblioteca del Escorial* (Madrid: Sociedad de Bibliófilos Españoles, 1878).

KÖHLER Erich, *Ideal und Wirlichkeit in der höfischen Epik*, Beihefte zur Zeitschrift für romanische Philologie, 97 (Tübingen: Max Niemeyer, 2nd augmented ed. 1970).

KRAPPE Alexander Haggerty, 'La leggenda di S. Eustachio', *Nuovi Studi Medievali*, 3, 2 (1926-1927), p. 223-258.

LÉONARD Monique, *Le Dit et sa technique littéraire des origines à 1340*, Nouvelle Bibliothèque du Moyen Âge, 38 (Paris: Champion, 1996).

LUCHAIRE Achille, *Louis VII – Philippe-Auguste – Louis VIII (1137-1226)*, in: E. LAVISSE (ed.), *Histoire de France depuis les origines jusqu'à la révolution*, 3 vols., III (Paris: Hachette, 1901).

MICHA Alexandre, *La tradition manuscrite des romans de Chrétien de Troyes*, Publications romanes et françaises, 90 (1939; rpt. Geneva: Droz, 1966).

MICHA Alexandre (ed.), *Les Romans de Chrétien de Troyes*, II, *Cligés* (Paris: Champion, 1968).

MICHEL Francisque (ed.), *Dou Roi Guillaume d'Angleterre*, in: F. MICHEL (ed), *Chroniques anglo-normandes*, III (Rouen: Edouard Frère, 1840), p. 39-172.

MÖLK Ulrich, *Französische Literäresthetik des 12. und 13. Jahrhunderts*, Sammlung Romanischer Übungstexte, 54 (Tübingen: Max Niemeyer, 1969).

MURRAY K. Sarah-Jane, 'Cil qui fist... cil qui dist: *Oratio* et *lettreüre* dans *Le Chevalier de la Charrette (Lancelot)*', *Œuvres et Critiques*, XXVII 1 (2002), p. 83-131.

NERLICH Michael, 'Der Kaufmann von Galvaïde, oder die Sünden der Chrestien-Forschung. Ein Essay über die Ursprünge der Moderne-Mentalität in der literarischen Gestaltung', *Lendemains*, 45 (1987), p. 13-39.

NERLICH Michael, 'Ein Hauch von Posthistoire? Antwort auf zwei Kenner des Guillaume d'Angleterre', *Lendemains*, 48 (1987), p. 109-130.

PERNOUD Régine, *Histoire de la bourgeoisie en France*, I, *Des Origines aux temps modernes* (Paris: Seuil, 1960).

PETIT-DUTAILLIS Charles, *Les Communes francaises: Caractères et évolution des origines au XVIIIᵉ siècle*, Collection Évolution de l'Humanité, 44 (Paris: Albin-Michel, 1947).

TIMMEL MIHM Madelyn (ed.), *The Songe d'Enfer of Raoul de Houdenc*, Beihefte zur Zeitschrift für Romanische Philologie, 190 (Tübingen: Max Niemeyer, 1984).

TOBLER Adolf - LOMMATZSCH Erhard, *Alfranzösisches Wörterbuch* (Wiesbaden: Franz Steiner, 1925-).

TROTIN J. (transl.), *Chrétien de Troyes. Guillaume d'Angleterre* (Paris, 1974).

TYSSENS Madeleine, 'Le Jongleur et l'écrit', in: P. GALLAIS & Y. J. RIOU (eds.), *Mélanges offerts à René Crozet à l'occasion de son soixante-dixième anniversaire par ses amis, ses collègues, ses élèves et les membres du C.É.S.C.M.,* Supplément aux *Cahiers de civilisation médiévale*, 2 vols. (Poitiers: Société d'études médiévales, 1966), I, p. 685-695.
WILLIAMS Mary (ed.), *Gerbert de Montreuil: La continuation de Perceval*, Classiques français du Moyen Âge, 28 and 50, 2 vols. (Paris: Champion, 1922).

Colette VAN COOLPUT-STORMS

DÉMARCHE PERSUASIVE ET PUISSANCE ÉMOTIONNELLE: LE *ROMANZ DE DIEU ET DE SA MERE* D'HERMAN DE VALENCIENNES

Introduction

Dans son ouvrage *Poésie et Conversion* Michel Zink déplore le peu d'attention accordé par les philologues et historiens de la littérature aux textes édifiants ou empreints de religiosité: seule la littérature profane 'leur paraît avoir contribué de façon féconde au développement de la littérature'. Pourtant, poursuit-il, l'enjeu du salut est indissociable de la culture médiévale et ce n'est pas être injuste avec les œuvres que de les examiner sur l'horizon de la foi; 'la poésie revendique sa part et son effet dans le mouvement de conversion'[1].

Ces regrets sont particulièrement pertinents pour Herman de Valenciennes, dont l'œuvre est singulièrement méconnue. Et pourtant le *Romanz de Dieu et de sa Mere*, que l'on s'accorde actuellement à dater des années 1188-1195[2], peut revendiquer l'honneur d'être le premier abrégé de la Bible en français, destiné à un public de laïcs[3]. Et pourtant cette

---

1. M. Zink, *Poésie et conversion au Moyen Âge* (Paris, 2003), p. 3 et 5.

2. Cf. A. de Mandach, 'À quand remonte la Bible de Herman de Valenciennes? État présent des recherches', dans: *Valenciennes et les anciens Pays-Bas. Mélanges offerts à Paul Lefrancq* (Valenciennes, 1978), p. 53-69.

3. Pour un aperçu des transpositions de la Bible en français on se reportera tout d'abord aux ouvrages déjà anciens mais toujours indispensables de S. Berger, *La Bible française au Moyen Âge. Étude sur les plus anciennes versions de la Bible écrites en prose de langue d'oïl* (Paris, 1884) et J. Bonnard, *Les traductions de la Bible en vers français au Moyen Âge* (Paris, 1884), que l'on complétera avec quelques contributions plus récentes: J.-R. Smeets, 'Les traductions–adaptations et paraphrases de la Bible en vers' et G. De Poerck & R. Van Deyck, 'La Bible et l'activité traductrice dans les pays romans avant 1300', dans: H.R. Jauss & E. Köhler, *Grundriss der romanischen Literaturen des Mittelalters*, vol VI /1, *La littérature didactique, allégorique et satirique* (Heidelberg, 1968), p. 21-31 et 48-57; R.R. Grimm, 'Der Grenzfall des Bibelepos', dans: H.R. Jauss & E. Köhler, *Grundriss ... vol IV/1, Le Roman jusqu'à la fin du XIIIe siècle* (Heidelberg, 1978), p. 488-497; P.-M. Bogaert, 'Adaptations et versions de la Bible en prose (langue d'oïl)' et J.-R. Smeets, 'Les traductions-adaptations versifiées de la Bible en ancien français', dans: *Les genres littéraires dans les sources théologiques et philosophiques médiévales. Définition, critique et exploitation. Actes du colloque de Louvain-la-Neuve 25-27 mai 1981* (Louvain-la-Neuve, 1982), p. 249-258 et 259-277; P.-M. Bogaert, *Les Bibles en français. Histoire illustrée du Moyen Âge à nos jours* (Turnhout, 1991), p. 13-46.

transposition a rencontré au XIIIe, et même encore au XIVe siècle, un très vif succès, si l'on en juge par le nombre de manuscrits – 35 copies! – et par l'influence qu'elle a exercée[4]. Cependant il est vrai que l'abondance de témoins conservés a en soi de quoi effrayer: le texte est particulièrement mouvant et la traduction manuscrite compliquée; l'œuvre est desservie par l'absence d'édition critique complète et fiable[5]. L'étude la plus fouillée reste celle qui accompagne l'édition hollandaise; I. Spiele s'attache surtout à élucider les sources d'Herman de Valenciennes, sans chercher à cerner sa manière, sa griffe, et sans tenter de saisir ce qui fait l'unité d'inspiration de l'œuvre.

1. Le 'corpus' Herman de Valenciennes

Le *Romanz de Dieu et de sa mere* n'est autre qu'une adaptation en français de morceaux choisis de l'Ancien et du Nouveau Testament, complétés de matériaux de provenances diverses, le plus souvent tirés de

---

4. Pour la tradition manuscrite, nous renvoyons à l'édition d'I. Spiele, *Li Romanz de Dieu et de sa Mere d'Herman de Valenciennes* (Leyde, 1975), p. 144-159 et à l'article d'A. de Mandach & E.-M. Roth, 'Le 'Jeu des Trois Rois' de Herman de Valenciennes. Trois cycles anglo-normands inédits du XIIe siècle', *Vox Romanica*, 48 (1989), p. 85-107. Plusieurs œuvres sont certainement dérivées de la traduction du chanoine de Valenciennes, comme l'indique I. Spiele (*Li Romanz...*, p. 30 et 34-35): le *Cursor Mundi*, poème anglais rédigé entre 1260 et 1290; *Iacob and Iosep*, autre poème anglais du XIIIe siècle; le récit en prose contenu dans le ms. Paris, Bibl. Nat. de France, fr. 6447 (fin XIIIe siècle) et la traduction de la *Genèse* du ms. Harley 3775 récemment publiée par J. Szirmai, *Un fragment de la Genèse en vers (fin XIIIe – début XIVe siècle). Édition du Ms. Brit. Libr. Harley 3775* (Genève, 2005).

5. La première édition a vu le jour grâce à une série de six thèses faites à l'Université de Greifswald à la veille de la première guerre mondiale (le premier tome, devant contenir le début de la *Genèse*, pourtant annoncé, n'a jamais paru): O. Moldenhauer, *La Bible von Herman de Valenciennes, Teil II (Von Josephs Ankunft in Ägypten bis zum Schluss des alten Testamentes)* (1914); H. Burkowitz, *La Bible von Herman de Valenciennes, Teil III (Von Marias Geburt bis zu Christi Berufung der Jünger)* (1914); E. Kremers, *La Bible von Hermann de Valenciennes, Teil IV (Von der Speisung der Fünftausend bis zum Einzug in Jerusalem)* (1914); E. Martin, *La Bible von Herman de Valenciennes, Teil V (Von Christi Einzug in Jerusalem bis zur Himmelfahrt)* (1914); C.A. Strate, *De l'Assumption Nostre Dame von Herman de Valenciennes* (1913). Quoique dépourvus de véritable introduction, de notes et de glossaire, ces volumes ont le mérite d'avoir mis à la disposition des lecteurs le texte accompagné d'un choix de variantes. Mais ils sont d'un accès difficile. Quant à l'édition d'I. Spiele, elle ne prétend pas au statut d'édition critique et ne rend pas compte de la complexité de la tradition manuscrite. Enfin, pour couronner le tout, le témoin le plus ancien (ex Cheltenham, Phillipps 16378, réputé être de la fin du XIIe siècle) qui aurait sans doute beaucoup à nous apprendre, s'est vendu chez Sotheby's, et serait aux mains d'un propriétaire privé suisse. Il n'est pas consultable.

textes apocryphes, de la liturgie ou d'ouvrages au travers desquels s'est constituée progressivement 'l'histoire sainte'[6]. Dans nombre de copies, le récit évangélique s'interrompt avant la Passion proprement dite. Une dizaine de manuscrits rapportent brièvement la Crucifixion et la Résurrection du Christ. Ces quelque 200 vers[7] se distinguent formellement du reste de l'œuvre par l'usage de l'assonance et la longueur des laisses; ils doivent probablement être attribués à un continuateur plutôt qu'à Herman de Valenciennes lui-même.

L'œuvre accorde une place importante à Marie. Dans certains manuscrits, mais non dans tous, la partie narrant la Dormition de la Vierge et sa montée au ciel figure à la suite du récit biblique; à l'inverse, l'*Assomption* peut être conservée isolément. La dissociation vaut en tout cas pour deux manuscrits qui sont considérés comme étant du XIIe siècle, et qui sont donc nécessairement très proches de la rédaction de l'œuvre[8]. S'il paraît assuré que l'*Assomption* est bien d'Herman de Valenciennes, il n'est pas établi que le poète a voulu d'emblée l'intégrer à l'ensemble de sa traduction biblique. Ce choix a pu se faire un peu plus tard, qu'il ait été le fait du chanoine de Valenciennes, dont le projet évoluait et gagnait en ambition, ou d'un remanieur. Nous ne souhaitons pas trancher en la matière. Dans la perspective qui est la nôtre, nous prenons en considération l'ensemble du 'corpus' Herman de Valenciennes, *Assomption* comprise, car celle-ci nous paraît tout à fait pertinente et représentative de la manière de l'écrivain.

Quiconque compare, fût-ce superficiellement, la version publiée dans les thèses de Greifswald et celle de l'édition Spiele ne peut manquer d'être frappé par une certaine différence de ton. La seconde, donnée

6. Retrouver les sources exactes d'une traduction biblique en français est une tâche d'une extrême complexité, compte tenu de la profusion d'originaux latins possibles, comme le fait remarquer D.A. Trotter à propos des 'Noces de Cana' en version française ('The Influence of Bible Commentaries on Old French Bible Translations', *Medium Aevum*, 56, 1987, p. 257); I. Spiele, *Li Romanz...*, chapitres I à IV (passim), a cependant réussi à identifier un certain nombre de textes utilisés par notre auteur. La part de la *Glose* et des commentaires est beaucoup plus minime chez Herman que chez son contemporain Evrat. Ce dernier déclare explicitement vouloir intégrer la glose dans sa traduction de la *Genèse*, qui compte plus de 20.000 vers (voir la contribution de Grimm, 'Der Grenzfall des Bibelepos', dans: Jauss & Köhler, *Grundriss*, vol. IV, 1, p. 495-497 et l'édition de W. Boers, *La Genèse d'Evrat*, Leyde, 2002).

7. Ce passage ne figure pas dans le manuscrit de base de Spiele, qui supplée l'absence par un fragment du *Joseph* en prose. Dans l'édition Greifswald (vol. V), il correspond aux v. 6751-6957.

8. Le manuscrit Cheltenham, Phillipps 16378 comprend l'Ancien et le Nouveau Testament et se termine avec le récit de la Passion; Paris, Bibl. Nat. de France, n.a.f. 4503 (anc. Ashburnham, Libri 112) ne donne que le texte de l'*Assomption*.

d'après le ms. Paris, Bibl. Nat. de France, fr. 20039 (sigle N6), se signale par de nombreuses interventions où le poète semble parler en son nom propre et fournit des précisions sur ses origines hennuyères, son statut, ses parents, les circonstances dans lesquelles il a été amené à composer, ainsi que des exhortations, également d'une tonalité très personnelle; dans l'autre version – représentée par le manuscrit Fürstlich Oettingen-Waller-stein'schen Bibliothek zu Maihingen I, 4, 2°, 1 (sigle W) – ces passages ne sont pas présents ou ils sont plus brefs et plus vagues; le rôle de Notre-Dame y est atténué. Nous ne nous prononçons pas actuellement sur l'anté-riorité ou le caractère plus authentique de l'une plutôt que de l'autre. Pour des raisons d'accessibilité de l'édition, nous nous référerons à la publication de Leyde (comprenant l'*Assomption*), tout en reconnaissant que le manuscrit de Paris présente quelquefois des passages tout à fait originaux, qui lui font occuper une place à part au sein de la tradition manuscrite. Ainsi, Paris, Bibl. Nat. de France, fr. 20039 interpole un frag-ment du *Joseph* en prose de Robert de Boron pour pallier l'absence des événements suivant la Crucifixion: étant donné que cette œuvre n'est pas antérieure au tournant du XIIe et XIIIe siècle, l'interpolation n'appartient certainement pas au projet initial d'Herman de Valenciennes.

Par prudence, nous contrôlerons la version éditée par I. Spiele au moyen du texte et de l'apparat critique des chercheurs de Greifswald. Cette démarche nous permettra de faire la part des choses entre ce qui pourrait être propre au manuscrit de Paris, voire à la famille à laquelle il appartient, et la 'vulgate' du *Romanz de Dieu et de sa Mere*, reflétant plus probablement l'esprit insufflé par l'Auteur.

2. *La conversion, mode d'emploi: émotion et larmes*

Herman de Valenciennes ne cesse de marteler son message: il est nécessaire de se convertir et de songer à son salut en prêtant une oreille attentive à la parole de Dieu, et donc aux paroles divines transposées en français qui résonnent comme une chanson de geste, une chanson de la Geste biblique. Cette attention que le poète ne cesse de réclamer de son auditoire suppose, comme l'explique Duncan Robertson, trois niveaux de réception: l'*ouïe* (*oïr*), ou l'audition physique du son des paroles; l'*écoute*, ou l'attention que l'on y prête; et finalement l'*entendement*, la compréhension. Le poète reconnaît que ses auditeurs ont déjà souvent *oï* les Évangiles; les *entendre* en version française leur ouvrirait l'accès à un niveau de sens encore plus profond, l'entente *de cuer*, la réception affective, la reconnaissance idéalement active de la valeur, de la pertinence et de la signification personnelle des paroles[9].

Plusieurs chercheurs ont insisté sur la capacité d'Herman à dramatiser les épisodes les plus importants. Ce verbe doit certes être compris dans un sens 'théâtral'[10]; mais la dramatisation a également pour effet de laisser affleurer une certaine émotivité susceptible de mieux toucher le public, de lui ouvrir le cœur, condition indispensable à l'œuvre de conversion entreprise par le chanoine de Valenciennes. L'indice corporel le plus tangible en est l'épanchement des larmes, qui coulent d'abondance dans le *Romanz de Dieu et de sa Mere*: elles traversent l'œuvre d'un bout à l'autre et constituent un véritable fil conducteur. Elles servent évidemment à donner une intensité aux relations humaines et en particulier à celles qui existent à l'intérieur de la parenté. Mais dans un contexte chrétien, les larmes sont 'unanimement perçues comme une manifestation de portée, sinon de nature, spirituelle, qui traduit le parfait accord de l'homme intérieur et de l'homme extérieur'[11].

Ce n'est pas le lieu ici de rappeler la longue et riche histoire des larmes qui accompagnent le développement du christianisme, depuis le *penthos* des Pères du désert jusqu'à la 'grâce des larmes' cistercienne[12];

---

9. D. Robertson, '*Or escoutez, signor... si com lisant trovon:* La chanson biblique d'Herman de Valenciennes', dans: G. Bianciotto & C. Galderisi (éds), *L'épopée romane. Actes du XVᵉ congrès international Rencesvals, Poitiers 21-27 août 2000* (Poitiers, 2002), tome II, p. 1003.

10. I. Spiele reconnaît même l'influence de l'*Officium Stellae*, cf. *Li Romanz...*, p. 45-49; voir aussi Smeets, 'Les traductions–adaptations...', p. 51. A. de Mandach va plus loin en postulant que la dramatisation est révélatrice de la manière d'Herman de Valenciennes, qui a fait 'une adaptation de la matière biblique au théâtre' ('Comment éditer un mystère inséré dans un texte biblique? Le 'Jeu des Trois Rois' de Herman de Valenciennes', dans: J.C. Aubailly & E. Du Bruck, *Le théâtre et la cité dans l'Europe médiévale. Actes du Vᵉ colloque international de la Société Internationale pour l'étude du théâtre médiéval (Perpignan, juillet 1986)* (1988), p. 599-601; de Mandach & Roth, 'Le 'Jeu des Trois Rois'...', p. 86-87).

11. G. Hasenohr, '*Lacrimae pondera vocis habent.* Typologie des larmes dans la littérature de spiritualité française des XIIIᵉ-XVᵉ siècles', dans: G. Di Stefano & R. M. Bidler (éds), *Le rire, le sourire... les larmes. Actes du colloque international Univ. McGill, Montréal, 3-4 octobre 1994*, numéro thématique *Le Moyen Français* 37 (1997), p. 47.

12. Nous renvoyons à la synthèse de P. Nagy, *Le don des larmes au Moyen Âge. Un instrument spirituel en quête d'institution (Vᵉ-XIIIᵉ siècle)* (Paris, 2000). On trouvera dans cet ouvrage des indications bibliographiques abondantes. Signalons encore l'article pénétrant de M. Lot-Borodine, 'Le mystère du "don des larmes" dans l'Orient chrétien', dans: *Vie spirituelle, Supplément* (1936), p. 65-110.

une réflexion théorique émanant du clergé séculier et régulier a encadré et valorisé les larmes dans les pratiques de dévotion et l'ascension spirituelle des croyants. L'esprit de son temps invite Herman de Valenciennes à s'y intéresser à son tour: 'le climat spirituel du XIIᵉ siècle est favorable aux larmes'[13]. Tout comme Mme Hasenohr, qui a consacré un article au traitement de ce motif dans la littérature de spiritualité française du XIIIᵉ au XVᵉ siècle, nous pensons qu'il n'est 'pas inutile d'interroger aussi la littérature de spiritualité en langue vernaculaire: quelle signification, quelle fonction sont imparties aux larmes, quelle classification supporte le modèle de vie dévote que, entre le XIIIᵉ et la fin du XVᵉ siècle, ces textes proposèrent à leur public?'[14]

La thèse de T. Candolo, dans le domaine de l'ancien portugais, examine de son côté les nuances dont se chargent les larmes et le rôle qu'elles jouent dans la représentation de l'idéal de sainteté dans des textes hagiographiques et édifiants rédigés et diffusés à partir du monastère cistercien d'Alcobaça aux XIVᵉ et XVᵉ siècles[15]. Ce travail et celui de Mme Hasenohr ont beaucoup contribué à nourrir notre propre réflexion, même s'ils portent sur une période plus tardive que celle qui nous intéresse ici. L'examen des larmes chez Herman de Valenciennes nous paraît d'autant plus pertinent que cet auteur est un témoin précoce dans la littérature en langue vernaculaire.

3. *Les larmes dans le* Romanz de Dieu et de sa Mere

Le récit d'Herman de Valenciennes peut paraître en certains endroits – surtout au début de la *Genèse* – si grêle que le texte semble à peine intelligible pour quiconque n'aurait pas déjà une bonne connaissance des textes sacrés. Cependant le poète en vient rapidement à s'attacher à quelques grandes figures qu'il développe considérablement. Ces personnages de prédilection sont dans le corpus vétérotestamentaire Joseph et ses frères, Moïse, David et Salomon, puis, dans le Nouveau Testament, Jean-Baptiste, Jean l'évangéliste, Marie (Madeleine), et évidemment Jésus et Marie. Toutes ces figures, très appréciées au Moyen Âge, ont en commun d'être traitées avec une forte dimension émotionnelle. Nous allons à présent nous attacher à en dégager la portée.

---

13. Nagy, *Le don des larmes...*, p. 257.
14. Hasenohr, '*Lacrimae pondera ...*', p. 46.
15. T. Candolo, *Desejo de Deus: as lágrimas e a representação do ideal monástico primitivo em hagiografias medievais portuguesas* (Unicamp, 2002).

3.1. Repentir sincère et larmes: la transformation de l'histoire de Joseph et de ses frères

L'histoire de Joseph et de ses frères, assez longuement évoquée, nous servira de point de départ pour l'analyse. Le fil narratif de la version française s'écarte assez nettement du texte de la *Vulgate*, comme le montre le tableau comparatif suivant[16], reprenant sommairement les événements et indiquant toutes les occurrences de pleurs.

Réf. *Genèse*	Joseph et ses frères dans la *Vulgate latine*[17]	Réf. aux pleurs (éd. Spiele[18])	Joseph et ses frères dans le *Romanz de Dieu et de sa mere* (v. 1502-2009)
41	Années de disette. Le peuple égyptien exprime sa détresse au pharaon. Joseph procure du blé.	**1522-1525, 1534**	Années de disette. Le peuple égyptien exprime sa détresse au pharaon, qui **pleure**. Joseph **pleure** à son tour en voyant les gens affamés et leur procure du blé.
42	1er voyage des frères de Joseph en Egypte pour se procurer de la nourriture; Joseph les reconnaît, les interroge et les accuse d'être des espions.	**1605-1607**	1er voyage des frères de Joseph en Egypte pour se procurer de la nourriture; Joseph les reconnaît, les interroge et **pleure** en cachette; il **pleure** aussi au souvenir de son père.

16. I. Spiele relève déjà que notre poète se montre assez indépendant dans l'histoire de Joseph et elle consacre quelques pages à ce passage (*Li Romanz...*, p. 29-37). La logique d'ensemble du remaniement semble lui avoir échappé.

17. Nous avons utilisé la version éditée par R. Weber, *Biblia sacra iuxta vulgatam versionem* praeparavit R. Gryson (Stuttgart, 1994).

18. La distribution des larmes est à peu de choses près identique dans l'édition de Greifswald. Signalons pourtant que le ms. W (base de l'éd. allemande) donne au vers correspondant à Spiele 1676 'Trestuit plorent et crïent, que il cuident morir' la leçon 'Trestout crïent et braient; car [il] cuid(er)ent morir' (éd. Greifswald vol. II, v. 1598; l'éditeur, O. Moldenhauer, a cependant corrigé 'braient' en 'pleurent' sur la base du consensus qu'il a trouvé dans l'ensemble des manuscrits de contrôle. Les vers correspondant aux laisses 252-277 de Spiele (v. 1797-2019) ont été sautés dans l'édition allemande (laisses 245-271, v. 1721-1943) qui renvoie à K. Bartsch, *Chrestomathie de l'ancien français accompagnée d'une grammaire et d'un glossaire,* 9e éd. (Leipzig, 1903), pièce 23, où ce fragment a été édité. Mentionnons pour finir que le ms. A (Paris, Arsenal 3516), une compilation puisant largement dans Herman de Valenciennes et la *Bible anonyme*, donne de cet épisode une version nettement plus étoffée (voir l'éd. de Greifswald vol. II, les annexes I à XVI, p. 118-136), que nous ne pouvons prendre en considération dans le contexte de cet article.

Réf. Genèse	Joseph et ses frères dans la Vulgate latine	Réf. aux pleurs (éd. Spiele)	Joseph et ses frères dans le Romanz de Dieu et de sa mere (v. 1502-2009)
42, 23	Les frères sont jetés en prison; Joseph les libère après trois jours et exige qu'on lui ramène Benjamin. Les frères se souviennent de leur péché (vendition de Joseph) et le mettent en rapport avec leurs tribulations. Joseph **pleure** en cachette après les avoir entendus. Il garde Siméon en otage.	**1664, 1676**	Joseph cache de l'argent dans les sacs de blé achetés par ses frères; il les fait arrêter comme des voleurs et jeter en prison. **Pleurs** des frères; Ruben rappelle leur péché (vendition de Joseph) et leur reproche leur repentir tardif, sans se rendre compte que Joseph comprend ses paroles. Nouveaux **pleurs** des frères. Joseph exige qu'on lui ramène Benjamin; il garde Ruben en otage et promet le pardon s'ils s'exécutent.
42	Joseph cache de l'argent dans les sacs de blé; les frères s'en aperçoivent après leur départ.		
43, 30	2e voyage des frères en Égypte, avec Benjamin. Émotion de Joseph en revoyant son jeune frère, il se retire dans une chambre pour **pleurer.**	1748	2e voyage des frères en Égypte, avec Benjamin. **Pleurs** de Joseph en revoyant son jeune frère.
44	Joseph fournit du blé et cache à nouveau de l'argent dans les sacs, ainsi que sa coupe dans le sac de Benjamin. Les frères sont arrêtés; Joseph les relâche, sauf Benjamin. Juda s'offre à rester en esclave, en échange de Benjamin, pour éviter du chagrin à Jacob.		

Réf. *Genèse*	Joseph et ses frères dans la *Vulgate latine*	Réf. aux pleurs (éd. Spiele)	Joseph et ses frères dans le *Romanz de Dieu et de sa mere* (v. 1502-2009)
45, 2 **45, 14-15**	**Pleurs** de Joseph, qui se fait reconnaître comme celui qui a été vendu. Il dit à ses frères d'être sans crainte car Dieu l'a envoyé en Égypte pour leur salut. Joseph et Benjamin **pleurent** en s'embrassant. Joseph embrasse ensuite ses autres frères et **pleure** sur chacun d'eux.	1765	Joseph se fait reconnaître comme celui qui a été vendu. **Pleurs** de Joseph qui pardonne et demande lui-même pardon.
45	Sur ordre du pharaon, Joseph envoie ses frères chercher leur père Jacob.	**1791**	Joseph envoie ses frères chercher leur père Jacob. **Pleurs** de Joseph à leur départ.
46, 29	Arrivée de Jacob en Égypte. **Pleurs** de Joseph en revoyant son père.	**1889, 1893**	Arrivée de Jacob en Égypte. **Pleurs** de Joseph en revoyant son père. Les Égyptiens **pleurent** à leur tour à ce spectacle.
47	Jacob et ses fils reçus par le pharaon.		
49 **50, 1**	Jacob, malade, annonce leur destinée aux 12 frères et les bénit. Mort de Jacob; **pleurs** de Joseph.		Jacob rassemble ses 12 fils en présence du pharaon et les bénit tous. Joie et fête qui dure 15 jours. Mort de Jacob.
50, 17	Les frères de Joseph craignent que Joseph ne leur fasse du mal et demandent son pardon. Joseph **pleure** et les rassure: ils n'ont rien à craindre.		Les 12 frères connaissent la prospérité en Égypte.

Dans le texte sacré, les larmes ne surgissent que chez les êtres d'élection, à savoir Joseph et – une seule fois – Benjamin. Chez Herman, on enregistre un nombre de cas plus élevé et surtout une distribution différente, données qui invitent à creuser l'analyse. Le récit biblique, à la fois plus tortueux et plus répétitif (Joseph cache à deux reprises de l'or dans les sacs remplis de blé de ses frères), ne pacifie définitivement les relations entre Joseph et ses frères que sur le tard. La mort de Jacob ravive en effet la peur des frères, qui se sentent désormais à la merci de celui qu'ils ont jadis vendu et qu'ils savent influent et puissant en Égypte. Ce n'est qu'alors qu'ils lui demandent pardon et que Joseph dissipe définitivement leurs craintes. Les frères avaient beaucoup plus tôt, alors qu'ils venaient d'être tirés de la prison où on les avait jetés, exprimé l'idée que les tribulations dont ils étaient victimes étaient à mettre en rapport avec le péché qu'ils avaient commis en vendant Joseph; mais la *Genèse* ne faisait pas vraiment état d'un quelconque repentir à cet endroit.

Le poète hennuyer agence les événements selon une logique toute différente. Convaincus de vol, les frères sont jetés en prison. Joseph et ses hommes délibèrent et Joseph vient annoncer qu'ils risquent la pendaison. Les frères fondent alors en larmes; celles-ci sont donc suscitées en premier lieu par l'angoisse liée à leur situation précaire et par la menace de mort qui plane sur eux (v. 1664-1665 et 1676-1677). En cet instant dramatique, à la vue de leur détresse, Ruben leur rappelle leur péché et leur reproche leur repentir tardif:

> 'Par foi, mi tres biau frere, ne vos en quier mentir,
> Fait avez le pechié, tart est au repentir;
> Nos somes ci aluec, n'em poons departir.
> Damerdiex nos consaut! N'i a fors dou soffrir!'
> Cil quida que Joseph ne le peüst oïr.
> Trestuit plorent et crïent, que il quident morir
> Qant de cel jugement les virent revenir.
> (v. 1671-1677)

Les paroles de l'aîné éclairent le sens plus profond de ces larmes. Elles accompagnent une authentique conversion marquée par différentes étapes: la prise de conscience du péché et son aveu explicite (v. 1667-1670), la contrition sincère (v. 1672) et l'acceptation de la souffrance comme conséquence de la faute (v. 1674). On peut y reconnaître ce que saint Grégoire appelait la 'componction de crainte', dans laquelle il discerne 'larmes sur la pensée des péchés, larmes de crainte de la punition, larmes versées à la considération des innombrables maux de la vie présente'[19]. Or Joseph a compris cet élan de repentir et y lie aussitôt la possibilité de

---

19. Nagy, *Le don des larmes...*, p. 129. Grégoire utilise une logique binaire, distinguant la 'componction de crainte' de la 'componction d'amour', inspirée par le désir et l'amour de Dieu.

pardon et les conditions du rachat. Cette réparation, cette 'pénitence', ce sera le don de Benjamin. C'est donc très logiquement que le poète associe aux retrouvailles de Benjamin et de Joseph le pardon définitivement acquis: une seconde épreuve – comme dans la Bible – ne se justifie pas. Joseph se fait reconnaître:

> Qant l'oïrent li frere adonc se sont pasmez;
> Dont quiderent tuit estre pandu et afolez,
> Mais Joseph les a toz ensamble relevez.
> Plorant lor dist: 'Mi frere, ne vos desconfortez!
> Li pechiez que feïstes vos soit toz pardonez!'
> (v. 1762-1766)

Bien plus, si Joseph pardonne à ses frères en pleurant, c'est qu'il a lui-même à se faire pardonner l'angoisse et la souffrance qu'il leur a infligées. Ses larmes d'émotion sont aussi des larmes de repentir:

> 'Pardonez moi, mi frere, ice que vos ai fait,
> Qant je vos fis loier, certes molt fis grant lait
> Et mis l'or en voz sas, venir vos fis a plait.
> Pardonez le moi, frere, que nul corroz n'i ait!'
> (v. 1767-1770)

Les douze frères sont alors réconciliés définitivement. La bénédiction de Jacob, suivie de quinze jours de festivités, vient consolider une concorde que sa mort ne viendra aucunement troubler.

Herman de Valenciennes participe, on le voit, au grand courant contritionniste qui se répand au XIIe siècle dans la foulée de la pensée d'Abélard et de l'importance que celui-ci accorde à la pénitence intérieure pour la rémission des péchés[20]. Pour notre poète, les larmes, signe extérieur du processus pénitentiel, sont nécessaires pour que la grâce opère, effaçant la faute, lavant, purifiant l'âme. Ce schéma se retrouve ailleurs dans le *Romanz de Dieu et de sa Mere*[21]. Herman de Valenciennes s'écarte

---

20. Voir P. Anciaux, *La Théologie du Sacrement de Pénitence au XIIe siècle* (Louvain – Gembloux, 1949), p. 64-70 et 154-186; J.-C. Payen, *Le motif du repentir dans la littérature française médiévale (des origines à 1230)* (Genève, 1967), p. 54-75. P. Anciaux distingue, mieux que ne le fait J.-C. Payen, le courant des 'contritionnistes' au sens strict, qui recentre le repentir sur le pécheur lui-même (Abélard) et celui des 'confessionnistes' qui insiste sur la confession indispensable et range la démarche pénitentielle parmi les sacrements (principalement les victorins). Pierre Lombard tentera de faire la synthèse. Voir aussi les pages consacrées au débat autour de la pénitence dans Nagy, *Le don des larmes...*, p. 267-278 et 340-346.

21. Les larmes amères de Pierre illustrent, elles aussi, la misère de l'être humain en butte à la faute et découvrant sa petitesse. Le poète ne fait ici que suivre le récit évangélique (Matthieu 26,75; Marc 14,72; Luc 22,62).

une nouvelle fois de manière spectaculaire du texte sacré dans sa présentation du roi Salomon sombrant à la fin de sa vie dans le polythéisme. Le chanoine hennuyer attribue cette évolution à l'influence d'une jeune fille païenne aimée, puis délaissée par le roi. Salomon prend alors conscience de son péché: 'Quant sot qu'il ot meffait, dolanz fu si plora' (v. 2639). Cette conversion intérieure baignée de larmes ouvre la voie au pardon: après le double aveu de sa faute, au patriarche et à son peuple, le roi se soumet à un rite pénitentiel humiliant au cours duquel 'sa char a .iiij. homes a martire livra' (v. 2683). Ainsi est scellée la réconciliation avec Dieu. Après un long règne, Salomon meurt, promis à la Vie éternelle.

Mais c'est évidemment Marie Madeleine qui apparaît, plus que toute autre figure, comme le prototype de la pécheresse sauvée par les larmes sincères. P. Nagy fait du reste remarquer que l'essor du culte de la sainte en Occident est contemporain de la tendance croissante au repentir accompagné de pleurs[22]. Herman de Valenciennes s'étend assez longuement sur ce personnage dont à six reprises il évoque l'état de péché (v. 4735, 4741-4742, 4754, 4766, 4772, 4803); Marie Madeleine fait l'économie de l'aveu: le langage des larmes est en lui-même assez efficace pour entraîner la rémission immédiate de ses péchés. Mais le poète fait aussi écho à la tradition qui entoure la sainte et qui la présente comme mue par l'amour de Jésus-Christ. Le 'chier oingnement' qu'elle répand sur les pieds du Seigneur se mêle au ruissellement lacrymal: 'elle offre un modèle de repentir et de conversion efficaces; son histoire explique, en en donnant l'exemple, la conjonction de l'amour et des larmes. Elle fait comprendre l'importance des larmes du point de vue de la dévotion: la circulation de liquides, qui relie les significations différentes de la figure magdalénienne, met en évidence la participation des larmes et de l'onction au flux de la grâce'[23].

Un des traits particuliers du *Romanz de Dieu et de sa Mere* est l'inscription forte du poète dans son récit et la relation qu'il établit entre le message biblique et ce qu'il présente comme son propre parcours biographique. Ainsi il raconte dans une intervention personnelle qui vient interrompre aux v. 413-466 le fil de la *Genèse*, qu'un jour de Noël il a, en état d'ébriété, poursuivi un de ses clercs avec un tison ardent. Ce geste de colère se retourne contre lui: c'est lui qui se brûle, la blessure s'enflamme et son doigt gonfle de manière inquiétante, au point de le clouer au lit, de

22. Nagy, *Le don des larmes...*, p. 258.
23. Nagy, *Le don des larmes...*, p. 266. Consulter aussi E. Pinto-Mathieu, *Marie-Madeleine dans la littérature du Moyen Age* (Paris, 1997), p. 24-30.

l'empêcher de boire, de manger et de dormir. Malgré les soins d'un médecin, le voici aux portes de la mort.

> Adonc mandai le prestre, car je quidai morir,
> Por moi faire confes por le mien departir,
> Por le pechié q'oi fait dont je quidai morir.
> (v. 428-430)

Mais la confession, quoique faite en bonne et due forme en présence d'un prêtre, est restée sans larmes et ne mène pas au résultat espéré. La guérison serait le signe visible du pardon; or le narrateur ne guérit pas. En désespoir de cause il se tourne vers Notre-Dame: c'est elle, la ressource du pécheur, qui va soulager son mal en échange de l'accomplissement de la pénitence. Celle-ci consiste en la transposition de l'histoire de Jésus et de sa Mère en langue romane. Cette motivation maladroite, un peu naïve, avancée pour justifier l'œuvre joue sur l'essor de la dévotion mariale et le succès croissant du miracle marial, que Gautier de Coinci portera quelques décennies plus tard à son apogée. Elle a néanmoins un sens dans l'économie du projet narratif: au début de l'œuvre, le poète offre à la réflexion de ses lecteurs son propre cas de conduite imparfaite – imparfaite parce qu'il a péché[24], mais encore parce que sa componction est incomplète: il compose précisément l'œuvre qui doit indiquer comment progresser sur la voie d'un repentir plus vrai. Sa démarche pénitentielle doit profiter aux autres.

3.2. Amour et miséricorde: les larmes et l'attachement entre êtres humains

Le premier volet de notre analyse s'intéressait à l'introspection individuelle, au 'retour sur soi' du pécheur s'engageant dans un processus pénitentiel, visant à restaurer sa relation avec Dieu. L'interprétation renouvelée qu'offre le *Romanz de Dieu et de sa Mere* de l'histoire de Joseph et du péché de Salomon montre que le poète préconise une conversion venue du cœur et que les larmes sont le gage de la sincérité de cet élan.

La description des émotions – joie ou douleur – dans les relations humaines s'avère, elle aussi, très significative et la sélection des matériaux bibliques opérée par le poète se prêtait à un traitement émotionnel. C'est par l'intensité affective qu'Herman donne à voir chez les personnages de l'Ancien et du Nouveau Testament qu'il prétend capter l'attention

---

24. Cf. encore le v. 5623: 'Je sui molt tres pechierres, pas nel vos celerai'. La laisse comprenant ce vers manque dans quelques témoins manuscrits: W, A, L2, L3, N4, N7, N11.

de son public, l'attendrir pour ensuite tenter d'infléchir les mouvements du cœur. Les larmes qui coulent nombreuses dans les laisses du chanoine hennuyer n'ont pas toujours une haute portée spirituelle, mais elles peuvent contribuer à extirper la dureté et réduire la sécheresse de cœur. Il s'agit d'une première étape dans la conversion.

Le poète accorde à la notion de parenté une place de choix: son attention se porte en premier lieu à l'attachement entre parents et enfants ou entre frères et sœurs. N'est-ce pas là une invitation, adressée à chacun, à creuser le quotidien? Herman semble prêcher d'exemple en faisant preuve d'une touchante fidélité à la mémoire de ses parents dans les derniers vers de l'*Assomption*[25]. La parenté spirituelle se dégage également, notamment dans les relations entre maître et disciple (Jean-Baptiste et les siens; Jésus et ses apôtres)[26] ou entre la Vierge et les apôtres. Les passages concernés sont trop nombreux pour que nous puissions les commenter tous. La traduction d'Herman doit sans doute en premier lieu son efficacité à l'accumulation des occurrences de pleurs. Elles sont quelquefois assez fidèles au texte biblique; certaines introduisent des variantes intéressantes.

À quelles occasions les larmes surgissent-elles? Il s'agit avant tout de contingences purement humaines: retrouvailles, séparation et deuil lié à la perte définitive d'un être cher. Le *Romanz de Dieu et de sa Mere* dramatise régulièrement le texte biblique. Adam est effondré par le meurtre d'Abel:

> Grant duel en fait li peres qant l'enfant est trovez.
> Li dui [= Adam et Eve] portent le tierz, en la terre est posez.
> Le duel ne vos sai dire qui la fu demenez;
> Molt i plora Adanz, puis s'en est retornez
> (v. 148-151)

L'histoire de Joseph est, à nouveau, très représentative de la manière du traducteur[27]. C'est d'abord la disparition de ce fils adoré, que ses

---

25. Voir l'éd. Spiele, v. 555. En outre, le manuscrit Paris, Bibl. Nat. de France, fr. 20039 édité par Spiele comprend une laisse où Herman précise son ancrage hennuyer. Elle n'est attestée que dans quatre autres manuscrits, tous du XIIIe siècle: Paris, Bibl. Nat. de France, fr. 25439; Orléans, Bibl. munic. 445 (374 bis); Londres, Brit. Mus. Harley 222; New Haven, Yale Univ. Beinecke Libr. 395 (ex Cheltenham Phillipps 4156). Dans cette laisse qui porte le n° 603 dans l'édition hollandaise, le poète précise le nom de ses parents, 'Robers' et 'Erambors', en demandant au public de ne pas les oublier dans ses prières. L'authenticité de ce passage est sujette à caution; s'il est d'un remanieur, il faut tout de même reconnaître qu'il s'harmonise parfaitement avec les options du poète.

26. Nous aborderons les larmes des apôtres mises en rapport avec le Christ dans la section suivante.

27. Voir aussi les scènes suivantes: Rachel pleurant ses enfants tués lors du massacre des Innocents (v. 3706-3707), les larmes versées par Jean-Baptiste et les siens dans la

parents croient dévoré par un loup, qui suscite des scènes de désespoir où Jacob puis Rachel se livrent à une longue déploration (v. 1193-1225 et 1235-1251). Mais l'émotion, comme nous l'avons vu, est aussi du côté de Joseph qui ne peut réprimer ses larmes en retrouvant ses frères et son père[28]. Quant à la section *Assomption*, c'est celle où le registre émotionnel est le plus présent: la parenté de Marie, saint Jean et les apôtres rassemblés autour de la Mère de Dieu, et la Vierge elle-même vivent l'épreuve de la 'departie' dans le déchirement[29]. Il est vrai que les sources latines narrant la Dormition et la montée au ciel de Marie baignaient déjà dans cette atmosphère[30].

En deuxième lieu, le poète confronte son public aux larmes de commisération, en vue de faire acquérir les valeurs chrétiennes. L'épisode bien connu de l'ivresse de Noé a fait l'objet d'un remaniement dans ce sens. Dans la narration sèche de la *Vulgate* (Genèse 9, 20-27), le second fils de Noé voit la nudité de son père et la décrit à ses deux frères. Ces derniers se contentent de recouvrir le vieillard en évitant de le regarder. Apprenant les faits à son réveil, Noé bénit Sem et Japhet et maudit son cadet. La traduction d'Herman fait l'économie d'un fils; c'est l'aîné qui surprend son père et en fait des gorges chaudes lorsqu'il rapporte la chose à son jeune frère. Ce dernier réagit bouleversé:

> Molt a li jones anfes de som pere ploré
> Por ce que l'ainz nez l'ot escharni et gabé;
> Ses cheveax detira s'a dou cuer soupiré,
> Il recula vers lui, ne l'a pas esgardé,
> Si le racoveta belement et soé.
> (v. 293-297)

Ses pleurs sont remarqués par Noé réveillé en sursaut. Aux explications de l'enfant, il réagit en valorisant en premier lieu la manifestation extérieure de l'émotion, qui témoigne des qualités humaines de son fils – pitié, miséricorde, sympathie. Le geste qui a mis fin au spectacle incongru n'est nommé qu'à la deuxième place:

---

prison d'Hérode (v. 3989) et le deuil de Marthe et Marie à la mort de Lazare (v. 4920-21 et 4965).

28. Cf. ci-dessus, p. 77-79 et 81.

29. Les larmes associées à la séparation coulent aux v. 122, 130, 132, 143-144, 148, 150, 178, 191, 204, 205, 230, 232, 253, 428, 495, 514.

30. Il existe de nombreuses versions du *Transitus beatae Mariae*. D'après Spiele, Herman de Valenciennes s'inspire d'un texte latin combinant plusieurs sources (voir *Li Romanz...*, p. 101-103).

Tu eüs droit, biaus fiz, qant tu de moi ploras;
Certes je sui molt viax si ai esté molt las;
Li vins si me souprist, ne t'en mervillier pas.
Por ce que me covris doucement de ces dras,
Beneoiz soies tu et beneoiz seras.
(v. 306-310)

Ainsi, l'efficacité de l'action apparaît comme secondaire par rapport à la disposition intérieure et à la sensibilité au malheur d'autrui.

Il faut se laisser toucher par la détresse humaine: ce message se dégage à plusieurs reprises dans les parties consacrées à Joseph et à Lazare. La relation entre ces deux scènes semble évidente, parce que le premier est traditionnellement considéré comme une figure vétérotestamentaire annonciatrice du Christ et que la présentation de Joseph sortant de la prison fait songer à Lazare émergeant du tombeau à l'appel de Jésus: 'Et molt se mervillerent qant il l' [= Joseph] ont esgardé, / Et bien ressambloit home de mort resucité' (v. 1448-1449). Les correspondances sont poussées plus loin encore par le fait que dans les deux scènes, on voit un personnage en larmes déclencher, comme par un effet de contagion, une émotion comparable chez d'autres. Lorsqu'après de longues années de séparation le vieux Jacob arrive en Égypte et peut enfin serrer son fils préféré dans ses bras, Joseph ne peut retenir ses larmes. Le spectacle émeut les Égyptiens, qui ont à leur tour les yeux tout embués. Ce détail, ignoré par la Bible, est moins anodin qu'il n'y paraît. Nous pensons que par cet ajout le poète de Valenciennes fait comprendre la vertu des larmes, leurs retombées favorables: elles réussissent à éveiller chez celui qui les voit couler un attendrissement qui l'ouvre à son tour à l'amour de l'autre. Le même phénomène de larmes en cascade s'observe dans le Nouveau Testament, conformément cette fois-ci au texte sacré: l'affliction de Marie (Madeleine) remue les Juifs – 'Sachiez que entr'aus ont mainte larme ploree!' (v. 4959) – et ce déferlement d'émotion mouille à son tour les yeux de Jésus… Comment de tels passages ont-ils été compris par le public du XIIᵉ et du XIIIᵉ siècle? Ni les Égyptiens ni les Juifs ne devaient bénéficier d'un a priori favorable: les uns comme les autres devaient être vus comme des figures hostiles, sourdes à la voix divine. Mais 'l'iaue du cuer', dont le langage est universel, fait merveille: nul n'est si dur que sa dureté ne puisse fondre, dissoute par les larmes. Personne n'est exclu de ce point de vue optimiste.

Notre panorama des larmes versées pour le prochain demande à être complété par un dernier cas de figure dont la portée spirituelle est plus palpable. Il se présente dans la réaction du prophète Samuel face au peuple d'Israël venu réclamer un roi qui le gouverne. L'Ancien Testament précise seulement que la demande déplaît à Samuel, tout comme elle déplaît à Yahweh, car Il voit dans ce désir un rejet du vrai Dieu et de son prophète (Samuel I, 8,6-9). Le texte français explicite les raisons du mécontentement de Samuel lui-même:

'N'estes mie bien sage, pas ne querez savoir,
Trop estes orguillex et trop avez avoir.
Or estes en grant pais, ne vos estuet movoir,
Et de ceste reqeste seront dolant vostre oir!
– Nel dire, Samuel, nos le volons avoir,
Molt est nostre genz riche et de molt grant avoir'.

Samuel, li profetes, molt tenrement plora
(v. 2290-2296)

Certes, le malheur qui se profile pour les générations à venir suffirait à justifier le chagrin de Samuel. Il nous semble pourtant que les larmes se chargent ici de nouveaux replis de sens, compte tenu des reproches formulés. C'est l'orgueil, lié à une trop grande opulence, qui est stigmatisé ici. Samuel pleure sur les péchés du peuple Élu qui s'éloigne de son Dieu, sur l'égarement des siens et l'exil qui en est la conséquence. Ses larmes puisent à une double source: l'amour porté à sa propre communauté et le souci eschatologique qui sous-tend sa condition de prophète.

3.3. Passion / compassion: des larmes des apôtres aux douleurs de la Vierge. La compassion au cœur de la démarche du croyant

C'est toutefois la Passion qui donne l'occasion à Herman d'enrichir les significations des pleurs et de montrer à son public comment adhérer au message christique et progresser dans la voie de la Rédemption.

En décrivant le Christ au mont des Oliviers, le poète fait plusieurs fois état de l'angoisse et de la douleur que Celui-ci ressent. À propos du sommeil des apôtres, il fait, comme l'a déjà signalé D. Robertson, qui a consacré un commentaire à la veillée à Ghetsémani, un amalgame[31]: il explicite et amplifie les Évangiles de Matthieu (26, 36-45) et de Marc (14, 32-42), qui tous deux parlent des yeux des trois fidèles qui sont 'appesantis' et de Luc, qui écrit que les apôtres sont endormis 'par suite du chagrin' (Luc 22, 45). En effet Jésus s'éloigne de Jean, Jacques et Pierre après leur avoir demandé de souffrir avec lui:

31. Robertson, 'Or escoutez...', p. 1006-1007.

'M'ame est en tel dolor en grignor ne sera
Por la grant passïon que ele *sostenra*.
Sostenez vos lez moi.' Qant ç'ot dit s'en ala,
En dolor et em plor ces trois signors laissa.
(v. 5973-5976; nous soulignons)

L'auteur utilise deux fois le même verbe. Non pas qu'il manque de vocabulaire; la reprise sert plutôt à souligner la 'compassion' souhaitée par le
Christ: partager sa douleur, vivre la même angoisse devant la mort, souffrir comme lui et avec lui, s'unir à lui, vivre intensément la Passion, en
laissant parler son cœur. Les trois apôtres les plus proches de Jésus lais-
sent affleurer 'l'iaue du cuer' et la douleur va finir par les épuiser au
point que le Christ les découvrira peu après endormis:

Vint a ses compaingnons ses a dormenz trovez,
Lor œil erent de plors durement agrevez,
Del duel de lor signor erent tout trespansez.
(v. 6000-6002)

Le poète met en relation le 'duel' et le sommeil trois fois de suite[32].
L'assoupissement des apôtres, qui pourrait être interprété comme le signe
d'une fidélité imparfaite au Christ, comme une tiédeur dans l'engagement,
se voit donc chez Herman de Valenciennes motivé et quasiment excusé
par la trop intense participation, la proximité de cœur des fidèles, leur
communion avec la douleur de Jésus. Cette interprétation s'impose d'autant
mieux qu'elle prend appui sur différents éléments. À côté de l'image positive dont bénéficient les larmes d'un bout à l'autre de l'œuvre, il faut
signaler aussi la grande faveur que témoigne notre poète à Jean l'évangéliste, le disciple aimé de Jésus mais aussi celui qui est le plus sensible
et possède au plus haut point le don des larmes, en particulier dans la
partie *Assomption*. Or le texte avait déjà rapproché 'duel' et sommeil
chez Jean. Le Christ a annoncé pendant la Dernière Cène qu'il serait
trahi; à cette nouvelle l'apôtre est terrassé par le chagrin: 'Qant l'entendi
Jehans de duel est andormiz, / Li sires prant son chief si le met sor som
piz' (v. 5759-5760).

Cet abandon à la douleur et au sommeil correspond au moment d'in-
timité le plus fort avec le Seigneur, qui prend ici lui-même l'initiative
d'un geste qui instaure entre Jean et lui une relation privilégiée. Herman
fait à plusieurs reprises allusion à cet instant. À chaque fois, il insiste sur
la transmission qui s'est faite à cette occasion:

32. 'De duel erent grevé si erent andormiz' (v. 6006); 'De duel erent tuit las, por ce
nes esvilla' (v. 6027).

Cil but a la fontainne qant dormi sor som piz (v. 4375)
Car il but la scïence qant dormi, au souper (v. 4539)
Qui but la sapïence qant dormi, au souper,
Sor le piz a som maistre, de toz parla plus cler.
(v. 4834-4835)

Voilà pourquoi Herman se réclame de préférence de l'Aigle, des quatre
évangélistes le plus inspiré, celui qui 'parla plus cler'[33]. Étant donné par
ailleurs que Jean avait déjà été mis en rapport avec le jardin des Oliviers
('Sor le mont d'olivete le [= Jésus] vit jadis monter; / Car ch(e)'est[oit]
sa coutume, la soloit il orer', éd. Greifswald vol. IV, v. 4581a-4582)[34],
la réminiscence à la Dernière Cène paraît hautement probable dans la
description des trois apôtres dans le jardin. La connotation favorable qui
s'attache à leur sommeil paraît évidente. Le Christ y est d'ailleurs atten-
tif: Il observe lui-même leurs yeux 'de plors durement agrevez' (v. 6001)
et par un mouvement de réciprocité Il est à son tour pris de pitié pour
eux ('Molt [grant] pitié ot d'aus', v. 6028).

Les larmes des disciples, faisant suite à celles de Jean seul lors de la
Dernière Cène, sont d'une tout autre élévation spirituelle que celles que
nous avons rencontrées jusqu'à présent. Elles sont inspirées par l'amour
du Christ et désignent ici ceux qui sont en union avec lui; elles contribuent à la représentation de la plus parfaite fidélité au Christ souffrant[35].

C'est précisément alors qu'il vient de dépeindre l'angoisse et les prières de Jésus à Ghetsémani – Il vient de surprendre pour la première fois
les siens assoupis – que le poète interrompt brusquement sa narration
pour s'adresser à son auditoire en l'exhortant à écouter et à pleurer à son
tour en se remémorant le Sauveur:

Signor, por Deu oez que voil amonester
Qui volez cest grant duel oïr et escouter:
Ostez l'orgueil de vos, aprenez a plorer!
Certes de tel dolor n'oïstes mais parler.
(v. 5981-5984)[36]

---

33. D'autres références à Jean, à plusieurs reprises en tant que source suivie par le
poète, aux v. 4373, 4380, 4430, 4537-38, 4599, 4832-4833, 4839.

34. Ces deux vers ont été malencontreusement sautés dans le manuscrit de base de l'éd.
Spiele (laisse 511), rendant le texte inintelligible. Par un curieux hasard, le premier d'entre
eux manque également dans le ms. W (base de Greifswald). Dans les autres témoins manuscrits ils ont trouvé tout naturellement leur place.

35. Dans la relation de la Dernière Cène, Herman décrivait à maintes reprises la douleur des disciples (v. 5778, 5830-31, 5919, 5928, 5938, 5944, 5961).

36. Ces quatre vers manquent dans cinq des onze manuscrits pris en considération par
E. Martin (éd. Greifswald vol. V, v. 6048a-d): W, A, N4, N11, O.

Herman présentait en fait les trois apôtres comme des modèles d'*imitatio Christi*[37]. La consigne que donne le poète à ses auditeurs est d'imiter la compassion accompagnée de larmes des apôtres, de devenir à leur tour les disciples du Christ en acquérant l'*habitus* des larmes – nous empruntons le terme à Piroshka Nagy[38] –, car il nous paraît s'appliquer parfaitement au conseil de l'auteur: il s'agit 'd'apprendre', d'arriver à une pratique des pleurs réguliers et abondants comme instrument d'élévation spirituelle. Les larmes, montant du cœur jusqu'aux yeux, deviennent alors aussi 'don des larmes', signe de l'union spirituelle avec le Christ et récompense du croyant engagé sincèrement dans la foi.

Dans l'*Assomption*, le poète présente la Vierge comme le plus parfait exemple de la compassion et de l'union dans l'amour du Christ. Dans cette partie de l'œuvre, la référence au *Stabat mater* occupe une place importante; nous citons tout d'abord le passage selon la version du manuscrit L4:

> Jehan, [...]
> Nous alums ensamble men bel fil visiter
> Dist qu'il ert mes fius nel vaut pas celer
> E que jeo estey sa mere et commençai a plorer[39]

Dans ce discours en style direct, Marie prend Jean à témoin: il était présent lorsque le Christ a, dans ses ultimes moments de vie, affirmé la relation forte existant entre elle et lui. Dans les larmes de Marie se mêlent

---

37. L'idéal de l'*imitatio Christi*, comme le montre G. Constable, comprend trois volets: l'imitation de la divinité du Christ, liée à la théologie de l'image de Dieu. Imiter Jésus, le suivre, c'est s'engager dans la voie de la divinisation et restaurer l'image de Dieu en l'homme afin de retrouver le statut d'avant la perte. En deuxième lieu, il s'agit d'imiter l'humanité du Christ, de s'inspirer de sa vie terrestre pour mener une vie de perfection ici-bas. Aux XIe et XIIe siècles l'intérêt pour le Christ-Homme va croissant: les étapes de sa vie terrestre, de l'enfance à la mort, sont valorisées et les qualités humaines de Jésus soulignées. Enfin le fidèle est invité à imiter le corps même du Christ; les pratiques de dévotion dirigent le croyant en premier lieu vers l'image du Crucifié afin qu'il contemple sa chair torturée et communie dans la douleur avec lui. Ce troisième aspect, qui plonge ses racines dans la pensée paulinienne (Gal 2, 19; 5, 24; 6, 17) commence à se manifester dès le XIe siècle, par exemple chez un auteur comme Pierre Damien; il se développe au XIIe où quelque 300 cas de stigmates sont signalés. La spiritualité franciscaine lui donnera un nouvel élan (G. Constable, *Three Studies in Medieval Religious and Social Thought. The Interpretation of Mary and Martha, The Ideal of Imitation of Christ, The Orders of Society*, Cambridge, 1995, p. 169-217).

38. L'érudite définit *habitus* comme 'la capacité et la pratique habituelle' (Nagy, *Le don des larmes...*, p. 291).

39. *Assomption*, éd. Greifswald, v. 160 et 162-163 (le v. 161 manque dans le manuscrit L4). Nous avons reconstitué du mieux que nous avons pu la leçon des manuscrits que nous citons au moyen de l'apparat critique de Strate, mais il est probable que celui-ci n'a pas relevé les variantes graphiques minimes.

l'amour maternel, l'impuissance à soulager la souffrance de son Fils et l'intense compassion à la vue du Crucifié.

La tradition manuscrite de ces vers est d'une instabilité extrême. La relation triangulaire Jésus / Marie / Jean admet de nombreuses variantes qui toutes font sens. Ainsi, le manuscrit C fait clairement allusion aux versets où le Christ confie sa mère au disciple aimé (Jean 19, 26-27) et c'est ce dernier qui est le premier gagné par l'émotion:

> Dist moi qu'eres mes fius nel me vaut pas celer
> Dist qu'estoie ta mere començas a plorer
> La dolor de mon fil ne le poc endurer
> (*Assomption*, v. 162-164)[40]

Le texte, très cohérent, s'accorde parfaitement avec les épanchements de l'évangéliste que l'on rencontre ailleurs dans le *Romanz de Dieu et de sa Mere* et dans les premiers vers de l'*Assomption*[41]. Le manuscrit W quant à lui paraît hésiter entre deux traditions, mais sa leçon n'est pas absurde pour autant:

> Dist moi qu'il ert mes fius, nel me vaut pas celer;
> Dist qu'estoie ta mere. Commençai a plorer,
> La dolor de mon fil ne le poc esgarder
> (*Assomption*, v. 162-164)

Ici le Christ se reconnaît comme le Fils de Marie, mais en même temps Il lui fait comprendre qu'elle aura désormais un autre fils. Enfin, dans les manuscrits N1 et N7, le Christ lui-même verse des larmes au moment où Il s'adresse pour la dernière fois à sa mère, ce qui achève de briser le cœur de Marie:

> Dist moi qu'il ert mes fius nel me vaut pas celer
> Lors commença li sires durement a plorer
> La dolor de mon fil je ne poc esgarder
> (*Assomption*, N7, v. 162-164)

L'interprétation choisie dans ces vers est très proche de celle du manuscrit N6 (base de l'édition Spiele), mais l'éditrice a, inutilement à notre avis, substitué la 1e personne à la 3e au v. 164:

> Dist moi qu'il ert mes fiz, pas nel me vost celer,
> Dist q'estoie sa mere, commença[i] a plorer:
> La dolor de mon fil je ne pou esgarder
> (*Assomption*, v. 163-165)

---

40. La leçon *començas* est attestée dans les manuscrits C, N3, N5, N8, N10, N11.

41. 'Sachiez que nostre sires saint Jehan molt ama, / De la croiz ou pandi qant a soi l'apela! / Sa mere vint a lui, il la li commanda, / Volentiers la reçut et tenrement plora, / Prist sa dame en sa main et plorant s'en torna' (*Assomption,* v. 10-14).

Quoi qu'il en soit, Marie se remémore ce même moment, lorsque le Christ descend à son chevet:

> Biaus fiz, je ving a toi, por toi reviseter,
> Qant ne te poi aidier commençai a plorer,
> De si chier fil com fus, ne le vossis celer,
> Jehan me commandas, icil me dut garder
> (*Assomption*, v. 367-370).

Ce n'est sans doute pas un hasard si ces mots sont prononcés à l'instant même où Marie sera à la fois consolée et récompensée de ses larmes: le Christ emmène son âme au paradis.

Conclusion

Pour être réceptif au divin, il faut en premier lieu écouter et méditer les textes sacrés, prendre la mesure du projet de Dieu au travers de la Geste du peuple d'Israël, de l'acquiescement de Marie et du sacrifice du Christ. Le poète a voulu mettre à la disposition du croyant une Bible accessible à son entendement et il l'a coulée dans le moule épique qui lui permettait d'édifier le public et de l'exhorter en même temps.

Dans son ouvrage sur *Les traductions de la Bible en vers français* paru en 1884, J. Bonnard ouvrait son chapitre sur Herman de Valenciennes par ces mots: 'Le poème biblique le plus complet et le plus intéressant est sans contredit l'œuvre d'Herman, chanoine de Valenciennes au XIIe siècle'[42]. À l'issue de notre trop rapide analyse nous ne pouvons que souscrire à ce jugement: le *Romanz de Dieu et de sa Mere* et l'*Assomption* possèdent une cohérence remarquable et sont sous-tendus par une vision d'ensemble originale. Loin de traduire servilement, le poète imprime sa marque en revisitant le texte sacré. À plusieurs reprises nous avons pu constater à quel point il manifestait son indépendance et infléchissait le récit biblique en fonction de ses propres objectifs. L'expérience religieuse dont il témoigne et qu'il propose à son public fait avant tout appel à l'affectivité. Qu'il s'agisse du rapport à soi, au prochain ou à Dieu, l'intériorité prime, mais une intériorité qui est constamment vécue par la manifestation corporelle des larmes; comme nous le rappellent les laisses 605-606, celles-ci sont présentes dès la naissance, tant l'homme est 'feble chose et de feble nature' (v. 5648). Pour s'engager dans un cheminement spirituel, il faut

---

42. J. Bonnard, *Les traductions de la Bible* ..., p. 11.

se dépouiller de tout orgueil. L'élévation progressive vers Dieu se déchiffre dans son œuvre au travers de la triple articulation du sens des larmes que nous avons discernée. La première étape est celle des pleurs ascétiques: amertume d'avoir péché, contrition, conversion sincère. L'attachement humain, l'affection portée aux proches parents, la sympathie ressentie pour le malheur d'autrui ouvrent à la générosité et à la communion. Enfin, la relation intime avec Dieu est inspirée par l'amour et la compassion pour le Christ souffrant. Herman de Valenciennes se situe dans un courant qui remonte en définitive aux pères du Désert et qui à son époque transite principalement par la spiritualité cistercienne – saint Bernard, Aelred de Rievaulx – et érémitique – Pierre Damien et Jean de Fécamp.

On aurait tort cependant de simplifier la position du poète: dans son adaptation biblique, la voie du salut n'apparaît pas exclusivement comme une expérience individuelle (mouvement vertical); celle-ci est soutenue par un vécu collectif (tendance horizontale). Les pleurs peuvent contribuer à renforcer le sentiment d'appartenance à une communauté. Cet élément, qui se révélait discrètement dans le cas des Égyptiens[43], gagne en importance dans un passage inspiré d'une brève notation dans l'Évangile de Luc (23, 27): à deux reprises, le poète évoque l'affliction du peuple de Jérusalem devant les supplices infligés au Christ. Lorsque Celui-ci est emmené vers le Calvaire, entouré des juifs malveillants, 'li grant et li menor' suivent le cortège en laissant libre cours à leurs larmes (v. 6612-6615). L'information est répétée avec plus d'insistance quelques laisses plus loin, étalée sur près de 40 vers (v. 6648-6684); le poète prend soin de préciser à nouveau que toutes les catégories de la population se sentent concernées: enfants et vieillards, petits et grands, poussent des cris en voyant monter la Croix, déplorent la trahison et battent leur coulpe, car ils se sentent complices. Le plus intéressant ici nous paraît le mouvement d'ensemble obtenu par la reprise du substantif 'assemblé' et de l'adverbe 'ensamble' et suggérant l'unanimité du discours et des larmes[44]. Tout se passe comme si la figure du Christ-Crucifié contribuait à souder les gens, à les constituer d'emblée en une communauté de chrétiens avant même que son sacrifice ne soit consommé.

Cet aspect se voit confirmé dans l'*Assomption* où le poète réunit dans une même douleur Marie, son proche entourage, puis saint Jean et les

43. Voir ci-dessus, p. 86
44. 'La genz de la cité est toute assamblee' v. 6649; 'Tuit i vienent ensamble', v. 6653; 'La genz de Jurzalem est trestoute assamblee' v. 6663; 'Or dient tuit ensamble tuit a une alenee' v. 6666.

apôtres dépêchés sur les lieux: dans cette partie de l'œuvre, qui comprend 562 vers, nous avons recensé 12 occurrences de 'assembler / assemblee' (verbe ou substantif) et 9 occurrences de l'adverbe 'communement'; cet adverbe est mis en rapport avec ceux qui ont convergé vers la demeure de Marie pour assister à son départ de ce monde et agissent et s'émeuvent collectivement comme s'ils formaient un seul corps. Il est également utilisé deux fois en association avec le verbe 'plorer' (v. 122: 'Trestuit communement prenoient a plorer'; v. 130). Mais l'adverbe traverse aussi le temps pour venir s'appliquer à l'auditoire contemporain du poète: l'unanimité des proches groupés autour de Marie s'étend à la communauté chrétienne rassemblée autour de la chanson biblique, autour des derniers conseils du chanoine-prêtre, représentant de l'Église, qu'est Herman de Valenciennes:

> Deprions le signor trestuit communement

> Et nos i doint venir trestoz communement
> En son trone lassuz q'est faiz en Oriant! (v. 532 et 542-544).

Université catholique de Louvain

Bibliographie

ANCIAUX P., *La Théologie du sacrement de Pénitence au XIIe siècle* (Louvain: Nauwelaerts / Gembloux: Duculot, 1949).

BARTSCH K., *Chrestomathie de l'ancien français accompagnée d'une grammaire et d'un glossaire*, 9e éd. (Leipzig, 1903).

BERGER S., *La Bible française au Moyen Âge. Étude sur les plus anciennes versions de la Bible écrites en prose de langue d'oïl* (Paris: Imprimerie Nationale, 1884; reprint Genève: Slatkine, 1967).

BOERS W., *La Genèse d'Evrat* (Leyde: Univ. de Leyde, 2002).

BOGAERT P.-M., 'Adaptations et versions de la Bible en prose (langue d'oïl)', dans: *Les genres littéraires dans les sources théologiques et philosophiques médiévales. Définition, critique et exploitation. Actes du colloque de Louvain-la-Neuve 25-27 mai 1981*, Université catholique de Louvain, Publications de l'Institut d'Études médiévales, 2e série: Textes, Études, Congrès, 5 (Louvain-la-Neuve, 1982), p. 259-277.

BOGAERT P.-M. (dir.), *Les Bibles en français. Histoire illustrée du Moyen Âge à nos jours* (Turnhout: Brepols, 1991).

BONNARD J., *Les traductions de la Bible en vers français au Moyen Âge* (Paris: Imprimerie Nationale, 1884).

BURKOWITZ H., *La Bible von Herman de Valenciennes* Teil III *(Von Marias Geburt bis zu Christi Berufung der Jünger)*, diss. Phil. (Greifswald: Buchdruckerei Hans Adler, 1914).

CANDOLO T., *Desejo de Deus: as lágrimas e a representação do ideal monástico primitivo em hagiografias medievais portuguesas* (Unicamp, Brésil: Instituto de Estudos da linguagem, 2002).

CONSTABLE G., *Three Studies in Medieval Religious and Social Thought. The Interpretation of Mary and Martha, The Ideal of Imitation of Christ, The Orders of Society* (Cambridge: Cambridge Univ. Press, 1995).

DE MANDACH A., 'À quand remonte la Bible de Herman de Valenciennes? État présent des recherches' dans: *Valenciennes et les anciens Pays-Bas. Mélanges offerts à Paul Lefrancq* (Valenciennes: Cercle archéologique et historique de Valenciennes, 1978), p. 53-69.

DE MANDACH A., 'Comment éditer un mystère inséré dans un texte biblique? Le 'Jeu des Trois Rois' de Herman de Valenciennes', dans: J.C. AUBAILLY & E. DU BRUCK (éds), *Le théâtre et la cité dans l'Europe médiévale. Actes du Vᵉ colloque international de la Société Internationale pour l'étude du théâtre médiéval (Perpignan, juillet 1986)*, Stuttgarter Arbeiten zur Germanistik, 213; Fifteenth-Century Studies, 13 (Stuttgart: Heinz, 1988), p. 597-613.

DE MANDACH A. & E.M. ROTH, 'Le 'Jeu des Trois Rois' de Herman de Valenciennes. Trois cycles anglo-normands inédits du XIIᵉ siècle', *Vox Romanica*, 48 (1989), p. 85-107.

HASENOHR G., '*Lacrimae pondera vocis habent*. Typologie des larmes dans la littérature de spiritualité française des XIIIᵉ-XVᵉ siècles', dans: G. DI STEFANO & R.M. BIDLER (éds), *Le rire, le sourire... les larmes. Actes du colloque international, Université McGill, Montréal, 3-4 octobre 1994*, numéro thématique *Le Moyen Français*, 37 (1997), p. 45-63.

JAUSS H.R. & E. KÖHLER, *Grundriss der romanischen Literaturen des Mittelalters* (Heidelberg: C. Winter), vol. IV/1 *Le Roman jusqu'à la fin du XIIIᵉ siècle* (1978); vol VI /1 *La littérature didactique, allégorique et satirique* (1968).

KREMERS E., *La Bible von Hermann de Valenciennes, Teil IV (Von der Speisung der Fünftausend bis zum Einzug in Jerusalem)*, diss. Phil. (Greifswald: Buchdruckerei Hans Adler, 1914).

LOT-BORODINE M., 'Le mystère du 'don des larmes' dans l'Orient chrétien', *Vie spirituelle, Supplément* (1936), p. 65-110.

MARTIN E., *La Bible von Herman de Valenciennes, Teil V (Von Christi Einzug in Jerusalem bis zur Himmelfahrt)*, diss. Phil. (Greifswald: Buchdruckerei Hans Adler, 1914).

MOLDENHAUER O., *La Bible von Herman de Valenciennes, Teil II (Von Josephs Ankunft in Ägypten bis zum Schluss des alten Testamentes)*, diss. Phil. (Greifswald: Buchdruckerei Hans Adler, 1914).

NAGY P., *Le don des larmes au Moyen Âge. Un instrument spirituel en quête d'institution (Vᵉ- XIIIᵉ siècle)* (Paris: Albin Michel, 2000).

PAYEN J.-C., *Le motif du repentir dans la littérature française médiévale (des origines à 1230)*, Publications romanes et françaises, XCVIII (Genève: Droz, 1967).

PINTO-MATHIEU E., *Marie-Madeleine dans la littérature du Moyen Âge* (Paris: Beauchesne, 1997).

ROBERTSON D., '*Or escoutez, signor... si com lisant trovon*: La chanson biblique d'Herman de Valenciennes', dans: G. BIANCIOTTO & C. GALDERISI (éds),

L'épopée romane. Actes du XVe congrès international Rencesvals, Poitiers 21-27 août 2000, Civilisation médiévale, XIII (Poitiers: Centre d'Études supérieures de Civilisation médiévale, 2002), tome II, p. 1001-1008.

SMEETS J.-R., 'Les traductions-adaptations versifiées de la Bible en ancien français', dans: *Les genres littéraires dans les sources théologiques et philosophiques médiévales. Définition, critique et exploitation. Actes du colloque de Louvain-la-Neuve 25-27 mai 1981,* Université catholique de Louvain, Publications de l'Institut d'Études médiévales, 2e série: Textes, Études, Congrès, 5 (Louvain-la-Neuve, 1982), p. 249-258.

SPIELE I. (éd.), *Li Romanz de Dieu et de sa mere d'Herman de Valenciennes,* Publications romanes de l'Université de Leyde, XXI (Leyde: Presse univ. de Leyde), 1975.

STRATE C.A., *De l'Assumption Nostre Dame von Herman de Valenciennes,* diss Phil. (Greifswald: Buchdruckerei Hans Adler, 1913).

SZIRMAI J. (éd.), *Un fragment de la Genèse en vers (fin XIIIe – début XIVe siècle). Édition du Ms. Brit. Libr. Harley 3775,* Textes littéraires français, 574 (Genève: Droz, 2005).

TROTTER D.A., 'The Influence of Bible Commentaries on Old French Bible Translations', *Medium Aevum,* 56 (1987), p. 257-275.

WEBER R. (éd.), *Biblia sacra iuxta vulgatam versionem* praeparavit R. GRYSON (Stuttgart: Deutsche Bibelgesellschaft, 1994).

ZINK M., *Poésie et conversion au Moyen Âge,* Perspectives littéraires (Paris: PUF, 2003).

Yasmina FOEHR-JANSSENS

VARIATIONS AUTOUR D'UNE FIGURE D'AUTEUR: BAUDOUIN DE CONDÉ DANS LES MANUSCRITS

Introduction

Le propos des quelques pages que l'on lira ici est assez simple. Il s'agit de réfléchir à la manière dont, au XIIIᵉ siècle, la figure d'un auteur s'agence à partir de la réception de son œuvre dans les manuscrits. Il est sans doute inutile de rappeler que l'auteur, compris comme une catégorie fonctionnelle de la communication littéraire[1], se fabrique, entre autres, à partir des effets de sens produits par l'œuvre qu'on lui attribue, le plus souvent en s'appuyant sur la façon dont les instances d'énonciation y sont représentées. Nous chercherons donc à comprendre le geste poétique de Baudouin de Condé à partir de ce que les manuscrits nous en livrent. Notre enquête a pour point de départ des constatations intuitives, nées de la confrontation avec les différentes mises en recueil médiévales des dits de Baudouin et de la lecture de l'œuvre elle-même. Il ne s'agit pas de mener une analyse philologique ou codicologique des recueils, mais de chercher à saisir la physionomie des textes telle qu'elle se dégage des conditions de leur présence dans les manuscrits, en tenant compte de leur contexte immédiat. Ma présentation s'inscrit dans le sillage d'une série d'études menées de concert avec mes collègues de l'Université de Genève, Olivier Collet et Wagih Azzam, sur les manuscrits recueils[2].

---

1. Je renvoie ici à la notion de 'fonction auteur' développée par M. Foucault dans 'Qu'est-ce qu'un auteur?', *Bulletin bibliographique de philosophie,* 63 (1969), p. 73-104 (repris dans *Dits et Ecrits* I, 1954-1969, éd. établie sous la dir. de D. Defert et F. Ewald, Paris, 1994, p. 789-821).
2. W. Azzam & O. Collet, 'Le manuscrit-recueil 3142 de la Bibliothèque de l'Arsenal. Mise en recueil et conscience littéraire au XIIIᵉ siècle', *Cahiers de Civilisation médiévale,* 44 (2001), p. 207-245; 'Le *Conte du Graal* de Chrétien de Troyes sous l'œil du XIIIᵉ siècle: le témoignage d'un exemplaire atypique (Bürgerbibliothek Bern, 354)', dans: O. Collet, Y. Foehr-Janssens & S. Messerli (éds), *'Ce est li fruis selonc la letre': Mélanges offerts à Charles Méla* (Paris, 2002), p. 69-93; W. Azzam, O. Collet & Y. Foehr-Janssens, 'Pour une sémiotique du recueil', *Revue belge de philologie et d'histoire,* 83 (2005), p. 639-669. On pourra se reporter aussi aux trois articles suivants: W. Azzam, 'Un recueil dans le recueil. Rutebeuf dans le manuscrit BNF, f. fr. 837'; O. Collet, ' "Encore pert il bien aus tés quels li pos fu" (*Le Jeu d'Adam,* v. 11): le manuscrit BNF, f. fr. 837, et le

Il me faut d'emblée détromper une attente qui peut avoir été suscitée par le titre trop ambitieux de cet exposé, qui fait attendre une revue complète de la tradition manuscrite de Baudouin. Le parcours que j'ai improvisé en poursuivant cette idée m'a emmenée à m'attarder plus particulièrement sur le fameux manuscrit 9411-26 de la Bibliothèque royale de Belgique dont le programme iconographique a exercé sur moi un attrait tout particulier[3].

1. Baudouin auteur: les manuscrits comme témoin d'une conscience littéraire

Les amis de Willy van Hoecke connaissent les œuvres de Baudouin de Condé, poète de cour hennuyer du XIIIe siècle[4]. On a gardé de lui 24 dits en vers octosyllabiques datés de la seconde moitié du siècle environ, entre 1240 et 1280, et on sait qu'il a fréquenté la cour de Marguerite II, comtesse de Flandres et celle de Gui de Dampierre, son fils. Baudouin de Condé revendique son statut de ménestrel, de concert avec d'autres poètes de la même aire culturelle et linguistique – en particulier Adenet le roi et plus tard Watriquet de Couvin, ainsi que Jean de Condé qui affirme d'ailleurs être le fils de Baudouin. C'est cet effet d'annonce concernant l'investissement symbolique d'un écrivain dans un métier ou un office défini qui motive mon intérêt pour de telles figures d'auteur situées au

renouveau littéraire au XIIIe siècle'; Y. Foehr-Janssens, ' "Le seigneur et le prince de tous les contes": Le *Dit du Barisel* et sa position initiale dans le manuscrit BNF, f. fr. 837', tous trois parus dans: M. Mikhaïlova (éd.), *Mouvances et jointures. Du manuscrit au texte médiéval*, Medievalia, 55 (Orléans: Paradigme, 2005) resp. p. 193-201, 173-192 et 153-171.

3. Ce manuscrit a été décrit par C. Gaspar & F. Lyna dans *Les principaux manuscrits à peintures de la Bibliothèque royale de Belgique* (Paris, 1937-1945), vol. I, p. 202-205 et par Céline Van Hoorebeeck dans B. Bousmanne & C. Hoorebeeck (éds), *La Librairie des ducs de Bourgogne: manuscrits conservés à la Bibliothèque royale de Belgique* (Turnhout, 2000), vol. I, p. 134-142. Cette notice fournit une orientation bibliographique complète. À l'origine ce manuscrit formait une unité avec le *codex* KBR 9400, également conservé à la Bibliothèque royale de Belgique. Les miniatures du ms. 9411-26 ont été réalisées par deux artistes différents. L'enlumineur qui a réalisé les peintures de la seconde partie (f 38r-103r) est également celui qui a décoré le ms. KBR 9400.

4. A. Scheler (éd.), *Dits et Contes de Baudouin de Condé et de son fils Jean* (Bruxelles, 1866-1867), 3 vol.; W. Van Hoecke, *L'œuvre de Baudouin de Condé et le problème de l'édition critique* (Doctorale Dissertatie, Katholieke Universiteit te Leuven, 1970), 5 vol. (le vol. 2 comporte une description de la tradition manuscrite de notre auteur); S. Panunzio (éd.), *Baudouin de Condé, Il Mantello d'onore* (Milano, 1999) [le texte des dits de Baudouin est repris de l'édition de Willy Van Hoecke]. Nos citations sont tirées de cette édition. Notre reconnaissance va à Willy Van Hoecke qui a mis à notre disposition les volumes de sa thèse et nous en a confié des reproductions sur papier et sur support électronique.

tournant des XIIIe et XIVe siècles. Il me semble qu'à travers les œuvres de ces ménestrels, mais aussi par le biais de la diffusion manuscrite dont celles-ci ont joui, on peut percevoir la mise en place de certains traits constitutifs de la notion moderne d'auteur.

Soulignons tout d'abord que la tradition manuscrite reconnaît à Baudouin de Condé la stature d'un poète autorisé, puisque ses pièces sont réunies en un ensemble cohérent dans les manuscrits A (Paris, Arsenal 3142), B (Paris, Arsenal 3524), D (Paris, BnF fr. 1634), C (Paris, BnF fr. 1446), Br (Bruxelles KBr 9411-26), T (Turin, Naz. 134)[5]. C'est un traitement similaire que reçoivent les œuvres de Jean de Condé et de Watriquet de Couvin, ainsi que celles de Rutebeuf, dans le ms. fr. 837 de la BnF, par exemple. Les dits de ces auteurs semblent constituer, aux yeux des concepteurs des manuscrits, quelque chose qui s'apparente à ce que nous appelons aujourd'hui une œuvre.

En reprenant la formulation choisie par Willy van Hoecke, en particulier à propos du ms. BnF fr. 1634 (D)[6], on dira que chacun de ces témoins propose une 'édition' particulière des dits[7]. La récurrence des signatures inscrites dans les dits appelle sans doute de tels regroupements qui répondent donc à une sollicitation inscrite dans l'œuvre elle-même, visant à conférer au nom de l'auteur le pouvoir d'offrir une garantie intellectuelle et morale à sa production poétique.

1.1. Baudouin et Jean de Condé: père et fils en littérature (ms. B et C)

Mais la tradition manuscrite nous donne aussi accès à la représentation d'un auteur individualisé au point d'être explicitement désigné comme une figure paternelle par Jean de Condé dans le prologue de son *Dit du lévrier*. La figure de l'auteur accède dans ce cas à une sorte de consistance biographique. Là encore les manuscrits se font l'écho des indications données par les textes. Les ms. B (Paris, Arsenal 3524) et C (Paris, BnF fr. 1446) font suivre les œuvres de Baudouin de celles de Jean. La rubrique de B indique clairement la filiation entre Jean et Baudouin[8].

---

5. Voir *Annexe* 1: Les principaux manuscrits contenant les œuvres de Baudouin de Condé.

6. Ce *codex* propose une présentation du corpus que Willy Van Hoecke considère comme le reflet d'une première mise en place de l'œuvre.

7. La question de savoir à qui attribuer la responsabilité de ces éditions n'entre pas en ligne de compte ici. En cela, mon point de vue est un peu différent de celui de Willy Van Hoecke.

8. Ms B, fol. 50v: 'Ci finent li dit Bauduin de Condeit et commencent après li Jehan son fil'.

Il s'agit en fait d'un volume qui présente une conception presque moderne du livre, puisque son contenu se résume aux œuvres de ces deux auteurs présentés comme appartenant à la même famille[9]. Les éditions procurées par ces deux manuscrits sont très semblables. Seules les pièces initiales changent. La *Voie de Paradis* de Baudouin qui ouvre le recueil dans le ms. B la clôt dans C. Ce texte est d'ailleurs propre à ces manuscrits centrés sur la production du père et du fils.

Certes, cette perception de l'auteur comme une entité ayant un fondement dans sa biographie n'a rien d'une nouveauté. Bien avant la fin du 13e siècle, on a eu recours à des traits biographiques ou réputés tels pour construire des figures d'auteurs. Cette stratégie peut être le fait de commentateurs intervenant en tiers dans la constitution d'une œuvre, au niveau de sa réception, comme dans le cas des *Vidas* de troubadours. Elle peut aussi, selon des modalités très différentes[10], relever de l'initiative du poète lui-même. Rutebeuf en est un exemple, mais aussi, avant lui, Jean Bodel ou Gautier de Coinci. L'intérêt de l'œuvre de Baudouin de Condé ne tient donc pas à la valeur novatrice de sa pratique poétique. Par contre, les *Dits* de Baudouin nous offrent l'occasion d'observer, autour de la notion d'auteur, quelque chose comme la cristallisation d'un certain nombre de traits de représentation et de procédures d'autorisation. Repérer, dans la période et le milieu de production de Baudouin et de Jean de Condé, le développement discret et surtout la généralisation d'une conception individualisée de l'autorité textuelle revient à mettre au jour un procès qui précède et prépare peut-être le moment de grande effervescence littéraire du XIVe siècle. Chacun sait que la seconde moitié de ce siècle voit l'émergence d'œuvres majeures comme celles de Guillaume de Machaut, de Froissart, d'Eustache Deschamps, sans parler de Christine de Pisan, qui vont utiliser avec détermination le travail sur la figure d'auteur pour donner forme et cohérence à leur œuvre et revendiquer rien moins que la gloire poétique.

1.2. Mise en valeur des figures d'auteur (ms. A et E)

Je distinguerai encore deux groupes différents parmi les autres manuscrits importants de Baudouin. Il y a, d'une part, celui formé par les

9. La tradition manuscrite de Watriquet de Couvin comporte, de la même façon, des volumes qui sont consacrés à sa seule production littéraire (les manuscrits 2183 et 14968 du fonds français de la Bibliothèque nationale de France, par exemple).

10. Sur ce point, je me permets de renvoyer aux arguments que j'ai développés dans un article intitulé 'Le clerc, le jongleur et le magicien: fonctions et figures d'auteurs aux XIIe et XIIIe siècles', *Lettres romanes*, 58 (2004), p. 13-31.

manuscrits conservés à Paris, BnF, fr. 12467 (E) et Arsenal 3142 (A).
Ces recueils ont été étudiés par Olivier Collet et Wagih Azzam (voir
note 2). Je retiendrai ici les grandes lignes de leur démonstration. Le
ms. Arsenal 3142 nous transmet une matière littéraire qui coïncide très
souvent avec celle que l'on peut trouver dans le ms. BnF fr. 12467. Il
s'organise autour d'une puissante mise en scène de la figure d'auteur. Le
programme iconographique trahit à l'évidence une valorisation de l'écrit
comme mode de communication littéraire. Les deux célèbres représentations de Marie de France qui signalent l'ouverture et la clôture des *Fables*
de cette auteure aux folios 256a et 273a suffiraient à le démontrer.

Les deux exemplaires en question sont issus d'un même atelier. Le
talent d'un enlumineur connu comme le maître de *Meliacin* et actif de
1285 à 1300 s'y déploie. Ces codex diffusent les œuvres d'auteurs pro-
venant de la partie septentrionale de l'aire linguistique française:

> 'Le manuscrit de l'Arsenal paraît ainsi constituer une véritable petite antho-
> logie à dominante septentrionale et flamande, révélatrices des tendances
> littéraires de la période allant de Marguerite de Hainaut et du comte Gui de
> Dampierre, son fils, à celle de Marie de Brabant.' (AZZAM & COLLET, 'Le
> manuscrit 3142…', p. 225).

La comparaison entre les deux manuscrits montre que la composition
de ces recueils devait se faire par rassemblement d'unités textuelles en
quelque sorte préfabriquées. En ce qui concerne l'œuvre de Baudouin,
ces deux codex proposent une collection cohérente, quoique le nombre
de pièces retenues par le ms. A soit plus important (15 dits – plus quatre
pièces brèves que le manuscrit de Bruxelles regroupe sous le titre *exemple de le mort* – contre 9 dans E).

Le manuscrit de l'Arsenal nous présente une magnifique méditation
sur la notion d'auteur et 'son rapport à la propriété intellectuelle de son
œuvre, rapport à la fois personnel et de dépendance vis-à-vis du milieu
qui encourage son élaboration' (AZZAM & COLLET, 'Le manuscrit 3142…',
p. 227). Le projet iconographique de ce manuscrit s'illustre particulièrement bien dans la représentation d'Adenet le roi, autre figure de ménestrel
qui s'impose dès les premiers feuillets du manuscrit. Le poète se présente
dans une 'posture ambiguë: de sujétion humble certes, mais d'orgueilleuse
revendication tout à la fois' (AZZAM & COLLET, 'Le manuscrit 3142…',
p. 227), qui se marque par la couronne dont est orné son chef. Les auteurs
suggèrent que les œuvres de Baudouin, consignées en fin de volume,
pourraient bien faire écho à celles d'Adenet, elles qui sont 'remarquables
pour leur martèlement insistant du nom du poète à l'intérieur du texte.'
(AZZAM & COLLET, 'Le manuscrit 3142…', p. 227)

2. *Le manuscrit de Bruxelles: le dit et ses potentialités poétiques*

Émergence d'un auteur individualisé permettant la mise en livre ou en recueil d'une œuvre conçue comme un tout, valorisation de cette figure dans un recueil qui fait date de par son intérêt pour l'activité auctoriale: nous avons là un portrait plutôt moderne de notre auteur. La méditation à laquelle nous convie le manuscrit de Bruxelles comme représentant d'un troisième groupe de manuscrits contrecarre cependant cette impression. L'œuvre de Baudouin y est immergée dans des ensembles, assez vastes et assez récurrents, de textes édifiants et didactiques. Le manuscrit perdu de Turin (T) comportait de nombreuses œuvres que l'on trouve aussi dans le recueil de Bruxelles, comme par exemple le *Doctrinal sauvage*, la série des *Voies* et *Songes de Paradis*, le *Dit du Triacle et du venin*, le *Dit des sept vices et des sept vertus*, le *Dit de l'unicorne et du serpent*, la *Prière Théophile*, *Le Dit du croisé et du décroisé*[11]. Ce corpus est aussi très bien représenté dans le ms. fr. 837 de la BnF (F). Or ce groupe ne permettra pas la mise en évidence des mêmes revendications précoces de dignité et d'individualité de l'auteur. Cette différence me semble tout à fait carac-téristique des tensions qui habitent une œuvre comme celle de Baudouin. En commentant de plus près la présentation ou représentation des textes qu'offrent les miniatures du ms. de Bruxelles, nous devrons prendre en considération l'étrangeté des conceptions médiévales du texte didacti-que et / ou moralisant par rapport à nos habitudes de pensée. Mais peut-être y gagnerons nous de pouvoir mettre au jour une vraie pensée de la poésie dans un contexte en apparence très bien pensant, peu susceptible, selon les critères qui sont les nôtres, d'accueillir une réflexion purement littéraire.

2.1. Peindre la parole magistrale

Le manuscrit de Bruxelles propose un programme iconographique assez unifié qui comporte de nombreuses redites, des réemplois d'éléments d'une miniature à l'autre (voir l'Annexe 2). En particulier la figure du maître enseignant à un ou plusieurs disciples est récurrente. La dernière miniature du manuscrit, celle qui ouvre l'ensemble des dits de Baudouin (fig. 24) déploie cette topique: une figure assise de profil, main levée,

---

11. Pour la description de ce manuscrit, voir A. Scheler, 'Notice et extraits de deux manuscrits français de la Bibliothèque royale de Turin II', *Revue du Bibliophile belge,* 2 (1867), p. 1-33. Je remercie Willy Van Hoecke qui m'a très généreusement fait parvenir une version numérisée de cet article.

avec son index pointé dans un geste typique de l'enseignement fait face à un interlocuteur debout qui répond d'un mouvement de la main signifiant son approbation[12]. On retrouve une scène analogue quelques feuillets plus haut, à l'initiale du *Caton* d'Adams de Suel (fig. 23) ainsi qu'au début du *Roman de Charité* du Reclus de Molliens (fig. 14). Elle se répète en réalité avec quelques variantes tout au long du manuscrit. Parfois la position d'autorité de la figure du maître est mise en scène avec plus de décorum, comme dans la première miniature du manuscrit dans son état actuel (fig. 1). L'enseignant tient un livre ouvert sur un lutrin devant lui tout en s'adressant à son auditoire. Pour servir d'introduction à la *Bible* d'Hughes de Berzé (fig. 3), la scène prend des allures plus institutionnelles. C'est à une prédication en chaire qu'il nous est donné d'assister.

De ces images se dégage une constante. Les textes ainsi présentés reposent sur un acte d'énonciation qui vise à l'évidence le *docere*. Le maître dispense une leçon qu'il s'agit d'entendre au mieux. La réitération de cette scène ponctue le manuscrit d'autant de professions de foi en l'efficacité d'une parole magistrale. Le jeu des illustrations permet aux textes de se donner à voir comme des morceaux d'éloquence, de revendiquer pour eux-mêmes les qualités rhétoriques du bien dire. Sur les 19e et 20e miniatures, les acteurs en présence ont toujours la même pose, mais un parchemin ou un phylactère vient s'intercaler entre eux, comme pour signaler la présence d'un document écrit sur lequel se fonde l'enseignement oral. La première des deux illustrations marque le début du *Congé* de Jean Bodel. Dans le cas de la miniature illustrant le *Doctrinal sauvage* (fig. 20), ce support d'écriture porte le titre de l'œuvre recopiée: 'doctrinaus'. C'est donc le texte figurant dans le manuscrit qui se trouve ainsi représenté. Une troisième image vient compléter cette série. Il s'agit de la 15e miniature, illustrant *Du triacle et du venin*, qui reproduit toujours le même modèle à ceci près que cette fois c'est l'interlocuteur qui tient le parchemin. Ce jeu de variantes m'invite à penser que la présence de ces rouleaux dévidés renvoie bien aux textes que l'on peut lire à la suite des illustrations. Les miniatures prendraient alors en charge la représentation figurée du procès de communication induit par la lecture des textes, associant le maître et l'élève, l'orateur et son public dans un processus de sens dynamique.

---

12. F. Garnier, *Le Langage de l'image au Moyen Age* (Paris, 1982-1989), vol. I, p. 167-170.

2.2. Le dit comme acte de langage

Une seule autre miniature présente un pareil support d'écriture, mais dans un contexte fort différent, qui vient compliquer l'analyse. Il s'agit de la 21e image, celle qui illustre la *Prière Théophile*. Dans ce cas, la scène représentée se concentre sur les circonstances de la prière. Le parchemin, brandi par le diable, est la fameuse charte qui scelle la perdition du héros. À l'occasion de cette miniature, se donne à voir dans toute sa force une opposition qui est présente dans les autres images, mais avec un bien moindre degré d'intensité: c'est évidemment l'opposition entre une performance orale et un procès d'écriture. À l'évidence, la prière de Théophile a pour but d'effacer la lettre de mort gravé sur le vélin. La parole, investie de la force de la foi, l'emporte sur la lettre de la loi, fatale au pécheur. L'image glose lointainement la parole de Paul 'la lettre tue, l'esprit vivifie' (II Corinthiens III, 3-6) qui imprègne le débat sur la valeur respective de l'oral et de l'écrit au Moyen Âge[13].

Si j'osais, j'irais jusqu'à me lancer dans une lecture un peu audacieuse de cette image. La tresse de la vierge me semble poursuivre le mouvement de la charte, comme pour signifier le relais qui est pris dans cette image entre un destin de mort et une promesse de vie. L'image est entièrement orientée de gauche à droite, tournant le dos à l'espace infernal pour regarder vers celui de la rédemption, vers le mystère de l'incarnation. Ce mouvement reprend celui de la profération du discours magistral dans les autres miniatures. Le personnage enseignant se situe toujours sur la gauche de l'image et sa parole progresse vers la droite, en direction de son public. La mise en contraste de l'image illustrant la *Prière Théophile* avec les miniatures dans lesquelles un parchemin vient en quelque sorte redoubler le mouvement de la parole souligne la fascination que semble exercer la valeur performative de la parole dans ce programme iconographique, au détriment peut-être d'une valorisation symbolique du texte littéraire par le biais de l'autorité de la trace écrite. Il est assez frappant, lorsque l'on compare le programme iconographique de ce manuscrit avec celui d'Arsenal 3142, de voir le peu de place qui est accordé à l'objet livre. Le volume, qui confère son autorité à la figure du poète dans le manuscrit 3142, ne joue pas de rôle ici. Ce qui domine ici, c'est la dignité de la leçon, performance d'oralité mixte, pour reprendre les termes de Paul Zumthor. La prédominance de la figure du maître est manifeste, puisqu'on la voit apparaître dans 13 des 25 miniatures que comporte le

---

13. M.T. Clanchy, *From Memory to written record, England 1066-1307* (Londres, 1979), p. 210.

manuscrit (1, 3, 8, 10, 14, 15, 17, 18, 19, 20, 22, 23, 24). Outre les images déjà commentées, on sera surpris de la retrouver même dans des miniatures qui semblent prendre pour sujet le contenu de l'œuvre. Il semble bien que nous ayons ici mise en présence du contenu du texte et de l'acte d'énonciation qui le fonde. Ainsi pour le *Dit des médisants* (fig. 10) où le maître fait face aux médisants. Dans cette série d'images, on distinguera les 18ᵉ et 22ᵉ miniatures, très semblables et très intéressantes. Elles illustrent des textes de la même veine, des *Dit du corps* ou *Dit du corps et de l'âme*. Le maître fait face à une représentation de l'âme sous la forme d'une petite figure nue et blanche, tantôt juchée sur une bière (fig. 18), tantôt dressée sur la poitrine d'un homme à l'agonie (fig. 22), surgissant de sa bouche et tendant les bras à un ange venu la recueillir[14].

La présentation des dits de Baudouin confirme cette tendance puisqu'ils sont traités comme un ensemble unique, précédé d'une seule miniature. On ne trouve pas de vignettes marquant l'initiale de chacun des dits par la représentation de l'objet symbolique qui, souvent, fournit le titre de ces pièces didactiques (le manteau, la rose, la pomme, etc.). En cela le manuscrit de Bruxelles recourt à une typologie distincte de celle adoptée par les ms. A (Paris, Arsenal 3142) ou E (Paris, BnF, fr. 12467). Seule compte la mise en évidence de la force de persuasion dont sait faire preuve, dans sa leçon, le maître éloquent (fig. 24).

Pour terminer notre inventaire, il faut signaler une dernière variante qui inscrit cette prédilection pour la représentation d'un acte de parole dans un contexte nouveau. À l'initiale du *Dit du croisé et du décroisé* (fig. 8), la miniature renvoie à la fois au sujet du texte et à son genre. Les deux protagonistes se font face, ils sont engagés dans une discussion animée. On retrouve cette situation de débat à l'initiale du *Dit des sept vices et des sept vertus* (fig. 17). La miniature dépeint une discussion entre Jérémie et Tobie. Malgré la variante qu'introduit la référence à une controverse, ces images confèrent aux interlocuteurs en débat les attitudes et la gestuelle du maître, de sorte qu'elles contribuent à renforcer l'impression d'unité qui se dégage de l'ensemble de la série.

Ainsi donc, si la miniature met l'accent sur un procès de parole qui se veut la figure du texte, elle représente ce dernier dans sa valeur didactique, mais aussi dialogique. L'interlocuteur est coresponsable du procès

---

14. On notera au passage qu'il n'y a que deux miniatures qui ne thématisent ni la situation ni l'acte d'énonciation qui préside à la diction du texte. Les images qui illustrent le *Dit de l'unicorne et du serpent* et la *Complainte d'Acre* (fig. 6 et 11) se concentrent sur le seul contenu des textes.

de communication littéraire, il répond à la sollicitation de la parole, il en est le répondant si l'on veut, il peut même à la limite alimenter le débat.

Or la conception du texte littéraire qui se dégage de ce programme iconographique se prête parfaitement bien à la définition du genre littéraire le plus massivement représenté dans le manuscrit et dont Baudouin de Condé est un des maîtres, à savoir, bien entendu, le dit[15]. Par son nom même, ce genre revendique la diction ou performance orale comme modèle de sa propre efficacité. Dans les prologues de Baudouin se fait entendre un souci du bien dire qui a une résonance esthétique aussi bien qu'éthique:

> J'ai maintez fois oï retraire
> k'ausi bien se puet on trop taire
> que trop parler, c'avient souvent.
> Et pour ce vous ai en couvent
> que je dirai encor ancui
> des biaus mos, se je sai a qui.
> (*Dit du bacheler*, v. 1-6)

> Ja ne mesisse contredit
> de raconter aucun biau dit
> ne de bien ce que j'en seïsse,
> se je le siecle ne veïsse
> si felon et si deputaire.
> (*Dit du pel ou de Tunis*, v. 1-5)

> On dist qu'en taisir mout a sens
> més je ne puis voir, de nul sens,
> que li taisirs me vaille preu
> quant je ne puis fere mon preu.
> Dont ne m'a le tere mestier
> car g'en perdroie mon mestier,
> qui m'entremec de biaus mos dire,
> s'aroie trop d'anui et d'ire
> së il me convenoit retrere
> de biaus mos conter et retrere.
> (*Dit du preudomme*, v. 1-10)

Le manuscrit manifesterait alors une définition du dit comme acte mimétique de la performance d'une parole magistrale, pensée dans sa plus grande extension, c'est-à-dire prenant en compte tout le jeu des interactions entre le dispensateur de la bonne parole et son récipiendaire.

15. P.-Y. Badel, 'Le Dit', dans: Robert Escarpit (dir.), *Dictionnaire international des termes littéraires* (Berne, 1979-1989); J. Cerquiglini, 'Le Dit', dans: *Grundriss der romanischen Literaturen des Mittelalters*, t. VIII/1, *La littérature française des XIVe et XVe s.* (Heidelberg, 1988), p. 86-94. M. Léonard, *Le Dit et sa technique littéraire des origines à 1340* (Paris, 1996).

2.3. À l'origine du dire: un auteur 'acteur'

Comme corollaire à cette préférence pour un modèle oral par rapport à un modèle écrit, on sera frappé aussi par la discrétion avec laquelle sont traitées les figures d'auteur dans le manuscrit. Les rubriques ne donnent pas fréquemment les noms des auteurs, pourtant connus et parfois exhibés dans les œuvres, et les *explicit* ne fournissent pas plus d'informations sur ce point. On n'y trouvera pas la mention d'Hélinand de Froidmont, du Reclus de Molliens ou de Baudouin de Condé lui-même, encore moins celle d'Adam de Suel, d'Hughes de Berzé ou de Raoul de Houdenc, plus douteuses par ailleurs. Les cinq premières pièces ne comportent tout simplement pas de rubrique, pas plus que la *Mort ou la repentance Rutebeuf* et le *Miserere*. Le *Dit du croisé et du décroisé*, la *Complainte d'Acre* et la *Complainte d'Outremer* de Rutebeuf, le *Roman de Charité* du Reclus de Molliens sont présentés sans mention du nom de leur auteur. Du coup, le manuscrit se présente comme une collection de textes en grande partie anonymes. Ce qui a pour conséquence que les textes peuvent apparaître, à la faveur de la présentation iconographique que je viens de décrire, comme ayant tous peu ou prou même origine énonciative. Plusieurs sont d'ailleurs très semblables: *Voie de Paradis*, *Vergier de Paradis*, *Songe de Paradis* (pièces 2, 4 et 9), les deux *Dits du cors et de l'ame* (pièces 5 et 22). *Les Vers de la mort*, le *Roman de Charité*, la *Bible* d'Hughes de Berzé, le *Doctrinal sauvage* puisent à une même veine. La tonalité de ces œuvres oscille entre la détestation satirique du monde et l'exhortation morale.

Cette impression est renforcée, sur le plan iconographique cette fois, par la très grande standardisation des figures présentes dans les miniatures. C'est la raison pour laquelle j'ai renoncé à identifier les personnages d'auteur ou de narrateur représentés dans les miniatures avec le nom de l'auteur auquel nous assignons aujourd'hui la paternité de tel ou tel texte, comme le font Gaspar et Lyna dans leur description du manuscrit.

Seules les rubriques de la *Voie de Paradis* de Rutebeuf et du *Congé Bodel* et du *Doctrinal sauvage* font exception à cette règle de l'anonymat. Or ces auteurs-là sont en même temps des personnages de la narration. Rutebeuf est le rêveur-narrateur du Songe, Bodel incarne un personnage énonciateur du *Congé*. De plus, dans ce dernier cas, comme dans celui du *Doctrinal sauvage*, le génitif absolu faisant partie intégrante du titre, il est difficile de mesurer dans quelle mesure le nom qui y apparaît doit vraiment être compris comme l'indice de la référence à un auteur à part entière. L'impression selon laquelle la présence d'un nom propre dans la rubrique renvoie plus à un personnage intégré dans la situation d'énonciation évoquée par le texte qu'à un auteur, au sens moderne de 'personne historique régissant la production matérielle de l'œuvre', est renforcée par l'effet produit par la rubrique du *Caton* d'Adam de Suel: 'Ci commence Catons'. Le nom, en fonction sujet, est ici celui d'une autorité antique en tant qu'elle s'exprime comme un acteur du texte recopié. L'autorité du texte repose sur cette instance interne et non sur la référence à un auteur externe, qui n'est tout simplement pas pris en compte. De la même manière, Rutebeuf et Jean Bodel sont les acteurs de leur rêve et de leur congé. Ils sont promus à une sorte d'individualité dans la mesure où ils sont les auteurs, non de l'œuvre recopiée, mais de l'acte de parole qui s'y trouve reproduit. Cette perméabilité de la figure de l'autorité magistrale avec celle du personnage inscrit dans la fiction, allégorique ou non, est très remarquable. Elle s'exprime aussi dans le cas de Théophile, qui peut bien être considéré une sorte d'acteur / auteur fictif de sa prière. Dans le prolongement de notre réflexion sur la valeur rhétorique de la pensée de l'autorité dans le dit, on pourrait considérer que ce genre construit sa propre crédibilité à travers la mise en valeur de l'*actio* rhétorique qu'il présente fictivement comme la condition de son retentissement. Tout ceci consonne avec la pratique du nom d'auteur que l'on peut trouver dans les œuvres de Baudouin. Par l'usage de la première personne, de l'inscription de son nom comme émanant d'une instance interne au texte, Baudouin de Condé s'inscrit dans cette poétique qui consiste à construire la figure de l'auteur en la fictionnalisant dans le texte. Cette stratégie affleure en particulier, bien sûr dans le *Dit des Hérauts*, mais pas seulement dans ce texte[16]. Elle tire aussi efficacité de la rhétorique de la vision ou du songe allégorique. La figure du ménestrel investi dans l'aventure du dire et du bien dire est un pur produit du texte. Le dit semble en quête d'une oralité docte qui, si elle s'appuie sur l'idée de la performance orale, ne relève pourtant pas d'une pratique de la poésie strictement mémorielle. Par delà le médiat écrit, le dit fait référence à une valeur presque oraculaire de la parole. Il répond à un impératif: 'tu dois bien dire'.

---

16. Y. Foehr-Janssens, 'La voix et le vêtement du héraut dans le *Dit des hérauts* de Baudouin de Condé', dans: J.-C. Mühletahler e.a. (éds), *Formes de la critique: satire et parodie dans l'art et la littérature de la France médiévale* (Paris, 2003), p. 89-113.

2.4. La prière, le rêve et le pèlerinage de l'âme: une symbolique du dit

Il nous reste à présent à examiner les quelques miniatures qui réussissent à se passer du personnage de l'enseignant pour assurer la présentation d'un texte. Elles sont au nombre de 9 (figures 2, 4, 5, 7, 9, 12, 13, 16, 21) et elles se caractérisent elles aussi par la récurrence des éléments de représentation qu'elles exhibent. Lorsque le personnage principal de la miniature n'est pas un orateur pédagogue, il se présente à nous soit comme un pèlerin (fig. 2, 9), soit comme un homme en prière (fig. 12, 13, 16, 21), soit comme un personnage couché dans son lit (fig. 5, 7, 22).

Parfois une seule image conjoint deux de ces types, comme dans la miniature qui ouvre le *Songe de Paradis* attribué à Raoul de Houdenc (fig. 4) où l'on voit à gauche de l'image, à la place habituellement occupée par le maître, une figure endormie et à droite, séparé par une porte dont les battants sont ouverts, un pèlerin. Il s'agit à l'évidence d'un seul et même personnage, le narrateur du songe. Cette première constatation nous permet de souligner que le pèlerin, l'homme couché et l'orant ont ceci de commun avec la figure du maître qu'ils renvoient le plus souvent à des représentations de ce personnage narrateur inscrit dans l'œuvre et dont le nom, Baudouin, Rutebeuf, donne identité à l'instance d'autorité induite par le récit. Au gré de cette méditation picturale, les notions d'auteur et de narrateur, qu'un critique moderne s'efforcera de distinguer soigneusement, semblent s'interpénétrer, car la présence de ces personnages narrateurs permet de prendre conscience des enjeux sur lesquels portent les leçons du maître. Les traits communs déjà signalés entre certains textes nous invitent à lire, dans l'entrelacement des œuvres rassemblées dans ce recueil, comme un petit roman de la rédemption. La *Voie*, le *Songe* et le *Vergier de Paradis,* comme les trois textes induisant un débat du corps et de l'âme, pointent tous le même souci. La leçon du maître n'a pas d'autre but que la prière de Théophile: le salut de l'âme. La récurrence de certains éléments iconographiques permet même d'induire des effets de mise en séries contrastées entre les textes. Ainsi la porte du paradis fermée à l'homme dur dans le *Vergier de Paradis* (fig. 2) est ouverte comme porte du rêve au pèlerin du *Songe de Paradis* (fig. 4). La valeur initiatique du songe, redoublée par celle de la voie, permet d'accéder, dans le cas de la *Voie de Paradis*, à la cité d'humilité où le pèlerin est accueilli par une femme se tenant dans l'embrasure d'une porte entrouverte (fig. 9).

D'autre part, si l'on suit le fil des représentations d'un homme au lit, on constate bien vite qu'à côté du thème onirique, ce motif iconographique renvoie à celui de l'agonie ou de la confrontation avec la mort. On retrouve le personnage couché dans la miniature suivante (fig. 5, *Le Dit de l'ame et du cors*). La 7e image montre un homme au lit confronté à une apparition de la mort afin de servir d'emblème aux *Vers de la Mort* d'Hélinand de Froidmont et enfin la 22ᵉ représente un mourant au moment de rendre l'âme: 'c'est un dis de l'âme' comme l'indique la rubrique. Le curieux petit personnage nu qui représente l'âme apparaît encore dans la 18ᵉ miniature, faisant face, debout sur une bière, au maître à présent bien connu de nous. La crainte de la mort et la peur de la damnation structurent à l'évidence la scène de lit décrite ici. La présence assez cocasse de la figuration de l'âme favorise la relève du thème de l'entretien pédagogique. Dans la miniature 5, c'est elle qui reprend à son compte le geste de l'enseignement pour adresser sa leçon au corps endormi. Le dit s'ouvre, par ce biais, à l'introspection, comme si la valeur dialogique du texte didactique se découvrait soudain des affinités avec le thème d'une méditation intérieure. On ne s'étonnera donc pas que la troisième série thématique présente l'acteur auteur en prière. Il s'agit des miniatures qui ouvrent la repentance ou *Mort Rutebeuf* (fig. 12), le *Miserere* du Reclus (fig. 13) et bien sûr de celle déjà commentée, de la *Prière Théophile* (fig. 21). La prière redouble donc, par son efficace, l'acte de parole à visée performative du dit. Elle effectue le salut du pécheur recherché par ce dernier. D'autre part, dans la mesure où elle s'articule à l'évidence au thème de la repentance, dans le cas de Rutebeuf comme dans celui de Théophile, la prière entretient des liens très étroits avec les isotopies du rêve et du pèlerinage allégoriques ainsi que du destin de l'âme. Le rêve, le pèlerinage et la prière de repentance dessinent une sorte de roman personnel caractéristique du dit, à mi-chemin entre l'allégorie didactique et la confession.

3. *Baudouin, 'l'orateur orant'*

L'œuvre de Baudouin est-elle concernée par tout ceci? On peut en douter, suivant l'appréhension que l'on a de cet auteur. Les travaux de Saverio Panunzio insistent à juste titre sur la valeur surtout idéologique des dits[17]. La valeur mondaine des notions d'honneur que développent

---

17. M. Mayorano & S. Panunzio, '*Mesure* e *desmesure* in Baudouin de Condé', *Lectures*, 16 (1985), p. 11-36; 'Il registro didattico-religioso nella scrittura di Baudoin de Condé', dans: A. Cornagliotti (éd.), *Miscellanea di studi romanzi offerta a Guliano Gasca Queirazza per il suo 65ᵉ compleanno* (Alessandria, 1988), vol. 2, p. 557-605; 'Baudouin

des textes comme le *Manteau d'honneur* nous entraîne en apparence dans le registre d'une poésie de cour, attachée aux valeurs d'une classe aristocratique. Cependant cet intérêt pour les affaires du siècle ne se présente pas, bien au contraire, comme totalement détaché de préoccupations spirituelles. Nous ne sommes pas ici dans une perspective purement cléricale qui opposerait radicalement les deux mondes, célestiel et terrien. Dans l'œuvre de Baudouin un *Ave maria* côtoie un *Dit de gentillesse*. Baudouin réalise une sorte de prédication laïque mêlant des enjeux relevant du profane et du sacré. Nous avons sans doute beaucoup trop tendance à distinguer dans les œuvres de poètes comme Baudouin ou comme Rutebeuf, ce qui relève de la poésie personnelle, de la satire et des textes de dévotion. Un manuscrit comme celui de Bruxelles souligne au contraire la fluidité de tous ces thèmes.

D'ailleurs les manuscrits A et E nous révèlent un portrait assez analogue de la poésie de Baudouin: en particulier le ms. 12467 de la BnF propose une série de textes mariaux entre lesquels sont intercalés des dits plus strictement imbus d'une morale aristocratique. Mais l'image la plus saisissante est peut-être celle du ms. de Paris, Arsenal 3142 qui, pour reprendre les termes d'Olivier Collet et Wagih Azzam, donne à Baudouin une figure d''orateur orant' qui 'télescope' la scène traditionnelle d'adoration de la Vierge et celle de présentation du maître dont l'éloquence est emblématisée par la présence du phylactère[18]. Cette image résume à mes yeux, et condense en une image-valise si vous voulez, les effets produits dans le manuscrit de Bruxelles par la mise en regard de la figure de l'auteur éloquent présenté dans sa majesté et celle de l'auteur acteur d'une comédie du salut. Cette superposition de la posture de l'orateur avec celle de l'orant implique un retournement des rapports de force entre le locuteur et le public auquel il s'adresse. Alors que le maître détient le pouvoir des mots, l'orant avoue une relation de dépendance à l'égard de la puissance miséricordieuse de la Vierge et de l'enfant. Les deux figures se nourrissent l'une de l'autre pour donner à penser le procès de composition poétique comme un acte de parole jouant un double registre énonciatif: le poète est à la fois en attente d'un don et en mesure de dispenser une leçon de vie.

En résumé, le manuscrit de Bruxelles, recueil d'œuvres morales et pieuses, déploie, par le choix de ses textes et par son programme iconographique, une compréhension symbolique du dit comme cheminement

de Condé e l'interdiscorsività dei generi e dei registri', dans: *Studia in honorem prof. M. de Riquer* (Barcelona, 1991), p. 455-506; S. Panunzio, *Baudoin de Condé, ideologia e scrittura* (Fasano, 1992).

18. Azzam & Collet, 'Le manuscrit 3142', p. 236.

pédagogique, mais aussi comme texte inspiré. Le dit se présente comme garde-fou devant la mort et ses dangers, il affirme sa valeur existentielle, exprime l'urgence du dire qu'il étend tout aussi bien aux conclusions d'un art de vivre curial. Les prologues de Baudouin de Condé répondent à cet impératif qui définit une éthique du dire: parler pour sauver, pour se sauver et pour sauver son interlocuteur. L'instance d'énonciation accède, à travers la figure du narrateur/personnage ou de l'acteur/auteur une sorte d'universalité qui justifie les collusions étonnantes entre la figure du maître et celle du pénitent et les effets de superposition entre le *je* et le *tu*. Texte ouvert sur ses propres effets de persuasion, le dit offre, dans un registre qui semble bien platement moralisant à notre pauvre entendement de modernes, une très forte représentation de sa valeur poétique. Il se veut bonne nouvelle de salut en même temps qu'aveu d'une faiblesse toute humaine et traduit une position élocutoire d'une rare complexité, mais aussi d'une grande richesse.

Université de Genève

Bibliographie

Éditions:

BAUDOUIN DE CONDÉ, *Dits et Contes de Baudouin de Condé et de son fils Jean*, par A. SCHELER (Bruxelles, 1866-1867), 3 vol.

BAUDOUIN DE CONDÉ, *Il Mantello d'onore*, a cura di S. PANUNZIO (Milano: Luni, 1999) [le texte des dits de Baudouin est repris de l'édition de Willy Van Hoecke].

VAN HOECKE Willy, *L'œuvre de Baudouin de Condé et le problème de l'édition critique*, 5 vol. (Doctorale Dissertatie, Katholieke Universiteit te Leuven, 1970).

Études:

AZZAM W., 'Un recueil dans le recueil. Rutebeuf dans le manuscrit BNF, f. fr. 837', dans: M. MIKHAÏLOVA (éd.), *Mouvances et jointures. Du manuscrit au texte médiéval*, Medievalia, 55 (Orléans: Paradigme, 2005), p. 193-201.

AZZAM W. & O. COLLET, 'Le manuscrit 3142 de la Bibliothèque de l'Arsenal. Mise en recueil et conscience littéraire au XIIIe siècle', *Cahiers de civilisation médiévale,* 44 (2001), p. 207-245.

AZZAM W. & O. COLLET, 'Le *Conte du Graal* de Chrétien de Troyes sous l'œil du XIIIe siècle: le témoignage d'un exemplaire atypique (Bürgerbibliothek Bern, 354)', dans O. COLLET, Y. FOEHR-JANSSENS & S. MESSERLI (éds), *'Ce est li fruis selonc la letre': Mélanges offerts à Charles Méla* (Paris: Champion, 2002), p. 69-93

AZZAM W., O. COLLET & Y. FOEHR-JANSSENS, 'Pour une sémiotique du recueil', *Revue belge de philologie et d'histoire*, 83 (2005), p. 639-669.

BADEL P.-Y., 'Le Dit', dans: *Dictionnaire international des termes littéraires*, sous la dir. de Robert ESCARPIT (Berne: Francke, 1979-1989).

BOUSMANNE B. & C. HOOREBEECK (éds), *La Librairie des ducs de Bourgogne: manuscrits conservés à la Bibliothèque royale de Belgique* (Turnhout: Brepols, 2000-).

CERQUIGLINI J., 'Le Dit', dans: *Grundriss der romanischen Literaturen des Mittelalters*, t. VIII/1, *La littérature française des XIVe et XVe s.* (Heidelberg, 1988), p. 86-94.

CLANCHY M. T., *From Memory to written record, England 1066-1307* (Londres: E. Arnold, 1979).

COLLET O., ' " Encore pert il bien aus tés quels li pos fu" (*Le Jeu d'Adam*, v. 11): le manuscrit BNF, f. fr. 837, et le renouveau littéraire au XIIIe siècle', dans: M. MIKHAÏLOVA (éd.), *Mouvances et jointures. Du manuscrit au texte médiéval*, Medievalia, 55 (Orléans: Paradigme, 2005), p. 173-192.

FOEHR-JANSSENS Y., 'La voix et le vêtement du héraut dans le *Dit des hérauts de Baudouin de Condé*', dans: J.-C. MÜHLETAHLER e.a. (éds), *Formes de la critique: satire et parodie dans l'art et la littérature de la France médiévale* (Paris: Champion, 2003), p. 89-113.

FOEHR-JANSSENS Y., Le clerc, le jongleur et le magicien: figures et fonctions d'auteurs aux XIIe et XIIIe siècles', *Les Lettres romanes*, 58 (2004), p. 13-31.

FOEHR-JANSSENS Y., ' "Le seigneur et le prince de tous les contes": Le *Dit du Barisel* et sa position initiale dans le manuscrit BNF, f. fr. 837', dans: M. MIKHAÏLOVA (éd.), *Mouvances et jointures. Du manuscrit au texte médiéval*, Medievalia, 55 (Orléans: Paradigme, 2005), p. 153-171.

FOUCAULT M., 'Qu'est-ce qu'un auteur?', *Bulletin bibliographique de philosophie*, 63 (1969), p. 73-104 (repris dans: *Dits et Ecrits* I, 1954-1969, éd. établie sous la dir. de D. DEFERT et F. EWALD (Paris: Gallimard, 1994), p. 789-821).

GARNIER F., *Le langage de l'image au Moyen Age* (Paris: Le Léopard d'or, 1982 – 1989), 2 vol.

GASPAR C. & F. LYNA, *Les principaux manuscrits à peintures de la Bibliothèque royale de Belgique* (Paris: Société française de reproductions des manuscrits à peintures, 1937-1945), 2 vol.

LÉONARD M., *Le Dit et sa technique littéraire des origines à 1340* (Paris: Champion, 1996).

MAYORANO M. & S. PANUNZIO, '*Mesure* e *desmesure* in Baudouin de Condé', *Lectures*, 16 (1985), p. 11-36.

MAYORANO M. & S. PANUNZIO, 'Il registro didattico-religioso nella scrittura di Baudoin de Condé', dans: *Miscellanea di studi romanzi offerta a Guliano Gasca Queirazza per il suo 65e compleanno*, a cura di A. CORNAGLIOTTI (Alessandria: ed. dell'Orso, 1988), vol. 2, p. 557-605.

MAYORANO M. & S. PANUNZIO, 'Baudouin de Condé e l'interdiscorsività dei generi e dei registri', dans: *Studia in honorem prof. M. de Riquer* (Barcelona, 1991), p. 455-506.

PANUNZIO S., *Baudoin de Condé, ideologia e scrittura*, Biblioteca della ricerca (Fasano: Schena ed., 1992).

SCHELER A., 'Notice et extraits de deux manuscrits français de la Bibliothèque royale de Turin II', *Revue du Bibliophile belge*, 2 (1867).

Annexe 1

*Les principaux manuscrits contenant les œuvres de
Baudouin de Condé*

D: Paris, Bibliothèque nationale de France, Ms. f. fr. 1634

B: Paris, Bibliothèque de l'Arsenal, Ms. 3524
C: Paris, Bibliothèque nationale de France, Ms. f. fr. 1446

A: Paris, Bibliothèque de l'Arsenal, Ms. 3142
E: Paris, Bibliothèque nationale de France, Ms. f. fr. 12467

Br: Bruxelles, Bibliothèque Royale de Belgique, Ms. 9411-26
[F: Paris, Bibliothèque Nationale de France, Ms. f. fr. 837]
T: Turin, Bibl. Naz., Ms. anc. fr. 134, manuscrit perdu

Annexe 2

Miniatures du manuscrit de Bruxelles KBR 9411-26

1. L'auteur s'adressant à deux disciples, fol. 2r (*Roue de Fortune*).

2. Un homme devant la porte du verger fermée, fol. 2v
(*Vergier de Paradis*).

3. Un prédicateur en chaire, tête nue, s'adresse à un auditoire nombreux,
fol. 3v (Hughes de Berzé, *La Bible*).

4. Le narrateur au lit rêvant, le même en pèlerin, fol. 9r (Raoul (de Houdenc?) ou Mikiel, *Le Songe de Paradis*).

5. L'âme, petit personnage nu debout sur la poitrine d'un homme couché, lui fait la leçon, derrière lui on distingue le diable, fol 17 v. (*Le Dit du cors et de l'âme*, explicit, fol. 19r: 'Explicit dou cors et de l'ame')

6. Un homme perché sur un arbre avec des bêtes monstrueuses, fol. 19r
(*De l'unicorne et du serpent*, 'Se commenche del unicorne et dou sierpent')

7. Le narrateur, au lit, face à la mort avec pelle et cercueil debout, fol. 21v
(Hélinand de Froidmont, *Les Vers de la Mort*, 'Se commence li dis de le
mort', explicit fol. 25r: 'explicit des viers de le mort')

8. Le croisé et le décroisé en débat, fol. 25r (Rutebeuf, *Du croisé et du décroisé* 'Se commenche li dis dou croisiet et dou decroisiet')

9. Le pèlerin, muni de son bâton, accueilli par une femme à la cité de Pénitence, fol. 26v (Rutebeuf, *La Voie d'Humilité* ou *Voie de Paradis*, 'se commence li songe ke rutebues fist de le voie de paradis')

10. Un homme debout, tête nue, enseignant aux médisants, au nombre de trois, fol. 32v (Maistre Jean (?), *Le Dit des médisants* 'Se commenche li dis des mesdisans')

11. Le siège de saint Jean d'Acre, fol. 34r (Rutebeuf, la *Complainte d'Acre* 'se commenche li complainte d'accre'); le texte suivant, la complainte d'Outremer du même Rutebeuf, n'est pas signalé par une miniature, il est traité comme s'il ne formait qu'une entité avec la complainte d'Acre.

12. L'auteur, tête nue, en prière, à genoux devant la Vierge tenant l'enfant Jésus sur ses genoux, fol. 37r (*La Mort Rutebeuf* ou *Repentance Rutebeuf*)

13. L'auteur, tête nue, en prière, à genoux devant le crucifix, fol. 37v (Reclus de Molliens, *Miserere*)

14. L'auteur assis, tête nue, enseignant à un autre personnage assis, fol. 58v
(Reclus de Molliens, *Roman de Charité*, 'Ch'est de carité')

15. L'auteur assis, tête nue, enseignant à un autre personnage,
un parchemin se déroule entre eux, fol. 76v (*Du triacle et du venin*,
'Ch'est dou triacle et dou venin')

16. Des moines (prêtres?) à un lutrin chantent, une femme prie (pleure?),
fol. 79v (*La Chantepleure* 'Ch'est de le cantepleure')

17. Tobie et Jérémie en discussion, ils sont assis, coiffés,
des phylactères portent leurs noms, fol. 83r
('C'est li dis des VII vices et des VII viertus')

18. L'âme debout sur une bière (un autel?) parlant avec le poète, tête nue, en
position d'enseignant, fol. 84v ('C'est li dis dou cors et de l'ame le grant')

19. L'auteur assis, coiffé, tenant un parchemin enseignant à un disciple
debout, fol. 91r (Jean Bodel, *Congé*, 'C'est li Congiés Jehan Boidiel',
explicit: 'explicit dou dit jehan boidiel')

20. L'auteur assis, coiffé, tenant un phylactère portant l'inscription
'doctrinal' enseigne à un disciple debout, fol. 94v
(*Doctrinal Sauvage*, 'Ci comence doctrinaus li salvages')

21. Le moine Théophile, tête nue, implorant la Vierge avec l'enfant,
derrière Théophile se trouve le diable avec la charte, fol. 98r
(*Prière Théophile* 'Chi comence li priere theophilus')

22. L'auteur assis, tête nue, enseignant face au lit d'un mourant, l'âme, représentée comme un petit personnage nu, sort de la bouche de l'homme et est accueillie par un ange, fol. 104r ('C'est uns dis de l'ame')

23. Caton assis, coiffé, enseigne à un disciple debout, fol. 105r (Adam de Suel, *Caton*, 'Ci conmence catons')

24. L'auteur, assis de profil, tête nue, donne une leçon à un disciple debout, fol. 111r (Baudouin de Condé, *Dits*. Sous la miniature une rubrique introduit le premier dit: 'C'est li contes dou pel'). Chaque dit est précédé par sa rubrique et commence par une initiale ornée.

Cinzia PIGNATELLI

JEAN D'ANTIOCHE ET LES *EXEMPLA* AJOUTÉS À LA TRADUCTION DES *OTIA IMPERIALIA* DE GERVAIS DE TILBURY

*Introduction**

Les *Otia imperialia* de Gervais de Tilbury, œuvre encyclopédique conçue, comme son nom l'indique, dans le but de distraire l'empereur Othon IV, mais qui ne purent lui être remis que dans les mois qui suivirent la défaite de Bouvines (1214), connurent un large succès au Moyen Âge; en témoignent entre autres les deux traductions dont ils firent l'objet en moyen français, dont celle qui nous intéresse ici, parvenue jusqu'à nous une copie du XVᵉ siècle, le ms. Paris, BNF, Fonds fr. 9113, est signée par *maystre Harent d'Antioche*.

Or Delisle en 1906[1] proposa d'identifier *Harent d'Antioche* avec le *Johan d'Antioche, que l'en apele de Harens* qui, à la fin du prologue du manuscrit Chantilly, Musée Condé 433 (anc. 590), se donne comme le traducteur en français de la *Rettorique de Marc Tulles Cyceron*, ensemble formé par le *De inventione* de Cicéron et la *Rhetorica ad Herennium* (longtemps attribuée au même auteur). Cette traduction, datée de 1282, fut composée à Acre, en Terre Sainte, à la requête de Guillaume de Saint-Étienne, frère hospitalier de la maison de Saint-Jean de Jérusalem[2]: *Johan d'Antioche* devait certainement être l'un des prêtres attachés à l'hôpital de Saint-Jean de Jérusalem avant la prise d'Acre par les Infidèles en 1291.

---

* Une version antérieure de cette contribution a été présentée sous le titre 'Un traducteur qui affiche ses croyances: l'ajout d'*exempla* au corpus des *Otia imperialia* de Gervais de Tilbury dans la traduction attribuée à Jean d'Antioche', dans: M. C. Colombo & C. Galderisi (éds), *'Pour acquérir honneur et pris'. Mélanges de Moyen Français offerts à Giuseppe Di Stefano* (Montréal, 2004), p. 47-58, où il figurait dans la section consacrée à la littérature parénétique, chère au collègue que nous voulions honorer; ici l'accent est mis sur les aspects qui pourraient aider à cerner la personnalité, voire l'identité, du traducteur.

1. L. Delisle, 'Maître Jean d'Antioche, traducteur et Frère Guillaume de Saint-Étienne, hospitalier', *Histoire Littéraire de la France*, 33 (1906), p. 1-40, particulièrement p. 17-19.

2. Informations répétées à plusieurs reprises (f. 1r°, 12v° et 13r°), même si le copiste s'embrouille en inscrivant la première fois *M. et CCC. LXXXII*, puis *M. CC. LXXII* et enfin *M. CC. LXXXII*.

L'étude de quelques passages ajoutés à la traduction des *Otia imperia-lia* semble venir augmenter les probabilités d'une identification de leur auteur avec le religieux en mission à Acre[3].

1. Des exempla homilétiques

Il s'agit de quatre récits indépendants du texte des *Otia imperialia* et qui prennent la forme d'*exempla*, courts textes narratifs où un événe-ment passé est cité comme argument justificatif d'une 'vérité'[4] et dont l'utilisation est définie par les manuels de rhétorique latins, tant classiques que médiévaux. Si, en tant que procédés de persuasion, les *exempla* sont répandus 'dans tous les genres didactiques et narratifs, tels que les "miroirs des princes" et les "miroirs des dames", ou des œuvres de pur divertisse-ment, depuis les fabliaux jusqu'aux *nugae curialium* et *otia imperialia*'[5], il est évident que ceux ajoutés au texte de Gervais dans le ms. 9113 (vraisemblablement pour combler des lacunes du manuscrit source) appar-tiennent au type de l'*exemplum* homilétique, anecdote à fonction édifiante mise au service de l'éloquence chrétienne et dont le développement sys-tématique est dû au renouvellement de la prédication par les ordres men-diants aux XIIe et XIIIe siècles[6].

L'utilisation de ce type de récit semble aller de pair avec quelques autres insertions que le traducteur opère dans le noyau narratif des *Otia imperialia* et qui concourent à suggérer la qualité d'homme d'Église de *maystre Harent d'Antioche*: il s'agit des déclics bibliques[7] et des

---

3. Ils sont publiés comme *Additions* numérotées de I à IV dans *Les traductions fran-çaises des* Otia imperialia *de Gervais de Tilbury par Jean d'Antioche et Jean de Vignay: édition de la troisième partie*, éd. par C. Pignatelli et D. Gerner, Publications Romanes et Françaises, 237 (Genève, 2006).

4. Pour cette définition large et abstraite de *l'exemplum* v. P. von Moos, 'L'*exemplum* et les *exempla* des prêcheurs', dans: J. Berlioz & M. A. Polo de Beaulieu (éds), *Les* exempla *médiévaux: nouvelles perspectives* (Paris, 1998), p. 67-82, particulièrement p. 70-71.

5. Moos, 'L'*exemplum...*', p. 69.

6. Cf. J. Berlioz, 'Les *exempla*', dans: J. Berlioz (éd.), *Identifier sources et citations* (Turnhout, 1994), p. 211-212.

7. À une allusion biblique qu'il trouve chez Gervais, *maystre Harent* réagit presque mécaniquement en complétant ou en glosant la citation: ex. à *Noe genuit Sem, Cham, et Iaphet* (livre II, ch. 1) le traducteur ajoute *et l'eyné fut Sem*; *et apparuit ei Filius, quem et adorauit* (livre I, ch. 20) devient *ce fut quant troys jeunes enfans luy apparurent et il aoura ung qui fut le Filz de Dieu* (cf. Gen. 18); *Non auferetur sceptrum de Juda et cetera* (livre II, ch. 16) est complété ainsi: *Ne sera tolu le royaulme de Juda, ne la duchié de sa cuisse, jusques a tant qu'il viengne celluy qui est advenir* (cf. Gen. 49, 10). Les citations

réflexions moralisantes que le traducteur superpose souvent au texte de Gervais[8].

Quelques indices extra-linguistiques relevés dans les *exempla* ajoutés à la traduction des *Otia imperialia* semblent confirmer l'hypothèse de l'identification de ce traducteur avec *Johan d'Antioche*.

2. Des sujets dans l'air du temps

2.1. Datation et localisation

Dans le récit qui constitue l'Add. III, l'histoire d'un enfant très pieux ressuscité par Marie et sur le cadavre duquel avait poussé un rosier, en témoignage de la dévotion que le vivant avait manifestée à la Vierge, est l'adaptation d'un motif assez répandu dans la prédication médiévale[9]; dans cette version le miracle est situé *en la cité de Jerusalem en l'an mil quatre vingtz et quatorze*. Puisque aucune source n'est citée, on ne peut pas savoir si le rédacteur a consigné une tradition orale ou repris un texte antérieur: comme pour tout récit exemplaire qui n'indique pas sa source, il faut rester prudent 'pour déterminer [s]a valeur de témoignage "oral" [...] et pour fixer l'époque [à laquelle] correspondent les données historiques ou documentaires qu'il fournit'[10]. Il est vrai que ces références peuvent être fictives et satisfaire simplement le besoin de crédibilité que réclame toute narration historique au Moyen Âge; typiquement, dans l'*exemplum* homilétique, 'l'élément fictif est intégré dans une scène de la vie réelle [...]. [Les anecdotes] se réfèrent à des faits humains "historiques", c'est-à-dire arrivés dans le temps historique et non pas (comme le mythe ou la parabole) inscrits dans l'atemporel ou *in illo*

du texte latin de Gervais se font d'après l'édition de S. E. Banks & J. W. Binns, *Gervase of Tilbury, Otia Imperialia (Recreation for an Emperor)* (Oxford, 2002), édition basée sur le ms. latin N.

8. Ex.: *Bien sont nyses et de fol entendement, quant de la haultesse des divines vertus demandent rayson* (livre III, ch. 1); *car ce seroit faulceté et grant erreur et contre l'Escripture* (livre III, ch. 12); *car sans Jesu Crist ne puet estre vie* (livre I, ch. 1); *trop fait a blasmer l'homme, et trop se doit tenir pour confus, quant les bestes sont plus debonnaires et mieulx recongnoissans leurs Seigneur que luy* (livre I, ch. 1); *la voye de perdicion qui est large en ce siecle et que grant partie de gens tiennent* (livre I, ch. 20); *sy comme ont encores aulcune gens qui, pour aulcun empeschement que Dieu leur envoye pour leur chastiement ou pour leur mauvaytié, legierement se tournent a dire mal de Nostre Seigneur, qui en prendra bien la vengence au jour qu'il faira son digne jugement des bons et des mauvays* (Add. IV), etc.

9. Cf. F.C. Tubach, *Index exemplorum, a handbook of medieval religious tales* (Helsinki, 1969), n° 437 et 2094.

10. Berlioz, 'Les *exempla*'..., p. 214.

tempore. [...] Le prédicateur qui s'adressait à une foule ou du moins à un auditoire laïque de diverses conditions, avait en effet intérêt [...] à minimiser la différence entre le personnage de l'histoire et son public'[11]. Rien n'obligeait donc le rédacteur de l'Add. III à situer son récit dans la Jérusalem du XIe siècle, si ce n'est le besoin de réduire la distance spatiale et temporelle entre le contenu de son récit d'un côté et son expérience personnelle et celle de son public de l'autre; la localisation de l'événement n'est peut-être pas étrangère au séjour de notre traducteur en Terre Sainte, et sa datation (pour peu qu'elle soit copiée correctement) agirait alors comme un renvoi à une tradition orale locale.

2.2. Le culte de la Vierge

Dans cet *exemplum*, ainsi que dans le texte qui constitue l'Add. II, le miracle est attribué à la dévotion du personnage à la Vierge. Or c'est aux XIIe et XIIIe siècles qu'on assiste au développement de la réflexion religieuse au sujet de la mère du Christ et à l'exaltation de la figure de Marie dans les arts.

Le rédacteur des Add. II et III se fait lui-même la voûte de résonance d'un culte extrêmement populaire à son époque. La comparaison des Add. II et III avec des recueils de *Miracles de la Vierge* du XIIIe siècle fait apparaître des rapports évidents: le récit du moine qui demande un miracle à Marie et qui reste trois cents ans à écouter le chant d'un oiseau (Add. II) est identique à celui de la *Cantiga* 103 de Alfonso el Sabio[12]; le motif de la rose qui fleurit dans la bouche du mort fidèle à Marie (Add. III) se retrouve dans le recueil de Gautier de Coinci (I, 15)[13] ainsi que dans le troisième des *Milagros de Nuestra Señora* de Berceo[14]. Ce fervent admirateur de la Vierge est plus vraisemblablement le traducteur de la fin du XIIIe siècle que le copiste du XVe siècle.

3. *Sur les traces de Jacques de Vitry*

Le récit de l'Add. II constitue la rélaboration de l'*exemplum* dit 'du moine Félix'[15], qui figurait déjà, entre autres, dans les *Sermons* de Jacques

---

11. Moos, 'L'*exemplum*...', p. 76.
12. Cf. C. Beretta (éd.), *Gautier de Coinci, Gonzalo de Berceo, Alfonso X el Sabio, Miracoli della Vergine. Testi volgari medievali* (Torino, 1999), p. 832-34.
13. C. Beretta (éd.), *Gautier de Coinci,...*, p. 136-142.
14. C. Beretta (éd.), *Gautier de Coinci, ...*, p. 506-510.
15. Tubach, *Index exemplorum...*, n° 3378.

de Vitry[16]; l'*exemplum* de l'enfant blasphémateur[17], transmis par le récit de l'Add. IV, apparaît lui aussi chez Jacques de Vitry, pour illustrer ses *Sermones vulgares*[18]. Or Jean d'Antioche pourrait à plusieurs occasions avoir croisé l'influence posthume de ce prédicateur qui, après avoir quitté la France, fut d'abord évêque d'Acre, puis cardinal-évêque de Tusculum, en Italie, et mourut en 1240. Même si la rédaction définitive des *Sermons* ne dut avoir lieu qu'à partir de 1228, après le retour de Jacques de Vitry en Europe, on peut supposer qu'il devait rester à Acre non seulement le souvenir vivace de ses talents oratoires, mais aussi des transcriptions saisies sur le vif et réalisées à leur usage par des communautés de frères prédicateurs installées sur place. Quelques indices textuels – très ténus, il est vrai – semblent appuyer l'hypothèse de cette filiation littéraire.

Les deux *exempla* que *maystre Harent d'Antioche* pourrait avoir empruntés à la prédication de Jacques de Vitry ont comme cadre respectivement *la cité de Chamupaigne* et celle de *Campanie*: nous soupçonnons les deux formes d'être des variantes hésitantes (voire des déformations) du même toponyme, maladroites adaptations en français du nom latin *Campania*. Celui-ci peut certes désigner la région du sud de l'Italie qui s'appelle toujours ainsi[19]; les autres précisions topographiques contextuelles toutefois (*abbaye de Saint Augustin, moustier de Saint Gilles*) nous font plutôt pencher pour une identification avec la région française de la Champagne, à laquelle il a été relevé que Jacques de Vitry fait souvent allusion dans ses *exempla*[20] et d'où il pourrait très vraisemblablement être originaire[21]. La mention d'un *moustier de Saint Gilles* constituerait un indice particulièrement significatif, des enquêtes historiques ayant établi que le culte de saint Gilles, depuis la région nîmoise, s'est bien implanté

---

16. Cf. J. Greven (éd.), *Jacques de Vitry, Die* Exempla *aus den* Sermones feriales et communes (Heidelberg, 1914), n° 19.

17. Dont la source sont les *Dialogues* de saint Grégoire (IV, 18), cf. Tubach, *Index exemplorum...,* n° 684.

18. Cf. T. F. Crane (éd.), *Jacques de Vitry, The* exempla *or illustrative stories from the* Sermones vulgares (London, 1890), n° 294.

19. Cette hypothèse n'est pas à écarter, puisque la Campanie est le cadre que saint Grégoire, source éloignée du récit de l'Add. IV (v. *supra*, n° 17), donne à quelques *exempla* figurant au livre II de ses *Dialogues*, qui serait inspiré d'une *Vita Sancti Benedicti* non mieux identifiée: curieusement c'est ce même texte, sous son titre français, qui est la prétendue source écrite du récit de l'Add. I.

20. Cf. Greven (éd.), *Jacques de Vitry, The* exempla..., p. 7, n° 2; la référence à la *Campania* est explicite dans les *exempla* n° 17, 35 et 61 de cette édition.

21. C'est probablement à lui-même que l'auteur fait référence dans un passage de ses *Sermones feriales et communes* où il est question d'un *magistrum Jacobum, Remensem nacione, canonicum Cameracensem*, cf. J.F. Benton, 'Qui étaient les parents de Jacques de Vitry?', *Le Moyen Age*, 70 (1964), p. 39-47, cit. p. 42.

dans la France du nord-est[22], où avant 1200 il est répandu d'une part en Champagne du Sud, de l'autre dans le diocèse de Reims et ses marches lorraines et liégeoises[23], ainsi que dans les départements français du nord, où il est particulièrement bien développé[24]: or c'est justement dans cette partie au nord de la Champagne que Jacques de Vitry était établi au début de sa carrière, lorsqu'il fut ordonné prêtre et devint chanoine régulier de l'église Saint Nicolas d'Oignies près de Cambrai[25].

4. Jean d'Antioche et l'Italie

4.1. Jean d'Antioche et Brunetto Latini

S'il n'est pas nécessaire de conjecturer un séjour de *Harent d'Antioche* en Italie pour expliquer les éventuels échos de la prédication de Jacques de Vitry sur son œuvre de narration, l'influence du milieu culturel italien sur *Johan d'Antioche*, le traducteur de la *Rhétorique* de Cicéron, paraît en revanche prouvée: Guillaume de Saint-Étienne, son commanditaire pour la traduction de Cicéron, grand personnage qui devait être plus tard commandeur de l'Ordre dans l'île de Chypre, pourrait être lui-même italien, comme l'explique Delisle en 1906[26]: l'entreprise de traduction de l'œuvre rhétorique de Cicéron s'inscrirait alors dans un climat d'émulation et relèverait le défi lancé dans le milieu culturel italien, où depuis les années 1254-1260 circulait déjà une traduction de la *Rhétorique ad Herennius* due à Guidotto da Bologna et où Brunetto Latini avait transposé en langue vulgaire le *De inventione* et des discours de Cicéron[27]. L'identité entre le plan détaillé de subdivisions successives de *Philosophie* que Latini utilise pour la traduction française du *De inventione* contenue au livre III du *Trésor* (ch. I-LXIX) et celui que *Johan d'Antioche* propose dans son introduction à la traduction de la *Rettorique de Marc Tulles Cyceron*[28] ne doit pas être une simple coïncidence.

22. Sous l'égide des moines et plus particulièrement des grégoriens, cf. P. Corbet, 'La diffusion du culte de saint Gilles au Moyen Age (Champagne, Lorraine, Nord de la Bourgogne)', *Annales de l'Est,* 32 (1980), p. 3-42.
23. Corbet, 'La diffusion...', p. 5.
24. Corbet, 'La diffusion...', p. 21. Voir aussi E. Rembry, *Saint Gilles, sa vie, ses reliques, son culte en Belgique et dans le nord de la France* (Bruges, 1881), 2 vol.
25. Cf. Benton, 'Qui étaient...', part. p. 40.
26. Delisle, 'Maître Jean d'Antioche...', p. 23.
27. Cf. J. Monfrin, 'Humanisme et traductions au Moyen Age', dans: *L'humanisme médiéval dans les littératures romanes du XII*e *au XIV*e *siècle*, Actes du colloque organisé à Strasbourg du 29 janvier au 2 février 1962 (Paris, 1964), p. 217-246, particulièrement p. 226.
28. Voir Delisle, 'Maître Jean d'Antioche...', p. 6.

Or, dans la version française des *Otia imperialia* du ms. 9113, une importante addition historique au ch. XVII de la *secunda decisio* ne laisse aucun doute sur la connaissance de l'œuvre de Brunetto Latini de la part du traducteur: il s'agit de la transcription presque littérale d'une série de passages discontinus tous situés entre les chapitres 82 et 98 du premier livre du *Trésor*, dans lesquels figurent des allusions à Frédéric II et à son fils Manfred, ajoutées dans la version postérieure à 1266. On imagine facilement l'impression que dut produire sur *Harent d'Antioche* la découverte de cette encyclopédie tripartite, qui présentait non seulement de nombreuses analogies structurelles avec les *Otia* mais qui lui offrait aussi la matière pour compléter et mettre à jour la liste des empereurs d'Occident arrêtée chez Gervais à la deuxième décennie du siècle; seul le traducteur de la fin du XIIIe siècle, pour qui ce genre de complément historique avait encore le goût de la nouveauté, pouvait ensuite se donner autant de mal pour tenter de ressouder la digression sur l'histoire contemporaine à la généalogie des rois bretons qu'égrenait le texte latin[29].

4.2. Jean d'Antioche et l'italien

Même si *Harent d'Antioche* lit le *Trésor* en français, sa connaissance, du moins partielle, de l'italien semble ne pas faire de doute: au premier chapitre du troisième livre, où il est question des propriétés de l'aimant, le traducteur ajoute en effet: '*mays vous devez savoir que la calamite [et l'ayment] sont une chose, en vulgal divers*'[30]; des deux systèmes linguistiques vulgaires différents auxquels renvoient les deux équivalents du mot latin *magnes*, le premier semble bien être l'italien: *calamite*, hapax en français, n'est autre que l'adaptation de l'italien *calamita*[31].

Une influence, directe ou indirecte, de la langue transalpine ne serait pas à exclure pour justifier quelques particularités morphologiques ou sémantiques de la langue du manuscrit: *branches* dans le sens de 'pinces de l'écrevisse' est par exemple le calque sémantique de l'italien *branche*[32];

29. L'interpolation copiée sur le *Trésor* (précédée d'ailleurs par les Add. I et II) coïncide avec une importante lacune qui s'est produite dans le texte latin des *Otia imperialia* transmis par le ms. N, suite au déplacement puis à la perte d'un feuillet mobile.

30. Les crochets indiquent une intégration rendue nécessaire dans l'édition par l'incompréhension du copiste; le fait que celle-ci se manifeste souvent autour des formes lexicales d'origine italienne (le ms. porte *scevent pour escavent* ou *de ligam pour le lignam*...) nous fait croire que le bilinguisme doit remonter au traducteur.

31. Première attestation chez Pier delle Vigne, 1249 (du grec médiéval *kalamita*?), cf. M. Cortelazzo & P. Zolli, *Dizionario Etimologico della Lingua Italiana* [*DELI*] (Bologna, 1999²).

32. Cf. fr. *branques* depuis 1676 (W. von Wartburg, *Französisches Etymologisches Wörterbuch* [*FEW*], Bonn-Leipzig-Bâle-Nancy, 1922-..., vol. 1, p. 496 et note).

lignam 'bois (matériau)' n'est attesté en moyen français qu'en 1495 sous la forme *lignan*, mais déjà en ancien provençal sous la forme *lenham*, elle-même dérivée de l'italien *legname*[33]. Un certain nombre de premières attestations pourraient être aussi des calques de la forme italienne correspondante; plusieurs lexèmes qui font encore figure de nouveautés chez *Harent d'Antioche* semblent en tout cas provenir de la lecture des œuvres fortement italianisées que sont le *Trésor* de Brunetto Latini ou la traduction du *Livre des merveilles* de Marco Polo par Rusticien de Pise (ca. 1298): ex. *consule, environnement, monarchie, sensible, tremontane*[34], *se conturber*[35], *escaver* (v. note 30), de l'it. *scavare*[36], ou l'utilisation de *girer* à la forme pronominale[37].

La langue de *Harent d'Antioche* révèle donc de véritables dettes à l'égard des traducteurs et des auteurs transalpins contemporains. On pourrait appliquer au traducteur des *Otia* la remarque formulée autrefois par Jacques Monfrin à propos de la traduction de la *Rhétorique*: 'L'œuvre de Jean de Haren[t] participe probablement plus de la culture italienne que de la culture française'[38].

Conclusions

Pour terminer, le faisceau de coïncidences qui rapprochent *Harent d'Antioche* de *Johan d'Antioche* offre l'avantage de donner une cohérence à la série d'interpolations que la traduction des *Otia imperialia* ne justifie point et qu'on serait tenté de liquider hâtivement comme des

33. Wartburg, *FEW,* vol. 5, p. 333a et note.
34. Cf. *Trésor de la langue française*, éd. P. Imbs, puis B. Quémada (Nancy 1971-1994), 16 vol.
35. Cf. A. Tobler & E. Lommatzsch, *Altfranzösisches Wörterbuch* (Berlin-Wiesbaden, 1915-2002), vol. 2, p. 776.
36. Cf. Wartburg, *FEW,* vol. 3, p. 271b-272b.
37. Cf. F. Godefroy, *Dictionnaire de l'ancienne langue française et de tous ses dialectes du XIe au XVe siècle* (Paris, 1880-1902), vol. 4, p. 280 et *Dictionnaire Etymologique de l'Ancien Français*, K. Baldinger (éd.), puis F. Möhren (Tübingen, 1971-...), G 747. En plus de son expérience livresque, le prêtre attaché à l'hôpital de Saint-Jean à Acre devait avoir de fréquentes occasions de rencontrer des marchands ou des marins italiens dans la citadelle croisée, ce qui expliquerait que la plupart des italianismes lexicaux relevés dans la traduction des *Otia* réfèrent au domaine maritime ou nautique; sur les composantes du français d'outremer de Jean d'Antioche, voir C. Pignatelli, 'Italianismes, provençalismes et autres régionalismes chez Jean d'Antioche traducteur des *Otia imperialia*', dans: Claudio Galderisi et Jean Maurice (éds), *"Qui tant savoit d'engin et d'art"*. *Mélanges de philologie médiévale offerts à Gabriel Bianciotto* (Poitiers, 2006), p. 367-377.
38. Monfrin, 'Humanisme et traductions...', p. 226.

interventions de copistes saugrenus, notamment le dernier transcripteur du XVe siècle, auprès duquel les mots italiens du texte, le culte marial illustré par deux des quatre *exempla*, ainsi que la curieuse insertion d'un chapitre du *Trésor* de Brunetto Latini à l'intérieur de la *secunda decisio*, apparaissent comme pour le moins anachroniques.

L'intuition à propos de l'identité des deux traducteurs dénommés *Johan d'Antioche* et *Harent d'Antioche* devra être épaulée par une confrontation minutieuse des tournures linguistiques et des procédés de transposition du latin mis en œuvre dans les deux traductions qui leur sont attribuées: l'édition que Willy Van Hoecke prépare de la *Rettorique de Marc Tulles Cyceron* devrait nous donner la possibilité de réaliser ce projet[39].

Université de Poitiers

Bibliographie

BANKS S.E. & J.W. BINNS (éds), *Gervase of Tilbury, Otia Imperialia (Recreation for an Emperor)* (Oxford: Clarendon Press, 2002).

BENTON J.F., 'Qui étaient les parents de Jacques de Vitry?', *Le Moyen Age*, 70 (1964), p. 39-47.

BERETTA C. (éd.), *Gautier de Coinci, Gonzalo de Berceo, Alfonso X el Sabio, Miracoli della Vergine. Testi volgari medievali* (Torino: Einaudi, 1999).

BERLIOZ J., 'Les *exempla*', dans: J. BERLIOZ (éd.), *Identifier sources et citations* (Turnhout: Brepols, 1994), p. 211ss.

CORBET P., 'La diffusion du culte de saint Gilles au Moyen Age (Champagne, Lorraine, Nord de la Bourgogne)', *Annales de l'Est*, 32 (1980), p. 3-42.

CORTELAZZO M. & P. ZOLLI, *Dizionario Etimologico della Lingua Italiana [DELI]* (Bologna: Zanichelli, 1999²).

CRANE T.F. (éd.), *Jacques de Vitry, The* exempla *or illustrative stories from the* Sermones vulgares (London: D. Nutt, 1890).

DELISLE L., 'Maître Jean d'Antioche, traducteur et Frère Guillaume de Saint-Étienne, hospitalier', *Histoire Littéraire de la France*, 33 (1906), p. 1-40.

Dictionnaire Etymologique de l'Ancien Français, K. BALDINGER (éd.), puis F. MÖHREN (Tübingen: Niemeyer - Québec : Université Laval, 1971-...).

---

39. Une comparaison quantitative de quelques phénomènes graphiques et morphologiques communs à la traduction des *Otia* et à la *Rettorique* a été rendue possible grâce à une transcription que W. Van Hoecke a aimablement mise à notre disposition de la partie de la *Rettorique* correspondant aux deux livres du *De inventione*: les résultats sont publiés dans C. Pignatelli, 'Le moyen français dans les traductions de Jean d'Antioche', dans: C. Galderisi & C. Pignatelli (éds), *La traduction vers le moyen français* (Turnhout, 2007), p. 297-322.

GODEFROY F., *Dictionnaire de l'ancienne langue française et de tous ses dialectes du XI*e* au XV*e* siècle* (Paris, 1880-1902).

GREVEN J. (éd.), *Jacques de Vitry, Die* Exempla *aus den* Sermones feriales et communes (Heidelberg: C. Winter, 1914).

MONFRIN J., 'Humanisme et traductions au Moyen Age', dans: *L'humanisme médiéval dans les littératures romanes du XII*e* au XIV*e* siècle*, Actes du colloque organisé à Strasbourg du 29 janvier au 2 février 1962 (Paris: Klincksieck, 1964), p. 217-246.

MOOS P. VON, 'L'*exemplum* et les *exempla* des prêcheurs', dans: J. BERLIOZ & M.A. POLO DE BEAULIEU (éds), *Les* exempla *médiévaux: nouvelles perspectives* (Paris: Champion, 1998), p. 67-82.

PIGNATELLI C., 'Un traducteur qui affiche ses croyances: l'ajout d'*exempla* au corpus des *Otia imperialia* de Gervais de Tilbury dans la traduction attribuée à Jean d'Antioche', dans: M. COLOMBO & C. GALDERISI (éds), *"Pour acquérir honneur et pris"*. *Mélanges de Moyen Français offerts à Giuseppe Di Stefano* (Montréal: CERES, 2004), p. 47-58.

PIGNATELLI C., 'Italianismes, provençalismes et autres régionalismes chez Jean d'Antioche traducteur des *Otia imperialia*', dans: Claudio GALDERISI & Jean MAURICE (éds), *"Qui tant savoit d'engin et d'art"*. *Mélanges de philologie médiévale offerts à Gabriel Bianciotto* (Poitiers: Université de Poitiers/Centre d'Etudes Supérieures de Civilisation Médiévale avec la collaboration du Centre d'étude et de recherche "Éditer / Interpréter" de l'Université de Rouen, 2006), p. 367-377.

PIGNATELLI C., 'Le moyen français dans les traductions de Jean d'Antioche', dans C. Galderisi & C. Pignatelli (éds), *La traduction vers le moyen français* (Turnhout: Brepols, 2007), p. 297-322.

PIGNATELLI C. & D. GERNER (éds), *Les traductions françaises des* Otia imperialia *de Gervais de Tilbury par Jean d'Antioche et Jean de Vignay: édition de la troisième partie*, Publications Romanes et Françaises, 237 (Genève: Droz, 2006).

REMBRY E., *Saint Gilles, sa vie, ses reliques, son culte en Belgique et dans le nord de la France* (Bruges, 1881), 2 vol.

TOBLER A. & E. LOMMATZSCH, *Altfranzösisches Wörterbuch* (Berlin-Wiesbaden, 1915-2002).

Trésor de la langue française, éd. P. IMBS, puis B. QUÉMADA (Nancy: CNRS, 1971-1994).

TUBACH F. C., *Index exemplorum, a handbook of medieval religious tales* (Helsinki: Academia scientiarum Fennica, 1969).

WARTBURG W. VON, *Französisches Etymologisches Wörterbuch [FEW]*, (Bonn-Leipzig-Bâle-Nancy, 1922-).

Herman BRAET & Dulce Maria GONZÁLEZ-DORESTE*

INFELIX DIDO:
SUR LA FORTUNE D'UNE INFORTUNE

La figure tragique de la reine de Carthage a connu au Moyen Âge une fortune assez diverse, tant par sa réception dans les écrits didactiques, historiques et littéraires[1], qu'à travers la tradition figurée de son histoire. Se rappelant au premier chef l'hypotexte virgilien[2], on songe bien entendu au témoignage du *Roman d'Eneas*. L'auteur de ce poème infléchit les données du IVe livre de l'*Énéide* en les combinant avec de nombreuses réminiscences ovidiennes[3]. Il ne faut donc pas s'étonner si, dans le choix opéré parmi les éléments de son texte source, ce clerc anonyme a favorisé les rôles féminins: aussi, dans le premier tiers de la composition, le personnage éponyme se trouve-t-il éclipsé en grande partie par celle qu'il a quittée. Le sort funeste de l'amante cesse d'apparaître comme un simple incident dans le parcours du voyageur: l'histoire de 'Dido qui por amor s'ocist' (v. 2140)[4] est déjà sur le point d'accéder à un statut autonome.

C'est sans doute pourquoi le romancier donne une description détaillée de la fin pathétique du personnage. Contrairement au récit de Virgile, la scène ne se déroule pas en plein air, mais dans la chambre de la reine, 'ou sa suer ot fait un grand ré' (v. 2017). L'épée du Troyen en main, la malheureuse

---

* H. Braet et D.M. González-Doreste sont membres de l'équipe de recherche Icorose (projet HUM2007-60299/FILO: *La réception du* Roman de la Rose *à travers les mss. enluminés du XVe siècle*).

1. Nous n'envisageons ici que sa réception en français.

2. Dans l'*Énéide*, le personnage de Didon s'inscrit dans la biographie du héros éponyme; l'épisode de leurs amours y occupe une partie du Livre Ier et la quasi-totalité du Livre IV. C'est, on le sait, afin de donner à la politique impériale d'Auguste l'aura d'un dessein divin, que Virgile les projette sur un scénario mythique. Dans ce contexte, Didon apparaît comme la princesse qui accueille dans ses bras le héros errant, comme le firent, dans les poèmes homériques, Circé et Calypso, Ariane et Médée. Devenue un obstacle à la mission dont Énée est investi, la reine se voit abandonnée sur le rivage.

3. Notamment dans la description du mal d'aimer et de ses effets. Voir Edmond Faral, *Recherches sur les sources latines des contes et romans courtois* (Paris, 1913), p. 117-21.

4. *Eneas*, éd. J.-J. Salverda de Grave, I (Paris, 1925); *Roman d'Eneas*, éd. et trad. par Aimé Petit (Paris, 1997).

Soz la memelle s'est ferue;
o tot lo cop salt anz el ré.
(vv. 2032-33)

Et le poète d'insister sur l'action du feu:

La flame l'a tant apressee,
l'arme li est del cors sevree,
sa blanche char et bele et tendre
contre le feu ne peut deffandre;
ele art et brulle et nercist...
(vv. 2119-23)

L'influence exercée par le *Roman d'Eneas* est limitée, on le sait[5]. Mais, comme l'a déjà observé Eberhard Leube[6], il n'y a guère de traditions cohérentes dérivées de l'*Énéide*; n'ont subsisté que les filiations d'un certain nombre de thèmes et motifs comme celui qui nous occupe. L'exemple donné par l'*Eneas* paraît néanmoins incontestable chez Chrétien de Troyes. Dans *Erec et Enide*[7], le célèbre romancier se livre, en décrivant les arçons d'une selle, à une ekphrasis reprenant les faits saillants:

S'i fu antaillee l'estoire
comant Eneas vint de Troye,
comant a Cartaige a grant joie
Didon an son leu le reçut,
comant Eneas la deçut,
comant ele por lui s'ocist,
comant Eneas puis conquist
Laurente et tote Lonbardie,
dont il fu rois tote sa vie.
(vv. 5289-98)

On notera le développement de l'étape carthaginoise, mais qui n'empêche pas le conteur de revenir à son sujet premier: la mission du héros antique. Il n'en va pas toujours ainsi chez les écrivains postérieurs.

Le *Roman de la Rose* fait de la légende un usage très éclectique, passant sous silence tous les faits antérieurs à la rencontre des amants. Tout comme Virgile dans son livre VI avait déjà fait apparaître la reine

---

5. V. éd. Salverda de Grave, p. xxxv.
6. E. Leube, *Fortuna in Karthago. Die Aeneas-Dido-Mythe Vergils in den romanischen Literaturen vom 14. bis zum 16. Jahrhundert* (Heidelberg, 1969), p. 30. Plusieurs éléments du présent relevé ont été tirés de cette belle thèse. Comme le sous-titre l'indique, elle se limite toutefois à la tradition virgilienne. Quelques données sont fournies par Marilynn Desmond, *Reading Dido. Gender, textuality and the medieval* Aeneid (Minneapolis et Londres, 1994).
7. *Erec et Enide*, éd. Mario Roques, *Les Romans de Chrétien de Troyes*, I (Paris, 1953).

en compagnie d'autres ombres 'dont le dur amour a rongé le cœur de son poison impitoyable'[8], Jean de Meun joint l'histoire de la Carthaginoise à celles de Phyllis, d'Oenone et de Médée pour montrer ce qui attend la femme 'qui d'un seul home amer se peine' (v. 13136). De chacune d'elles, Jean relate les expériences. Parlant de Didon, il souligne la duplicité de son visiteur qui, après avoir tout reçu, fit mille serments et promesses non tenus et poursuivit son voyage sans même prendre congé. Au contraire de Virgile, l'auteur français ne prolonge pas l'agonie verbale du sujet et se contente de décrire comment la femme trahie s'est jetée sur l'épée que lui avait offerte l'infidèle[9]. Dans le *Jugement du roi de Navarre*, Guillaume de Machaut ne fait pas autrement: évoquant l'histoire des amours en quelques vers[10], il s'attarde sur le désespoir de celle qui se trouve soudainement délaissée. Quant à l'*Ovide moralisé,* son rédacteur intercale une longue plainte pour raconter ensuite la fin tragique de l'héroïne, dont cette fois les antécédents sont également évoqués[11].

Somme toute, les versions médiévales que l'on vient de rappeler conservent peu de traits de la grande fresque virgilienne, à l'exception précisément de Didon et de la peinture de sa souffrance. La figure de la reine de Carthage se trouve toutefois réinterprétée. Son destin est devenu un drame personnel: d'un obstacle sur la route du futur fondateur de Rome, elle devient une femme victime de sa propre fidélité, la proie facile de la traîtrise de son amant. De cette manière, la légende prend une signification morale: à travers elle un comportement répréhensible est proposé en exemple négatif, cependant que l'on vise à inculquer aux lecteurs et aux lectrices l'importance de la mesure et de la raison. En accord avec la théorie de Panofsky[12], le mythe classique était en effet perçu comme un phénomène appartenant au passé, mais qui pouvait prendre valeur d'actualité en s'adaptant au monde contemporain. Dépouillée des éléments fictifs tels que le rôle des dieux païens ou l'entreprise fondatrice du Troyen, la rencontre avec Didon se trouve transformée en exemplum,

---

8. Virgile, *Énéide* VI, v. 442: 'His quos durus amor crudeli tabe peredit' – éd. Henri Goelzer, tr. André Bellesort (Paris, 1925), p. 180.

9. Guillaume de Lorris & Jean de Meun, *Le Roman de la Rose*, vv. 13144-180 – éd. Félix Lecoy, II (Paris, 1966).

10. *Œuvres de Guillaume de Machaut,* éd. Ernest Hoepffner (Paris, 1908), vv. 2095-2105

11. *Ovide moralisé*, éd. Cornelis de Boer, vol. V (Amsterdam, 1936), p. 18-24, livre XIV, v. 302-526. Voir encore l'*Ovide moralisé en prose* XIV, 2 – éd. C. de Boer (Amsterdam, 1954), p. 347-48.

12. Erwin Panofsky, *Estudios sobre iconología* (Madrid, 1982), p. 34.

où les tourments du personnage féminin peuvent être confondus avec ceux d'une héroïne de la littérature courtoise.

À la différence de ces relectures sélectives, l'*Histoire ancienne jusqu'à César*[13] fournit une version fort complète, dite grecque ou 'historique'. Si son récit des amours déçues remonte à l'*Énéide*, le compilateur y incorpore un retour en arrière pour expliquer que, veuve d'Acerbas et refusant de se remarier avec le roi gétule Iarbas (ou Jubas), Didon, appelée alors la Tyrienne Elissa, avait préféré s'immoler – une première fois – sur un bûcher, pour ne pas trahir le souvenir de son époux. Contrairement à sa source directe, l'historien Justin[14], le rédacteur affirme que la souveraine aurait été sauvée des flammes par ses sujets...

Boccace, dans ses œuvres latines, plusieurs fois traduites en France[15], reprend en partie l'interpolation de l'*Histoire ancienne*. À l'instar des Pères de l'Église[16], il cherche à faire de la jeune veuve un exemple de chasteté et de fidélité conjugale. Il ne souffle mot de celle qui fut pour Virgile l'amante d'Énée. Ce dernier est mentionné, mais en passant: à son arrivée, Didon aurait déjà décidé de mettre fin à ses jours 'pour garder l'estat de chasteté et la continence de son vesvaige'[17]. Les termes choisis pour la description insistent derechef sur la signification du geste fatal: 'pour garder chasteté espandi son sanc'[18].

---

13. Rappelons que Paul Meyer en situe la première rédaction au XIIIe siècle; elle aurait été remaniée à la fin du XIVe (P. Meyer, 'Les premières compilations françaises d'histoire ancienne', *Romania,* 14 [1885], p. 56-7 et 63sq.). Leube, *Fortuna...* en reproduit des extraits d'après le ms. Paris, BNF fr. 301 (XIVe s.). Conservée par de nombreux témoins, l'œuvre a servi de modèle au XVe s. aux *Histoires de Romme* et à la *Fleur des hystoires* de Jean Mansel (Leube, *Fortuna...*, p. 37-9). Pour l'iconographie on se reportera à Pierre et Jeanne Courcelle, *Lecteurs païens et lecteurs chrétiens de l'Énéide. 2. Les manuscrits illustrés du Xe au XVe siècle* (Paris, 1984) et à Doris Oltrogge, *Die Illustrationszyklen zur 'Histoire ancienne jusqu'à César' (1250-1400)* (Francfort – Berne – New York – Paris, 1989).

14. Justinus, *Epitoma historiarum Philippicarum Pompei Trogi,* livre XVIII, chap. 4-6, – éd. O. Seel, 2e éd. revue (Stuttgart, 1972).

15. *De Mulieribus claris o Delle donne famose,* cap. 40, – éd. Vittorio Zaccaria (Milan, 1967); *De Casibus Virorum illustrium,* lib. II, cap. 10 (*De Didone regina Carthaginensium*), – éd. Pier Giorgio Ricci & V. Zaccaria (Milan, 1983). Le texte du Boccace de Philippe le Hardi, ms. Paris, BNF fr. 12420, (chap. 1 à 50) a été publié par Jeanne Baroin & Josiane Haffen, *Boccace.'Des cleres et nobles femmes'* (Paris, 1993).

16. Sur la réception de la version historique (*Dido univira*) par Tertullien et par Jérôme, on lira avec profit Mary Louise Lord, 'Dido as an example of chastity. The influence of example literature', *Harvard Library Bulletin,* 17 (1969), p. 22-44 et 216-32, notamment 27-29 ainsi que l'aperçu plus rapide, mais stimulant, de Jean-Michel Poinsotte, 'L'image de Didon dans l'Antiquité tardive', dans: René Martin (éd.), *Énée et Didon. Naissance, fonctionnement et survie d'un couple mythique* (Paris, 1990), p. 43-54

17. Ms. Paris, BNF fr. 12420/64d – éd. Baroin & Haffen, p. 140, l. 255-56.

18. F° 65c – éd. Baroin & Haffen, p. 141. 'cum perfodisset vitalia, pudicissimum effundens sanguinem, ivit in mortem', éd. Zaccaria, p. 176.

Christine de Pizan réinterprète peut-être la figure de Didon pour récuser le portrait défavorable de la femme victime d'une folle passion peint par Jean le Fèvre dans sa traduction française des *Lamentations de Matheolus* et dans son *Livre de Leesce*[19]. Quoiqu'elle suive dans l'ensemble le récit de l'*Énéide*, la poétesse procède dans le même esprit que Boccace – et que les apologistes chrétiens. Dans la *Mutacion de Fortune*, elle se garde d'évoquer les détails du trépas, se contentant de convenir que la souveraine 'piteusement S'ocist de dueil' (vv. 18291-2)[20].

La *Cité des Dames* (1405) met en scène des figures mythologiques pour illustrer un discours moral: l'oeuvre se compose d'une succession de portraits de femmes qui se sont distinguées par leurs vertus et leurs mérites. Dans le chapitre XLVI du livre Ier, Christine évoque la Didon 'historique', dont le nom serait l'équivalent du latin 'virago', c'est-à-dire 'qui a la force et la valeur d'un homme'. Le personnage réapparaît dans le chapitre LV du livre II, consacré à celles qui ont montré leur fidélité en amour: cette fois l'épisode de Carthage est rappelé, pour dénoncer la déloyauté, les faux serments et le départ nocturne du Troyen. L'amour que la reine avait pour lui 'était plus fort que celui qu'il avait pour elle', note l'auteur[21], qui se garde toutefois d'insister sur les derniers moments, si ce n'est pour indiquer qu'il existe deux versions concurrentes à ce sujet. Didon serait morte ou bien sur le bûcher ou bien tuée de sa propre main: elle 'se gitta en un grant feu que fait alumer avoit et autres dient que ce occist de la meismes espee de Eneas...'[22].

Nous terminons ce rapide aperçu en signalant deux textes qui n'ont pas encore retenu l'attention. Evrart de Conty, un contemporain de Christine, est l'auteur d'un *Livre des Eschez amoureux* en prose qui se dit inspiré par le *Roman de la Rose*. L'histoire de Didon y fait partie du discours de Diane: jointe entre autres à celles de Narcisse, Pygmalion, Myrrha, Phèdre, Phyllis, Médée et Thisbé, elle sert à dénoncer les *folles amours,* qui ne respectent pas la loi de la raison. L'auteur réunit consciencieusement

---

19. Jehan le Fèvre, *Les Lamentations de Matheolus et le Livre de Leesce,* éd. A.-G. van Hamel (Paris, 1892-1905).

20. *Le Livre de la Mutacion de Fortune,* éd. Suzanne Solente (Paris, 1959). Même réticence dans un poème antérieur, l'*Epistre au Dieu d'Amours,* v. 460: la reine '... mourut de dueil, dont ce fu grant pitié' (*Œuvres poétiques,* II, éd. Maurice Roy, Paris, 1891).

21. Christine de Pizan, *Le Livre de la Cité des Dames,* IIe partie, chap. 56, tr. Eric Hicks & Th. Moreau (Paris, 1986), p. 213.

22. Texte du ms. Paris, BNF fr. 607 (XVe s.) d'après Leube, *Fortuna...,* p. 59; tr. Hicks & Moreau, p. 213 (II, 55). Cette observation ne figure pas dans l'*Ovide moralisé*; contrairement à Leube, *Fortuna...,* p. 60, nous ne pensons pas que Christine se sert ici de ce texte.

toutes les données de la biographie connues depuis Virgile: la fondation de Carthage, la rencontre avec Énée, le désespoir lorsqu'il vient prendre congé et que, du haut d'une tour, Didon suit alors des yeux les nefs qui s'éloignent; le feu bouté à la tour (sic), la mort que la reine désespérée se donne avec l'épée de son amant.[23]

C'est à la fin du XVe siècle que se situe la composition du *Livre des Eneydes compilé par Virgile, lequel a été translaté de latin en françois*, dont un imprimé a paru en 1483. Le compilateur relève l'existence de deux traditions relatives à Didon et se propose de 'monstrer la differance de Jehan Boccace et de Virgille'[24].

Les différentes relectures médiévales de la légende de Didon se répartissent en gros, on l'a vu, en deux groupes. L'un se situe dans le sillage de l'*Énéide*, mais enrichi d'accents ovidiens, et s'intéresse en particulier au récit des amours fatales; l'autre tend à montrer l'héroïne comme une figure exemplaire et fait volontiers l'impasse sur la destinée que lui a réservée Virgile. Les versions sont bien distinctes et leurs sources généralement aisées à identifier. Il n'en va pas de même des tableaux qui accompagnent souvent les témoins de certains de ces textes.

*
*   *

À l'hétérogénéité des manuscrits virgiliens, Jeanne Courcelle opposait déjà, sous le rapport de la filiation des images, la récurrence d'un même schéma iconographique dans un grand nombre de témoins de l'*Histoire ancienne*[25]. Comme on le verra, il existe même dans ce corpus des variations importantes. C'est que, souvent, un programme se rapportant à une œuvre médiévale donnée n'accuse pas seulement l'impact de cette dernière; l'enlumineur s'inspire volontiers de formules plus anciennes ou contemporaines suscitées par d'autres traditions. Notre analyse entend

---

23. Éd. Françoise Guichard-Tesson & Bruno Roy (Montréal, 1993), p. 431-32 (162r28-162v9).

24. Nous renvoyons au mémoire détaillé de Jacques Monfrin, 'L'Histoire de Didon et Énée au XVe siècle', dans *Études littéraires sur le XVe siècle* (Milan, 1986), p. 161-97 (citation, p. 165).

25. Courcelle & Courcelle, *Lecteurs païens...*, p. 263. Ailleurs, l'érudite note que les témoins virgiliens enluminés sont rares: un codex du Xe siècle, deux du XIVe, douze du XVe. J. Courcelle, 'Les Illustrations de l'*Énéide* dans les manuscrits du Xe siècle au XVe siècle', dans *Lectures médiévales de Virgile* (Rome, 1985), p. 395-409 (395). On ajoutera, d'après Oltrogge, *Die Illustrationszyklen...*, n. 542, le ms. Paris, BNF lat. 7636 (c. 1200). Voir par ailleurs n. 32.

donc procéder à partir de la typologie, quitte à éclairer certains choix par des détails textuels.

Une première observation s'impose: la grande majorité des représentations de Didon ne mettent en valeur que les derniers moments de son existence[26]. On ne relève que quelques rares exceptions[27]. La scène où elle se précipite dans un premier brasier est quelquefois visualisée[28]. Un manuscrit du *Roman d'Eneas*, datant de 1292, et plusieurs exemplaires de l'*Histoire ancienne* du XIVe siècle montrent au lecteur comment Énée est reçu par la reine; un témoin isolé, datant du XIIIe siècle, nous les fait découvrir au lit[29].

Partout ailleurs, l'accent principal tombe sur la figure de la Carthaginoise, accusant ainsi la réception médiévale de sa biographie légendaire[30].

26. Comme on le verra, telle n'est pas uniquement la préférence des historieurs des mss. de Boccace. Dans le corpus des *Cleres femmes* leur choix est celui de l'auteur: 'la célébrité de nombre de femmes résulte très précisément de la manière héroïque dont elles sont mortes', note Brigitte Buettner, 'Les affinités sélectives', *Studi sul Boccaccio*, 18 (1989), p. 290.

27. Les copies médiévales de l'*Énéide* proprement dite seront mentionnées seulement quand leurs tableautins coïncident avec ceux de notre corpus.

28. Le ms. Paris, BNF fr. 1386 (XIIIe s.), contenant l'*Histoire ancienne*, fait voir en outre au fol. 47 comment ses gens la retirent des flammes (apud Courcelle & Courcelle, *Lecteurs païens...*, fig. 204; Desmond, *Reading Dido...*, pl. 13). Courcelle, p. 92, cherche une lointaine correspondance pour cette vignette dans le livre IV de l'*Énéide*, où il est dit que Didon, prise de passion pour Énée, fait des sacrifices pour apaiser les dieux. Il s'agit en réalité d'un renvoi à la version 'historique'. Quelques mss. de Boccace télescopent deux épisodes appartenant à des versions différentes – ou combinent, tout simplement, les deux manières de se donner la mort: la reine, aux créneaux d'une tour en flammes, s'enfonce, sous les regards de ses sujets, une épée dans le sein. (Arsenal 5193/63v; Henry Martin, *Le Boccace de Jean sans Peur. Les cas des nobles hommes et femmes*, Bruxelles 1911, fig. 27; Paris, BNF fr. 226/43).

29. La première rencontre est représentée dans le ms. Paris, BNF fr. 1416/1 (initiale historiée), ainsi que dans fr. 861/14 (trad. fr. de l'*Énéide* par Octovien de Saint-Gelais, repr. par Vera Segre, 'L'iconografia di Enea nella miniatura francese dal XIV al XVI secolo', *Rivista di Storia della miniatura* 8, 2003-2004, fig. 12, p. 122). Tel est encore le cas dans quatre mss. de l'*Histoire ancienne*, datant tous du XIVe s.: Paris, BNF fr. 1386/45, fr. 246/58; Londres, BL Royal 16Gvii/82 (pl. 17 chez Desmond, *Reading Dido...*); olim Chester Beatty 74/75v. Catherine Bel nous signale deux vignettes dans des mss. de l'*Ovide moralisé*: Arsenal 5069/197v et Rouen, BM 1044/352v. Les amants sont au lit dans Pommersfelden 295/88v (XIIIe s.; Oltrogge, *Die Illustrationszyklen...*, fig. 135).

30. Tel est encore le cas dans l'iconographie moderne, où la scène du suicide est une des plus fréquentes. On se reportera à Michel Hano, 'Inventaire des peintures consacrées à l'épisode de Didon et d'Énée', dans: R. Martin (éd.), *Énée et Didon. Naissance, fonctionnement et survie d'un couple mythique* (Paris, 1990), p. xxvii-xxxi et, du même, 'L'épisode d'Énée et Didon vu par les peintres', dans: R. Martin (éd.), *Énée et Didon...*, p. 275-88. Poinsotte, 'L'image de Didon...', p. 47, souligne que sur les trente-quatre textes de l'Antiquité tardive où il est question du personnage, on en compte vingt-deux qui mentionnent partiellement ou exclusivement comment il a péri, ou qui évoquent la reine morte aux Enfers.

Un exemplaire du *Roman d'Eneas* datant de la fin du XIIIᵉ siècle contient un des portraits les plus anciens[31]. On voit à gauche, en haut d'une tour, la reine et ses suivantes. L'héroïne, comme ce sera parfois le cas ailleurs, ne porte pas la couronne: c'est la femme et amante qui se présente ainsi au lecteur. Elle fait un geste en direction de la flotte troyenne qui s'éloigne à droite (voir *Annexe*, fig. 1a). Ce tableau, qui montre en une vignette isolée le moment antérieur au trépas du personnage, est à première vue un cas unique. Mais immédiatement au-dessous, une lettrine enferme dans l'initiale 'Q' l'amante délaissée, debout au milieu des flammes, se passant l'épée au travers du corps. L'ordre de présentation suit donc celui de la narration: la cause précède l'effet.

Cette continuité narrative se trouve davantage mise en relief dans les manuscrits où les deux scènes sont réunies dans le même tableau[32]. Cette fois la fin pathétique de la reine est suivie de ce qui l'a causée[33]. Dans presque toutes les occurrences, le personnage de celui qui fut son amant

---

31. Paris, BNF, fr. 784/70 reproduit par Hugo Buchthal, *Miniature painting in the Latin kingdom of Jerusalem* (Oxford, 1957), fig. 152a et par Courcelle & Courcelle, *Lecteurs païens...*, fig. 197.

32. Buettner, 'Les affinités...', p. 288, appelle ce dispositif une 'condensation'. – Buchthal, *Miniature painting...*, p. 78, considère la formule telle qu'elle se présente dans le ms. Dijon 562 comme une fusion de deux scènes figurant dans un fameux témoin antique, le *Vergilius vaticanus* (BAV, Vat. lat. 3225, datant du début du Vᵉ s.): Didon, au balcon de son palais, lève les bras dans un geste de désespoir en assistant au départ d'une nef (Pictura 25, fol. 39v, reproduite par Buchthal, *Miniature painting...*, fig. 152c); dans l'image suivante (Pictura 26, f° 40), elle est couchée, l'épée dans la main, sur le bûcher érigé dans sa chambre. L'érudit écarte l'hypothèse d'une telle influence dans le cas de certains autres mss., mentionnés dans les notes infra: Bruxelles, BR 10175, Paris, BNF fr. 9682 et fr. 20125. Les différences nous paraissent toutefois minimes; elles ne constituent que de menues variations. Courcelle & Courcelle, *Lecteurs païens...*, p. 90, retiennent seulement la ressemblance de la Pictura 25 avec celle qui figure dans le ms. fr. 784 du *Roman d'Eneas* (v. supra n. 31). En tout état de cause, la composition peut être perçue comme une preuve de la survie du schéma antique. – On lira encore l'intéressante analyse iconographique immanente de Christiane Raynaud, *La Violence au moyen âge* (Paris, 1990), p. 83-89, 103-04, 220-21.

33. Cette succession se relève à partir du XIIIᵉ s. dans de nombreux exemplaires de l'*Histoire ancienne*: Dijon, BM 562/114 (XIIIᵉ s.; Buchthal, *Miniature painting...*, fig. 115a); Paris, BNF fr. 1386/47v (fin XIIIᵉ s.; Desmond, *Reading Dido...*, fig. 14); fr. 9685/113v (fin XIIIᵉ/début XIVᵉ s.; Courcelle & Courcelle, *Lecteurs païens...*, fig. 214); fr. 9682/140v (XIVᵉ s.; Buchthal, *Miniature painting...*, fig. 152b; Courcelle & Courcelle, *Lecteurs païens...*, fig. 198); fr. 301/172 (XIVᵉ s.; Courcelle & Courcelle, *Lecteurs païens...*, fig. 233); Arsenal 5077/55 (XVᵉ s.; Courcelle & Courcelle, *Lecteurs païens...*, fig. 245); Bruxelles, BR 10175 (XVᵉ s.; Buchthal, *Miniature painting...*, fig. 115b); Tours, BM 953/41 (fin XIIIᵉ; début XIVᵉ). Quelquefois la lecture de l'image, de gauche à droite, suit l'ordre chronologique: tel est le cas dans Carpentras, Bibl. Inguimbertine 1260/91v (fin XIIIᵉ/début XIVᵉ; Perriccioli Saggese, *I Romanzi cavallereschi miniati a Napoli in età angiona* (Naples, 1979), pl. 31; B. Degenhart & A. Schmitt, *Corpus der italienischen Zeichnungen 1300-1450*, II 2, Berlin, 1980, fig. 326); Chantilly, Condé 726/55 (XVᵉ; Oltrogge, *Die Illustrationszyklen...*, fig. 118); Venise, Marciana Fr. Z II/107 (XIVᵉ s).

passe quasi inaperçu et se confond avec les autres occupants de sa nef: seuls les traits de l'héroïne peuvent prétendre au 'portrait'. Relevons toutefois la composition d'un des premiers témoins de l'*Histoire ancienne:* dans le ms. Dijon, BM 562/114 (datant de 1260-1270) (fig. 1b), Énée, le regard médusé, se retourne vers Didon, qui du haut de son palais nous montre la nef de l'infidèle.[34]

Quant au décor du suicide, certains enlumineurs le situent dans une tour. Il s'agit sans doute d'une contraction visuelle: depuis Virgile, ce lieu ne servait que de poste d'observation, la reine se donnant ensuite la mort dans sa chambre[35].

Une troisième formule constitue une variante de la précédente. Didon s'empale sur l'épée cependant que l'on voit déjà le brasier où elle va expirer; à droite, la flotte du Troyen retourne en Sicile[36]. Il n'y a quasi aucun historieur qui ait tenté de représenter le bûcher funéraire tel quel[37].

---

34. Dans la composition d'un témoin tardif de l'*Énéide* (1469), où la nef se trouve à gauche de la tour, Énée écarte les bras à la vue de Didon: elle s'apprête à se donner la mort (Dijon BM 493/99v; Courcelle & Courcelle, *Lecteurs païens...*, fig. 368).

35. *Énéide* IV, 586-705; *Eneas* v. 1863-82; *Histoire ancienne*, ms. Bruxelles, BR 10175/ 151b-c (cité par Oltrogge, *Die Illustrationszyklen...*, n. 553 à la p. 195).

36. Deux manuscrits de l'*Histoire ancienne*: Rome, BAV Vat. lat. 5895/103v (XIIIe s.; Saxl [v. infra], fig. 77b) et Londres, BL Royal 20Di/199 (mil. XIVe s.; Saxl, [v. infra], fig. 77d). Un troisième témoin (Paris, BNF fr. 20125/156v, datant d'env. 1300; Buchthal, *Miniature painting...*, fig. 152d; Courcelle & Courcelle, *Lecteurs païens...*, fig. 200) montre comment le feu est allumé dans une chambre de la tour; Didon, transpercée, a l'air de se jeter par une fenêtre voisine. Un *Roman d'Eneas* du XIVe s. (Paris, BNF fr. 60/148; Courcelle & Courcelle, *Lecteurs païens...*, fig. 218-223; Oltrogge, *Die Illustrationszyklen...*, fig. 117) présente en frontispice un tableau à six compartiments, dont les deux derniers représentent le départ d'Énée; Didon, debout dans les flammes, se jette sur une épée. (On trouve d'autres polyptyques dans Venise, Marciana Fr. Z II et dans Chantilly 726; v. supra n. 33. Un ms. de l'*Énéide* datant des XIVe-XVe s. comporte un tableau synthétique, dont la dernière image est celle de la reine empalée sur une grande épée, un brasier allumé à ses pieds; sa sœur Anna se tient à ses côtés: Lyon, P.A. 27/107v, apud Courcelle & Courcelle, *Lecteurs païens...*, fig. 282 et Desmond, *Reading Dido...*, fig. 1. À comparer à fr. 861/33v, où le brasier est cependant remplacé par un autel en flammes, surmonté d'une statuette de Cupidon). Enfin, un témoin très tardif du *Roman de la Rose* (New York, Pierpont Morgan M 948/129v; début XVIe s.; voir Margot Friesen, *Der Rosenroman für François I.*, Graz, 1993, accompagné d'un fac-simile intégral), réunit les trois éléments et y joint à droite la pendaison de Phyllis. – Fritz Saxl, 'The Troy romance in French and Italian art', dans: Fritz Saxl, *Lectures,* II (Londres, 1957), p. 132, estime que l'enlumineur de Vat. lat. 5895/103v s'est inspiré d'un exemplaire voisin du ms. Paris, BNF fr. 784 du *Roman d'Eneas* (v. supra n. 31). Il va de soi qu'une copie de l'*Énéide* semblable au Vergilius vaticanus (n. 32) aurait également pu servir de modèle.

37. Brigitte Buettner, *Boccaccio's 'Des cleres et nobles femmes'. Systems of signification in an illuminated manuscript* (Londres et Seattle, 1996), étudie le ms. Paris, BNF, fr. 12420, ayant appartenu à Philippe le Hardi. Elle note, p. 17, que le traducteur transforme le *rogus* de Boccace en un 'siege moult bel et moult haut '(éd. Baroin & Haffen

Tous privilégient d'ailleurs par rapport aux flammes le rôle du premier instrument de la mort[38].

Aussi l'image la plus répandue – et la plus dépouillée – est celle où l'héroïne ne recourt qu'à l'arme funeste. On la rencontre dans une copie de l'*Histoire ancienne*[39] et dans plusieurs exemplaires de la traduction de Boccace[40], mais elle se répète de manuscrit en manuscrit dans les témoins historiés du *Roman de la Rose*[41]. Dans ce dernier corpus, le choix des miniaturistes – ou plutôt, des concepteurs – s'explique parce que Jean de Meun ne fait pas état du brasier. En outre la composition présente ainsi

[n. 15], ll. 266-68), ce qui expliquerait l'absence de bûcher dans la miniature au f° 61v (fig. 41 chez Buettner). Mais cette omission est quasi générale; tel est d'ailleurs le cas dans le ms. Arsenal 5193/63v (Martin, *Le Boccace...*, fig. XXVII), quoi que suggère l'érudite, n. 109 à la p. 109. – Une seule exception univoque, à notre connaissance, se rencontre chez un enlumineur des *Héroïdes* traduites par Octovien de Saint-Gelais (Paris, BNF fr. 874/47v), qui s'est d'ailleurs souvenu d'autres détails du récit virgilien. Didon, empalée et à genoux, se trouve en haut d'un bûcher non allumé encore et fait de troncs d'arbres; devant elle, les vêtements de son amant représentent les souvenirs qu'elle veut confier aux flammes; au pied du bûcher, sa sœur Anna s'est pâmée. La scène se déroule en présence d'un public nombreux, tant de femmes que d'hommes.

38. Alors que dans la scène décrite par le *Roman d'Eneas* (v. supra p. 137-138), le feu est omniprésent. Nadia Margolis relève dans ce passage l'emploi insistant des verbes *esprendre, ardoir* et *nercir*. N. Margolis, 'Flamma, furor and fol'amors. Fire and feminine madness from the *Aeneid* to the *Roman d'Eneas*', *Romanic Review*, 78 (1987), p. 131-47; David Shirt, 'The Dido episode in *Eneas*. The reshaping of tragedy and its stylistic consequences', *Medium Aevum*, 51 (1982), rappelle à son tour, p. 14, les termes évoquant le feu de la passion; ils correspondent d'ailleurs à l'imagerie de Virgile. Tout se passe comme si le sens métaphorique préfigurait ici l'usage littéral...

39. Paris, BNF fr. 686/182v (daté de 1330). Il convient d'y joindre l'initiale historiée dans un ms. de l'*Énéide*, Oxford, Bodl. Can. Class. Lat. 52/32v (XIVe s.; Courcelle & Courcelle, *Lecteurs païens...*, fig. 251).

40. Paris, BNF fr. 12420/61v (Buettner, *Boccaccio's 'Des cleres...*, fig. 41); fr. 226/43; Londres, BL Royal 20Cv/65 (M. Quilligan, *The Allegory of female authority. Christine de Pizan's 'Cité des Dames'*, Ithaca et Londres, 1991, fig. 26); Royal 16Cv/48 (Desmond, *Reading Dido...*, fig. 7; image visiblement copiée sur la précédente); Wolfenbüttel, Herz. Aug. Bibl. Guelf A3 Aug 2°/56 (*Des cas des nobles hommes et femmes*): tous datent du XVe s. – Notre dépouillement des traductions françaises de Boccace est nécessairement incomplet: il repose principalement sur l'inventaire du *Boccaccio visualizzato* (éd. Vittore Branca, III, *Opere d'arte d'origine francese, fiamminga, inglese, spagnola, tedesca*, Turin, 1999), dont les descriptions sont souvent sommaires. On trouve davantage de détails chez Marie-Hélène Tesnière, 'Lectures illustrées de Boccace en France au XVe siècle', *Studi sul Boccaccio*, 18 (1989), p. 175-280.

41. Mss. du XIVe s.: Paris, Ste-Geneviève 1126/94v; Londres, BL Egerton 881/101 (Desmond, *Reading Dido...*, fig. 3); Oxford, Bodléienne E Museo 65/103v; New York, Pierpont Morgan M 132/97; M 324/89v; Florence, Laurenziana Acq. E Doni 153/158; Montpellier, BU H 245/84; Chantilly, Condé 482/90v. Mss. du XVe s.: Paris, BNF fr 1570/102; fr. 12592/39; Oxford, Bodl. Douce 332/125; Douce 371/87 (Desmond, *Reading Dido...*, fig. 5); Bruxelles, KBR 18017/108; van Bogaert 2/202; Copenhague, BR N. Kgl. S f° 63/91; Lyon, P.A. 25/103; Grenoble, BM 608/183v; Valencia, BU 387/91v; Wormsley Manor s.c./183v. On y ajoutera les exemplaires mentionnés infra nn. 46 et 49.

un reflet du portrait de Lucrèce, dont l'histoire figure plus haut dans le poème, cette fois en tant qu'*exemplum virtutis:* cette jeune Romaine est morte elle aussi de sa propre main.[42]

Quelques enlumineurs des traductions de Boccace choisissent de montrer Didon se frappant le sein d'une grande épée; c'est que celle-ci, selon une commentatrice, est dotée de connotations phalliques – qui curieusement se retrouvent non pas dans la description de l'auteur florentin, mais chez Jean de Meun[43]. D'autres peintures, moins spectaculaires, se conforment au texte qu'elles illustrent[44]: la malheureuse aurait enfoncé dans son cœur un 'coutel tresagu' (fig. 2) qu'elle avait pris soin de dissimuler dans son vêtement[45].

Dans ce type de représentation, toute l'attention porte généralement sur la seule Didon, même s'il arrive que le départ d'Énée soit suggéré[46]. Le regard du lecteur se trouve volontiers médiatisé par la présence d'un public intérieur: le drame se déroule devant des spectateurs (fig. 3). Tel est le cas notamment dans l'enluminure des traductions de Boccace[47] – où ce genre de détail est d'ailleurs appelé par le texte[48]. Il se retrouve dans quelques exemplaires de l'*Histoire ancienne* et du *Roman de la*

---

42. Éd. Lecoy, vv. 8578-620. Oltrogge, *Die Illustrationszyklen...*, p. 102 suggère que l'image pourrait faire écho aux portraits des vices Ira et Desperatio, souvent représentés comme des femmes qui se suicident en se frappant d'une épée. Courcelle & Courcelle, *Lecteurs païens...*, p. 98, la retrouvent dans une Bible moralisée du XIIIe siècle (BL Harley 1526/31).

43. Telle est la lecture que Desmond, *Reading Dido...*, p. 51, fait des vv. 13170-173 du *Roman de la Rose*:

l'espee prent, et toute nue
la drece encontremont la pointe,
souz ses.ii. mameles l'apointe,
seur le glaive se let choair...

44. Paris, BNF fr. 127/46, 226/43; fr. 229/56; fr. 230/39v; fr. 232/48v; fr. 233/43v; fr. 235/56 ainsi que les deux témoins à Londres [n. 40]. Dans presque tous les manuscrits boccaciens français, la scène se passe à l'extérieur. Dans le ms. Paris, BNF fr. 232, par-delà des remparts de la cité, on devine la mer: un détail qui semble dénoter l'influence de la tradition virgilienne.

45. '...qu'elle avoit porté secretement dessoubz sa robe' – éd. cit., p. 141, ll. 282-84. On notera que Lucrèce elle aussi se sert d'une dague cachée dans son sein: 'un coustel en son sain tenoit / repoust, que nus ne le veïst / quant por soi ferir le preïst' (vv. 8600-602). – Aux copies de la traduction de Boccace, il convient de joindre un exemplaire de la *Rose:* Paris, BNF fr. 1570/102v (XVe s.).

46. Dans trois témoins de la *Rose:* Vienne, ÖNB 2592/91v (XIVe s.), Londres, BL Harley 4425/117v (c. 1500) et Valencia, BU 387/91v (début XVe s.; l'ordre est inversé).

47. Voir la n. 40.

48. Dans le ms. Paris, BNF fr. 12420/65b, il est précisé qu'elle commet son acte 'devant tous' (éd. cit., p. 141, l. 280). Le texte latin parle de la 'summa omnium *intuentium* mesticia'.

Rose[49]. Peut-on également parler pour ces derniers d'une 'mort théâtrale'[50] ou encore de 'voyeurisme masculin'?[51] Les codices de luxe diffusant les traductions ont sans doute beaucoup fait pour répandre leur mise en scène. Mais ce public, souvent impassible mais parfois horrifié, pourrait être, dans le cas de la tradition virgilienne, une extrapolation des suivantes – ou d'Anna, la sœur de la reine – qui furent les premières à découvrir le sacrifice de l'infortunée[52]. Reste que, dans les vignettes du *Roman de la Rose*, cette présence tend à rapprocher ce qui fut fondamentalement une mort privée de l'acte public que Boccace évoque d'après la version 'historique': tout se passe comme si sous ce rapport les programmes des deux groupes tendaient à se rejoindre.[53]

49. *Histoire ancienne*: BAV Vat. Lat. 5895/103v (XIIIe s.; [n. 36]); Paris, BNF fr. 686/ 182v (daté de 1330). *Roman de la Rose*: Arsenal 5209/90 (XIVe s.); Bodl. Douce 195/94v (XVe s.; Desmond, *Reading Dido…*, fig. 4).
50. Desmond, *Reading Dido…*, p. 70. Brigitte Buettner, dans son compte rendu de l'ouvrage, considère dès lors ce suicide spectaculaire comme 'civic martyr of sorts' (*Studies in Iconography,* 18, 1997, p. 222). Dans deux mss. de Boccace (Paris, BNF fr. 230/39v et fr. 235/56), le suicide se produit sur une estrade. Même détail dans une copie (Vienne, ÖNB 2624/38; début XVIe s.) de la traduction des *Héroïdes* par Octovien de Saint-Gelais; l'assistance, nombreuse, est des deux sexes (éd. microf. Dagmar Thoss, *Publius Ovidius Naso, Héroïdes,* Munich, 1986).
51. Buettner, *Boccaccio's Des cleres…,* p. 70-71. Cette critique croit reconnaître Énée parmi les spectateurs. Maureen Quilligan, *The Allegory…,* p. 172, qui reproduit (fig. 26) la vignette de BL Royal 20Cv/65 (et non CV20), parle également de voyeurisme – un trait qu'elle décèle encore dans la représentation du suicide de Lucrèce. – Dans un ms. du *Roman de la Rose* (Oxford, Bodl. Douce 195/94v; XVe s.), l'acte de Didon est observé par deux hommes et deux femmes (Desmond, *Reading Dido…,* fig. 4).
52. Virgile, *Én.*, IV, 664: 'conlapsam aspiciunt comites…'; *Eneas* 2075-77: 'Quant sa suer vint, quant el la voit, / idonc a primes s'aperçoit; / l'espee vit droit en son cors…' À l'intérieur du corpus du *Roman de la Rose,* on peut aussi songer à une reprise de la composition utilisée pour Lucrèce: dans beaucoup de vignettes celle-ci se tue en présence de tiers.
53. Une dernière série de mss., datant tous du XVe s., complète la scène par l'addition du brasier. Ce sont, pour le *Roman de la Rose,* Paris, BNF fr. 24392/107 (où l'on note la présence de quatre spectateurs et, peut-être, d'Énée!); Los Angeles, Getty Mus. 83MR177 (Ludwig XV 7) 7/84v et, pour les traductions de Boccace, Paris, BNF fr. 229/56 (trois spectateurs); fr. 230/39v (trois); fr. 232/48v (deux); fr. 233/43v (sept); fr. 235/56 (deux, un homme et une femme); Arsenal 5192/48; Cologny, Bodmer 174/39; Leyde, BU Voss. GG fol. 3/55v (trois témoins). La formule est également adoptée dans un ms. de l'*Ovide moralisé*: Lyon, BM 742/243v (avec nos remerciements à C. Bel) et par l'enlumineur d'Octovien de Saint-Gelais [supra n. 37] (public nombreux, d'hommes et de femmes, autour du bûcher et à toutes les fenêtres). Au XVe siècle, elle semble avoir la faveur d'un grand nombre d'historiens de l'*Énéide*, qui suivent de près le texte et ajoutent quelquefois aux spectateurs éventuels, la figure d'Anna. On se reportera à Courcelle & Courcelle, *Lecteurs païens…*: v. sous Aspley House, Escorial, Gand, La Haye, Londres BL King's, Lyon et Valencia. Dans un bois gravé des *Eneydes* imprimées par Guillaume le Roy [n. 24], on distingue deux hommes et deux femmes (Desmond, *Reading Dido…,* fig. 20).

Signalons en particulier un tableau où se trouvent réunis les fils des trames historique et poétique. Il figure dans un des manuscrits ayant conservé la traduction des *Cas des nobles hommes et femmes* (Munich, Bibl. de Bavière Cod. Gall. 6/56)[54]. L'enlumineur, qui est un disciple de Jean Fouquet, a tenu à signifier non seulement le caractère exemplaire du sacrifice de la reine, mais encore les conséquences funestes de sa rencontre avec Énée (fig. 4). Une haute tour, de style gothique, fonctionne comme signal 'intervisuel'; flanquée d'un haut mur, elle divise en même temps la peinture en deux. À droite se dresse une estrade où chancelle une Didon déjà agonisante, le corps transpercé par une épée écumante de sang. À ses pieds, un grand brasier dont les flammes montent au ciel. Une foule bigarrée s'étend jusqu'à l'horizon – venue assister au spectacle comme si elle avait été conviée à l'exécution d'une sorcière. À gauche de la muraille se situe une composition toute différente: elle évoque la guerre et la destruction. La malédiction proférée par la Didon virgilienne (*Én.* IV, 612-18) est ainsi réalisée: le destin tragique de la souveraine causera entre Carthage et Rome une discorde qui aboutira aux guerres puniques.

Il reste à signaler une troisième tradition, représentée par quelques volumes contenant la traduction des *Héroïdes* par Octovien de Saint-Gelais (1496). Il s'agit d'une représentation beaucoup plus sereine que les tableaux précédents, mais d'autant plus suggestive. Dans le ms. Paris, BNF fr. 875/36, de la main de Jean Michel et enluminé par Robinet Testard, une Didon vêtue à la mode de l'époque écrit une épître, dont le lecteur croit déchiffrer les premiers mots:

> Comme le cisne quant mort luy est prochaine
> Doulcement chante et a voix tresseraine,
> Pareillement ie Dido pour tout voir
> Qui ne te puys par pryere esmouvoir
> Et qui plus n'ay en ta veuhe esperance,
> Ores te fais scavoir ma doleance...[55]

---

54. Reproduite dans *Jean Fouquet, peintre et enlumineur au XVe siècle,* éd. François Avril (Paris, 2003), p. 282 (cat. n° 32).

55. Les décasyllabes interprètent librement les vers d'Ovide:
> 'Accipe, Dardanide, morirurae carmen Elissae;
> Quae legis, a nobis ultima verba legi.
> Sic ubi fata vocant, udis abiectus in herbis
> Ad vada Maeandri concinit albus olor' (*Her.* VII, 1-4)

('Reçois, Énée, la lettre d'Élise qui va mourir; ce que tu vas lire, ce sont les dernières paroles énoncées par nous. Tel, penché sur les humides roseaux, le cygne au blanc plumage chante aux bords du Méandre, quand les destins appellent'). – Dans Vienne, ÖNB 2624/38 la première vignette latérale évoque l'écriture de l'épître, mais ne reprend pas l'inscription;

Posée sur la table, une dague fait ellipse sur la suite tragique. Le symbole du cygne ainsi que le départ du Troyen sont évoqués discrètement: une fenêtre donne sur la mer, où l'on note la présence de deux cygnes et d'une barque. L'identification est dès lors décisive: il s'agit bien de l'amante abandonnée, qui consacre ses moments ultimes à la rédaction d'un dernier billet (fig. 5). On rencontre une image similaire dans le ms. Paris, BNF fr. 874/42v (fin XVᵉ s.). La reine se tient à genoux devant le pupitre; une grande épée y est appuyée. Un portrait de guerrier[56], accroché à la paroi du fond, rappelle l'image obsessionnelle du destinataire des lettres.

*

*   *

La fortune de Didon – et celle de son infortune en amour – étaient déjà attestées à la fin du IVᵉ siècle. Macrobe, dans ses *Saturnales*, ne peut s'empêcher de reprocher à Virgile son invention – et fait à ce propos des observations qui se sont avérées prophétiques:

> '…la légende des amours de Didon, tenue pour fausse dans le monde entier, a pris pour des siècles l'aspect de la vérité, et vole si bien comme telle sur les lèvres des hommes, que les peintres, les sculpteurs et ceux qui, au moyen de fils entrelacés, reproduisent en tapisserie les images humaines, retracent ce sujet plus que tout autre dans leurs représentations imagées, comme s'il n'y avait pas d'autre motif de décoration…'[57]

Universités d'Anvers et de Louvain – Université de La Laguna

---

la suivante est consacrée au suicide (voir n. 50). – Un témoin tardif, Dresde (olim) BR Oc 65 (XVIᵉ s.), ne retient que l'essentiel: la reine, assise, écrit son billet; par la fenêtre, on aperçoit les Troyens qui préparent leur départ. (pl. I dans P. Durrieu & J.-J. Marquet de Vasselot, *Les Manuscrits à miniatures des Héroïdes d'Ovide, traduites par Saint-Gelais,* Paris, 1894).

56. C'est l'effigie que, chez Virgile, Didon confiera au feu: 'Dardaniique rogum capitis permittere flammae' (*Én.* IV, 640).

57. '… et fabula lascivientis Didonis, quam falsam novit universitas, per tot tamen saecula speciem veritatis obtineat, et ita pro vero per ora omnium volitet, ut pictores fictoresque et qui figmentis liciorum contextas imitantur effigies, hac materia vel maxime in efficiendis simulacris tamquam unico argumento decoris utantur…': *Saturnalia,* 5, 17 – éd. I. Willis (Leipzig, 1970); éd. et tr. F. Richard, II (Paris, 1937), p. 156-59.

Bibliographie

ADHÉMAR Jean, *Influences antiques dans l'art du moyen âge français. Recherches sur les sources et les thèmes d'inspiration,* Studies of the Warburg Institute, 7 (Londres, 1939).

BOCCACE, *De Casibus Virorum illustrium,* éd. Pier Giorgio RICCI & V. ZACCARIA, *Tutte le Opere di Giovanni Boccacio,* 9 (Milan, 1983).

BOCCACE, *De Mulieribus claris,* éd. Vittorio ZACCARIA, *Tutte le Opere di Giovanni Boccaccio,* 10 (Milan, 1967).

BOCCACE, *Le Boccace de Jean sans Peur. Les cas des nobles hommes et femmes. Reproduction des cent cinquante miniatures du ms. 5193 de la Bibliothèque de l'Arsenal,* par Henry MARTIN (Bruxelles, 1911).

BOCCACE, *Des cleres et nobles femmes. Ms. Bibl. Nat. 12420 (Chap. I-LII),* éd. Jeanne BAROIN & Josiane HAFFEN (Paris, 1993).

BRANCA Vittore, *Boccaccio visualizzato. Narrare per parole e per immagini fra Medioevo e Rinascimento.* III. *Opere d'arte d'origine francese, fiamminga, inglese, spagnola, tudesca* (Turin, 1999).

BUCHTHAL Hugo, *Miniature painting in the Latin kingdom of Jerusalem* (Oxford, 1957).

BUETTNER Brigitte, 'Les affinités sélectives. Image et texte dans les premiers manuscrits des *Cleres femmes*', *Studi sul Boccaccio,* 18 (1989), p. 281-99 (12 pl. h.-t.).

BUETTNER Brigitte, *Boccaccio's 'Des cleres et nobles femmes'. Systems of signification in an illuminated manuscript* (Londres et Seattle, 1996).

CARLSON M. L., 'Pagan examples of fortitude in the Latin christian apologists', *Classical Philology,* 43 (1948), p. 93-104.

CHRISTINE DE PISAN, *Œuvres poétiques,* éd. Maurice ROY (Paris, 1886-1896), 3 vol.

CHRISTINE DE PIZAN, *Le Livre de la Cité des Dames,* tr. Eric HICKS & Thérèse MOREAU (Paris, 1986).

CHRISTINE DE PIZAN, *Le Livre de la Mutacion de Fortune,* éd. Suzanne SOLENTE (Paris, 1959-1966), 4 vol.

COMPARETTI Domenico, *Virgilio nel Medio Evo* (Livourne, 1860; nouv. éd. Florence, 1943-1955), 2 vol.; éd. E. BENECKE & Jan ZIOLKOWSKI (Princeton, 1996).

COURCELLE Jeanne, 'Les Illustrations de l'*Énéide* dans les manuscrits du Xe siècle au XVe siècle', dans: *Lectures médiévales de Virgile,* Collection de l'École française de Rome, 80 (Rome, 1985), p. 395-409.

COURCELLE Pierre & Jeanne COURCELLE, *Lecteurs païens et lecteurs chrétiens de l'*Énéide. 2. *Les manuscrits illustrés du Xe au XVe siècle,* Mémoires de l'Académie des Inscriptions et Belles-Lettres, n. s. 4 (Paris, 1984).

DEGENHART Bernhart & Annegrit SCHMITT, *Corpus der italienischen Zeichnungen 1300-1450,* II 2 (Berlin, 1980).

DESMOND Marilynn, *Reading Dido. Gender, textuality and the medieval 'Aeneid',* Medieval Cultures, 8 (Minneapolis et Londres, 1994).

DURRIEU Paul & Jean-J. MARQUET DE VASSELOT, *Les Manuscrits à miniatures des Héroïdes d'Ovide, traduites par Saint-Gelais, et un grand miniaturiste français du XVIe s.* (Paris, 1894), (Extrait de *L'Artiste,* mai-juin 1894).

152   H. BRAET & D.M. GONZÁLEZ-DORESTE

Eneas. Roman du XIIe siècle, éd. J.-J. SALVERDA DE GRAVE, Classiques Français du Moyen Âge, 44; 62 (Paris, 1925-1929).

Roman d'Eneas, éd. et trad. par Aimé PETIT (Paris, 1997).

EVRART DE CONTY, *Eschez amoureux moralisés,* éd. Françoise GUICHARD-TESSON & Bruno ROY, Bibliothèque du Moyen Français, 2 (Montréal, 1993).

FARAL Edmond, *Recherches sur les sources latines des contes et romans courtois du Moyen Age* (Paris, 1913).

FRIESEN Margot, *Der Rosenroman des François I.,* Codici selecti phototypice impressi. Facsimile XCVII (Graz, 1993).

GUILLAUME DE LORRIS & JEAN DE MEUN, *Le Roman de la Rose,* éd. Félix LECOY, Classiques Français du Moyen Âge 92, 95, 98 (Paris, 1965-1970).

GUILLAUME DE MACHAUT, *Oeuvres,* éd. Ernest HOEPFFNER (Paris, 1908-1922), 3 vol.

HALL Louis, *The Story of Dido and Aeneas in the Middle Ages* (Ann Arbor, 1978).

HANO Michel, 'Inventaire des peintures consacrées à l'épisode de Didon et d'Énée', dans: R. MARTIN (éd.), *Énée et Didon. Naissance, fonctionnement et survie d'un couple mythique* (Paris, 1990), p. xxvii-xxxi.

HANO Michel, 'L'épisode d'Énée et Didon vu par les peintres', dans: R. MARTIN (éd.), *Énée et Didon. Naissance, fonctionnement et survie d'un couple mythique* (Paris, 1990), p. 275-88.

HAUVETTE Henri, 'Les plus anciennes traductions françaises de Boccace', *Bulletin italien,* 7 (1907), p. 281-313; 8 (1908), p. 1-17, 189-211, 285-311; 9 (1909), p. 1-26, 193-210.

HUDIG-FREY M., *Die älteste Illustration der 'Eneide' des Heinrich von Veldeke* (Strasbourg, 1921).

JEANROY Alfred, 'Boccace et Christine de Pisan. Le *De claris mulieribus* principale source du *Livre de la Cité des Dames', Romania,* 48 (1922), p. 93-105.

JEHAN LE FÈVRE, *Les Lamentations de Matheolus et le Livre de Leesce,* éd. A.G. VAN HAMEL, Bibliothèque de l'École des Hautes Etudes. Sciences philol. et hist., 95-96 (Paris, 1892-1905).

JUSTINUS, *Epitoma historiarum Philippicarum Pompei Trogi,* livre XVIII, chap. 4-6, éd. O. Seel, 2e éd. revue (Stuttgart, 1972).

Lectures médiévales de Virgile, Collection de l'École française de Rome, 80 (Rome, 1985).

LEUBE Eberhard, *Fortuna in Kartago. Die Aeneas-Dido-Mythe Vergils in den romanischen Literaturen vom 14. bis zum 16. Jahrhundert,* Studien zum Fortwirken der Antike, 1 (Heidelberg, 1969).

LORD Mary Louise, 'Dido as an example of chastity. The influence of example literature', *Harvard Library Bulletin,* 17 (1969), p. 22-44; 216-232.

LORD Mary Louise, 'Dido in the Middle Ages', dans: Katharina WILSON & Nadia MARGOLIS (éds), *Women in the Middle Ages* (Westport et Londres, 2004), I, p. 247-257.

MACROBE, *Saturnalia,* éd. I. WILLIS (Leipzig, 1970), éd. et tr. François RICHARD (Paris, 1937).

MARGOLIS Nadia, '*Flamma, furor* and *fin'amors.* Fire and feminine madness from the *Aeneid* to the *Roman d'Eneas', Romanic Review,* 78 (1987), p. 131-47.

MARTIN Henry, *Le Boccace de Jean sans Peur. Les cas des nobles hommes et femmes* (Bruxelles, 1911).

MARTIN René (éd.), *Énée et Didon. Naissance, fonctionnement et survie d'un couple mythique* (Paris, 1990).

MEYER Paul, 'Les premières compilations françaises d'histoire ancienne', *Romania*, 14 (1885), p. 1-85.

MONFRIN Jacques, 'L'Histoire de Didon et Énée au XIᵉ siècle', dans: *Études littéraires sur le XVᵉ siècle. Actes du Vᵉ colloque international sur le moyen français III*, Contributi del Centro Studi sulla letteratura medio-francese, 5 (Milan 1986), p. 162-97.

MONFRIN Jacques, 'Les translations vernaculaires de Virgile au moyen âge', dans: *Lectures médiévales de Virgile*, Collection de l'École française de Rome, 80 (Rome, 1985), p. 189-249.

OLTROGGE Doris, *Die Illustrationszyklen zur 'Histoire ancienne jusqu'à César' (1200-1400)*, Europäische Hochschulschriften, XXVIII/94 (Francfort – Berne – New York – Paris, 1989).

Ovide moralisé en prose. Texte du quinzième siècle, éd. Cornelis DE BOER, Verhandelingen van de Koninklijke Nederlandse Akademie voor Wetenschappen, Afdeling Letterkunde, n. r. 41/2 (Amsterdam, 1954).

Ovide moralisé. Poème du commencement du quatorzième siècle, éd. Cornelis DE BOER, Verhandelingen van de Koninklijke Nederlandse Akademie voor Wetenschappen, Afdeling Letterkunde, n. r., 15, 21, 30/3, 37, 43 (Amsterdam, 1915-1938), 5 vol.

OVIDE, *Héroïdes*, éd. Henri BORNECQUE, tr. Marcel PRÉVOST (Paris, 1928).

(OVIDIUS) *Publius Ovidius Naso. Héroïdes, traduites en vers français par Octovien de Saint-Gelais, (Oesterreichische Nationalbibliothek, Wien, Codex 2624)*, éd. (microf.) Dagmar THOSS, Codices illuminati medii aevi, 1 (Munich, 1986).

PANOFSKY Erwin, *Estudios sobre iconología* (Madrid, 1982, 5ᵉ édition espagnole).

PANOFSKY Erwin, *Renacimiento y renacimientos en el arte occidental* (Madrid, 1981, 3ᵉ édition espagnole).

PANOFSKY Erwin & Fritz SAXL, 'Classical mythology in medieval art', *Metropolitan Museum Studies*, 4 (1932-33), p. 228-80.

PERRICCIOLI SAGGESE, Alessandra, *I Romanzi cavallereschi miniati a Napoli in età angiona* (Naples, 1979).

POINSOTTE Jean-Michel, 'L'Image de Didon dans l'Antiquité tardive', dans: R. MARTIN (éd.), *Énée et Didon. Naissance, fonctionnement et survie d'un couple mythique* (Paris, 1990), p. 43-54.

QUILLIGAN Maureen, *The Allegory of female authority. Christine de Pizan's 'Cité des Dames'* (Ithaca et Londres, 1991).

RAYNAUD Christiane, *La Violence au moyen âge. XIIIᵉ-XVᵉ siècles, d'après les livres d'histoire en français* (Paris, 1990).

SAXL Fritz, *Lectures*, II (Londres, 1957).

SEGRE Vera, 'L'iconografia di Enea nella miniatura francese dal XIV al XVI secolo', *Rivista di storia della miniatura*, 8 (2003-2004), p. 107-128.

SEZNEC Jean, *The Survival of the pagan gods. The mythological tradition and its place in Renaissance Humanism and art*, Bollingen series, 38 (New York, 1953).

SHIRT David, 'The Dido episode. The reshaping of tragedy and its stylistic consequences', *Medium Aevum*, 51 (1982), p. 3-17.

SMITH Florence, 'Laurent de Premierfait's French version of the *De casibus virorum illustrium* with some notes on its influence in France', *Revue de littérature comparée,* 14 (1934), p. 512-26.

STEVENSON Th. B., *The Miniatures of the Vatican Vergil* (Tübingen, 1983).

STRUIBER A., 'Dido', dans *Reallexikon für Antike und Christentum,* III (Stuttgart, 1957), col. 1013-14.

TESNIÈRE Marie-Hélène, 'Lectures illustrées de Boccace en France au XVe siècle. Les manuscrits français du *De Casibus virorum illustrium* dans les bibliothèques parisiennes', *Studi sul Boccaccio,* 18 (1989), p. 175-280 (30 pl. h.-t.).

VIRGILE, *Énéide,* livres I-IV, V-VIII, éd. et trad. Jacques PERRET (Paris, 1981^2-1982^2).

WRIGHT, D.H. (éd.), *Vergilius Vaticanus. BAV cod. Vat. Lat. 3225,* Codices e Vaticanis selecti, 40 (Graz, 1980-1984), 2 vols.

Annexe

Fig. 1a. Didon fait un geste en direction de la flotte troyenne qui s'éloigne.
Ms. Paris, BNF, fr. 784/70 (*Roman d'Eneas*)

Fig. 1b. Énée se retourne vers Didon, qui montre la nef de l'infidèle.
Ms. Dijon, BM 562/114 (*Histoire ancienne jusqu'à César*)

Fig. 2. Didon enfonce dans son cœur un *coutel tresagu*.
Ms. Londres, BL, Royal 20C v/65 (Boccace, *Des cleres femmes*)

Figure 3. La présence de spectateurs devant le drame.
Ms. Oxford, Bodl. Douce 195 / 94v (*Roman de la Rose*)

Figure 4. La tour comme signal 'intervisuel'. Ms. Munich, Bibl. de Bavière
Cod. Gall. 6/56 (Boccace, *Des cas des nobles hommes et femmes*)

Fig. 5. L'amante abandonnée rédige un dernier billet.
Ms. Paris, BNF, fr. 875/36 (Octavien de Saint-Gelais, *Héroïdes*)

Geert H.M. CLAASSENS

DE *TORREZ* À *TOREC*:

UN ROMAN ARTHURIEN EN MOYEN NÉERLANDAIS ET SA SOURCE INCONNUE EN ANCIEN FRANÇAIS

*Introduction**

Souvent, les chercheurs dans le domaine de la littérature en moyen néerlandais en quête de certaines réponses sont obligés de se tourner vers les romanistes: de nombreux textes – profanes surtout – sont des traductions ou bien des remaniements de matériaux écrits en ancien français. Au cours de sa longue carrière, Willy Van Hoecke a prouvé qu'on répond volontiers, généreusement et méticuleusement à ces demandes. Parfois, néanmoins, on perçoit un mouvement en direction opposée, où les spécialistes en moyen néerlandais donnent un coup de main aux chercheurs dans le domaine de la littérature en ancien français. J'en donnerai un exemple ci-dessous[1], que je dédie à Willy Van Hoecke en guise de remerciement pour son dévouement à la cause. Il s'agit d'un texte qui a dû circuler en ancien français, mais dont il ne reste qu'une version en moyen néerlandais. Je présenterai brièvement ce texte, tout en soulevant, essentiellement sous forme interrogative, certains aspects historico-littéraires et interprétatifs. Toutefois, comme il serait présomptueux de vouloir traiter cette question dans tous ses détails, j'opte pour une approche qui part d'une optique arthurienne. Dans l'histoire de la littérature néerlandaise, *Torec* est en effet connu comme un roman arthurien, mais il se pose la question de savoir s'il en était de même pour la source en ancien français. Si c'est le cas, il faut se demander de quel type de roman arthurien il s'agit.

* Je tiens à remercier ici Katty De Bundel et An Faems pour leurs commentaires concernant une version antérieure de ce texte, ainsi que Catharina Peersman et Michèle Goyens, qui en ont réalisé la traduction française. Les éventuels défauts du présent article ne sont certainement pas dus à leurs efforts.
  1. Dans la tradition de textes appartenant à la 'matière de la croisade' en moyen néerlandais se manifeste encore ce mouvement inverse. Du *Saladin* en ancien français, il ne nous reste que des versions plus jeunes en prose, tandis qu'en moyen néerlandais, on retrouve des fragments non seulement d'une version rimée datant du 14e siècle, le *Roman van Saladin*, mais aussi d'une suite, le *Roman van Cassant*. Voir à ce propos G.H.M. Claassens, *De Middelnederlandse kruisvaartromans*, Thesaurus, 4 (Amsterdam, 1993), p. 234-238 et 263-266.

Afin de retracer cet historique, commençons par le début, que je situe pour l'instant au Louvre, et plus en particulier dans l'inventaire des livres du 14ᵉ siècle. On peut y lire qu'en 1392, Isabeau de Bavière disposait d'un livre décrit comme *Torrez chevalier au cercle d'or, rimé, bien historié et escript*[2]. En 1411, on constate la perte du livre en question et jusqu'à présent, aucun texte en ancien français répondant à cette description n'a été retrouvé. Si, autrefois, on a eu quelques doutes au sujet de cet ouvrage, Van Oostrom a démontré de façon convaincante en 1979 que le *Torec* en moyen néerlandais, l'un des romans insérés dans la célèbre *Lancelotcompilatie* ('s-Gravenhage, Koninklijke Bibliotheek, ms. 129 A 10, ca. 1320), est à rattacher à cette description[3]. Dans ce roman, le rôle principal est joué par un certain Torec, un héros inconnu pour le reste. Les noms de *Torrez* et *Torec* se ressemblent assez pour faire supposer une relation; le *Torec* en moyen néerlandais renvoie d'ailleurs *expressis verbis* à une source française[4]. Mais les derniers doutes concernant la parenté s'effacent devant le fait que la version en moyen néerlandais consacre de nombreux vers à la quête d'un diadème en or, un *cercle d'or*. On pourrait bien sûr conclure que, si les études romanes désirent connaître ce 'fils prodigue', il ne faut qu'ouvrir le *Torec* moyen néerlandais pour combler une lacune dans l'histoire de la littérature française médiévale. Malheureusement, la réalité n'est pas aussi simple, puisqu'il y a suffisamment d'indices que le *Torec* n'est pas un représentant sans défaut du *Torrez* en ancien français[5]. Avant de discuter ce rapport entre le remaniement et l'original

---

2. J'emprunte à F.P. Van Oostrom, 'De oorspronkelijkheid van de *Torec*, of: de vrije val van een detail door de Nederlandse litteratuurgeschiedenis', *Spiegel der Letteren,* 21 (1979), p. 197-201, toutes les informations sur cette notice.

3. Roel Zemel, 'Over drie romans in de *Torec*', *Voortgang, jaarboek voor de Neerlandistiek,* 20 (2001), p. 47-71, ici p. 48-49, met en doute cette identification, en citant le *cercle d'or* qui apparaît dans le *Perlesvaus* de ca. 1235, mais qui y désigne en fait la couronne d'épines du Christ. L'argumentation de Zemel clarifie certainement le motif du diadème en or, mais ne peut en rien jusqu'à présent affaiblir l'identification du *Torec* en moyen néerlandais par Van Oostrom.

4. Il s'agit du vers 2378: *Also alsict int Romanis hore* ['comme je l'ai appris en roman']. Dans cette contribution, je renvoie à l'édition la plus récente du *Torec* dans D.F. Johnson & Geert H.M. Claassens, *Five Romances from the Lancelot Compilation,* Arturian Archives, Dutch Romances III (Woodbridge, 2003), p. 562-727. Le vers cité se trouve à la page 662. Une source en ancien français devient d'ailleurs de plus en plus plausible lorsqu'on se concentre sur les matériaux onomastiques (les toponymes et les noms de personnes), qui sont d'un caractère français évident.

5. Bien que nous ne disposions pas de matériaux à comparer pour le *Torec*, le texte, tel que nous le connaissons, contient de nombreux éléments qui indiquent un remaniement abréviatif. Non seulement l'accent porte sur l'action (entraînant une profusion d'aventures concentrées dans un texte qui compte moins de 4000 vers), mais également la présence d'inconséquences, petites ou plus considérables, rendent au moins plausible l'hypothèse

– ce qui reste, je l'avoue, une affaire assez spéculative puisque l'un des comparants n'est pas à notre disposition –, principalement en ce qui concerne les éléments arthuriens, je vais présenter brièvement le récit en question, tout en supposant qu'il soutiendra mon argumentation et qu'il n'est pas nécessairement connu auprès du lecteur de ce recueil.

1. L'histoire de Torec

Le texte s'ouvre par le mariage du roi Briant et de Mariole, qui avait été placée dans un arbre par son père et ne pouvait en descendre que lorsqu'un passant lui demanderait la main. Avec Mariole, Briant reçoit un diadème en or qui porte bonheur à celui qui en est coiffé. Un peu plus tard, Bruant vander Montangen vole le diadème pour l'offrir à sa bien-aimée. Celle-ci possède, avec ses deux sœurs, cinquante châteaux qui seront partagés à l'occasion d'un double mariage: l'une de ses sœurs se mariera en effet au même moment qu'elle. C'est Bruant qui fait le partage: deux parts comportent vingt-cinq châteaux, la troisième est constituée par le diadème. La bien-aimée de Bruant est bien déçue lorsque sa sœur aînée, qui est célibataire, choisit le diadème.

Peu après le décès du roi Briant, Mariole accouche d'une fille. Le bébé, enfermé dans un tonneau et accompagné d'une lettre concernant ses parents et le diadème disparu, est confié à la mer. Le tonneau est jeté sur le rivage du royaume d'Ydor vander Baser Rivire, qui fait baptiser l'enfant Tristoise. Plus tard, le roi Ydor épouse cette dernière, et de leur mariage naît un fils. Quand Tristoise voit Torec, son fils, elle rit. Son mari s'en réjouit et prédit qu'elle rira deux fois encore. À l'âge de vingt ans, Torec est adoubé et il est initié à l'histoire de ses origines. Quand il décide de venger sa mère et de reprendre le diadème, Tristoise rit pour la deuxième fois.

Après avoir débloqué le siège du château Fellon, Torec se bat avec un chevalier noir qui disparaît tout à coup. Il rencontre ensuite le chevalier Melions, qu'il vainc au combat. Melions lui montre la route vers le château de Bruant, gardé par des lions et des géants. Malgré ces obstacles, Torec parvient à vaincre Bruant et c'est ainsi qu'il apprend que le

---

d'un tel remaniement (voir Zemel, 'Over drie romans...', mais aussi le 'questionnaire' dans Maaike Hogenhout & Jan Hogenhout, *Torec, een tekstuitgave naar het handschrift met een inleiding*, Abcoude, 1978, p. 18-19). Le *Torec* contiendrait aussi des additions du compilateur, qui seraient dues à son penchant à développer de façon autonome des digressions du récit; voir Bart Besamusca, *The Book of Lancelot. The Middle Dutch Lancelot Compilation and the Medieval Tradition of Narrative Cycles,* Arthurian Studies, 53 (Cambridge, 2003), p. 135.

diadème appartient à la belle-sœur de ce dernier. Celle-ci, riche et d'une superbe beauté, a juré de n'épouser que le chevalier qui battra tous les membres de la Table ronde. En outre, elle est la seule à savoir guérir la blessure empoisonnée que Bruant a infligée à Torec. En faisant route vers le château de la dame, Torec défend d'abord un chevalier enchanté, qui s'appelle Claes van den Briele. Ensuite, il met fin au siège du château de la demoiselle de Montesclare. Celle-ci offre sa main à Torec, mais quand celui-ci la refuse, elle le jette au cachot.

Entre-temps, la bien-aimée de Melions est décédée. Melions décide de chercher l'aventure avec son neveu Helijn. Quand il apprend que Raguel est occupé à détruire le pays du roi Morligant, dont il veut épouser la fille, il part à la recherche de Raguel. Le duel entre Melions et Raguel reste indécis et les deux hommes se lient d'amitié.

Mabilie, la demoiselle de Montesclare, regrette pendant ce temps son comportement et elle libère Torec. Il apparaît après coup que c'est elle qui a provoqué le siège de son château pour pouvoir épouser l'un des chevaliers d'Arthur. Quand, par la suite, elle est enlevée par un géant, Torec n'intervient donc pas. Toujours en route vers la demoiselle au diadème, Torec se voit obligé de battre trois chevaliers de suite: un chevalier rouge qui, tout comme le chevalier noir cité ci-dessus, disparaît soudainement, un chevalier errant banni de la cour d'Arthur et un chevalier noir qui lui fait des reproches au sujet de son attitude envers Mabilie. Après ces combats, Torec arrive au château de Druant, le beau-frère de Bruant, qu'il vainc également. La femme de Druant guérit Torec de sa blessure.[6]

De leur côté, Melions et Raguel partent à la recherche de la fille enlevée du roi Morligant: celui qui la sauve, aura sa main en mariage. Les chevaliers la retrouvent parmi d'autres femmes dans une grotte. Melions descend dans la caverne et y retrouve aussi Mabilie de Montesclare, qui veut bien dévoiler comment on peut tuer le géant, à condition que Melions l'épouse. Après avoir vaincu le géant, Melions est trahi par Raguel: celui-ci l'abandonne dans la grotte et part, accompagné de toutes les femmes, pour la cour du roi Morligant, où il revendique la main de sa fille. Melions parvient néanmoins à s'échapper et il est reconnu à la cour de Morligant comme étant le véritable libérateur. C'est par conséquent

---

6. Voici un bel exemple des inconséquences narratives dans l'histoire, qui font supposer que le texte a été modifié, car antérieurement, c'est la sœur aînée, qui possède le diadème, qui est mentionnée comme étant la seule à pouvoir guérir Torec. Une lecture méticuleuse du texte fait facilement ressortir des inconséquences pareilles.

lui qui épouse la princesse et Mabilie se voit obligée d'accepter Helijn, le neveu de Melions, comme mari.

Parallèlement à cet épisode, Torec quitte Druant et se voit obligé de se battre avec un chevalier blanc qui disparaît soudainement, tout comme les chevaliers noir et rouge antérieurement. Il embrasse ensuite la cause d'une demoiselle, qui vient de perdre trente châteaux à cause d'un jugement injuste de la cour d'Arthur. Il loge chez Walewein – Gauvain en ancien français –, le seul à ne pas souscrire au jugement, parce qu'il n'était pas présent. L'affaire se termine par un duel entre Torec et Ywain. Evidemment, c'est Torec qui gagne, en rendant ainsi à la demoiselle ses possessions. Torec est alors invité expressément à devenir membre de la communauté arthurienne, mais il refuse résolument. Après son départ de la cour, il bat un chevalier menaçant une demoiselle ainsi qu'un groupe de chevaliers qui, sous la direction d'Ypander, empêchent une dame d'enterrer son amant mort. Torec arrive ensuite à la cour du roi Ydras, d'où il part sur un navire magique pour la *Chambre de sagesse* (*Camere van wijsheiden*). Là, il écoute pendant trois jours des conversations au sujet des vertus et de l'amour.

En poursuivant sa quête de la demoiselle au diadème, Torec est enfermé par les chevaliers de Myduel. Celui-ci est amoureux de la demoiselle qui avait perdu ses trente châteaux. Il veut libérer Torec à condition que celui-ci le remplace dans une joute pour obtenir la main de la demoiselle en question. Revêtu de l'armure de Myduel, Torec gagne le tournoi et Myduel se marie avec la jeune fille. Après avoir repris le chemin, Torec arrive au château de Rogard, dont il tue les deux géants. Les lois de l'hospitalité interdisant une action violente contre Torec, les fils de Rogard le capturent le lendemain, quand il a quitté le château. Torec ne peut se libérer qu'en tuant un chevalier rouge qui a tué deux des fils de Rogard.

Aux alentours du château de la demoiselle au diadème, Torec rencontre une dame qui lui donne une tente et des vivres. Quand Miraude – la demoiselle au diadème – apprend que Torec campe sous ses murs, elle est ravie, puisqu'elle est amoureuse de lui depuis trois ans. Torec est disposé à combattre tous les chevaliers d'Arthur afin de satisfaire à la condition de mariage posée par Miraude. Pendant qu'un messager part pour la cour d'Arthur pour inviter la Table ronde au tournoi, Torec rencontre un chevalier qui se présente comme étant un oncle de sa mère Tristoise. Celui-ci avait été non seulement le chevalier en rouge, noir et blanc qui disparaissait à chaque fois, mais aussi l'homme qui avait guidé Torec vers la *Chambre de sagesse*. Il prédit qu'il gagnera aussi bien le diadème que la main de Miraude.

Après avoir adressé une lettre d'amour à Miraude, Torec reçoit d'elle un anneau qui le rendra invincible. Il vainc les quarante chevaliers députés par Arthur, mais à la demande de Walewein, vingt d'entre eux avaient coupé leur sangle de selle. Malgré leur refus de faire de même, Keye et ses partisans sont également vaincus. Keye argumente néanmoins que la condition de mariage n'est pas remplie, vu le fait que Torec n'a toujours pas battu tous les chevaliers d'Arthur, et ils chevauchent ensemble vers la cour d'Arthur. En abandonnant Torec furtivement, Keye donne à Ypander l'opportunité de se venger sur lui. Ypander enlève Miraude, mais Torec le bat et les deux hommes se réconcilient. À la cour d'Arthur, Torec vainc les chevaliers les uns après les autres, aidé de nouveau par Walewein, qui propose de couper la sangle de selle des adversaires. Finalement, Torec n'est battu que par Arthur lui-même, qui entre en lice incognito. D'après le narrateur, les forces physiques d'Arthur dépassent celles de tout chevalier, et c'est ainsi qu'il est exclu de chaque tournoi.

Quand les parents de Torec arrivent à la cour, Tristoise rit pour la troisième fois, au moment où elle voit Miraude porter le diadème. Torec et Miraude se marient et Torec règne sur le pays de sa femme. L'histoire se termine par le voyage entrepris par Torec pour reconquérir son héritage après la mort de ses parents. Il est aidé par Walewein et une armée considérable.

2. Genèse

Comme je l'ai déjà suggéré ci-dessus, nous pourrions supposer que ce résumé offre une reproduction adéquate de ce qu'était autrefois le texte en ancien français, et ensuite en analyser les aspects plus interprétatifs. Cependant, c'est l'histoire de la transmission même qui nous incite à être prudents. Au Moyen Âge, la traduction ne fonctionne pas de la même manière qu'aujourd'hui et en outre, le compilateur de la *Lancelotcompilatie* – selon toute probabilité le prêtre brabançon Lodewijc van Velthem – est connu pour son remaniement décidé des textes qu'il compilait[7]. Ces deux raisons suffisent pour ne pas accepter aveuglément que le *Torec* en moyen néerlandais est un représentant fidèle du *Torrez* perdu[8]. Il faut

7. De toute la littérature consacrée à la *Lancelotcompilatie*, je ne cite ici que Besamusca, *The Book of Lancelot*. Ce livre traite de façon claire l'état de la question de tous les aspects liés à la genèse de la compilation. Le lecteur est guidé sans difficulté vers la littérature pertinente.

8. On a déjà écrit beaucoup au sujet de la genèse du *Torec*. Les ouvrages importants sont les suivants: Zemel, 'Over drie romans...' (qui entrera en compte encore plusieurs fois), Van Oostrom, 'De oorspronkelijkheid...', Frits Van Oostrom, *Maerlants wereld*

même ajouter que Lodewijc van Velthem n'a probablement pas traduit lui-même le texte de l'ancien français, mais qu'il s'est servi d'une traduction ou d'un remaniement plus ancien de la main de personne d'autre que Jacob van Maerlant. Ce poète flamand extrêmement productif a écrit une œuvre impressionnante pendant la seconde moitié du treizième siècle[9]. Avant de s'exprimer sur certains aspects historico-littéraires et interprétatifs du récit, il faut donc tenir compte d'au moins deux chaînons reliant la source en ancien français et la version conservée en moyen néerlandais, à savoir la traduction de Maerlant et le remaniement de cette traduction par Velthem, qui ont sans aucun doute influencé tant le contenu que la forme. Ces observations faites, je retourne aux éléments arthuriens de l'histoire, ou plutôt aux éléments anti-arthuriens, puisqu'ils montrent la communauté arthurienne sous un jour bien étrange[10].

3. Éléments anti-arthuriens

Torec est un héros qui s'achemine vers la royauté et le mariage. La donnée traditionnelle de la quête – bien que Torec ne parte pas à la recherche du Graal, mais d'un diadème et d'une épouse – ressort d'innombrables textes du Moyen Âge et d'autres époques: en passant de rudes épreuves, le héros doit prouver qu'il est digne d'une position sociale élevée et des nombreuses responsabilités qui accompagnent celle-ci[11]. Nous connaissons aussi cette donnée par le biais du reste de la littérature arthurienne médiévale, par exemple les romans de Chrétien de Troyes. Il n'est donc guère étonnant de voir apparaître la communauté arthurienne dans le *Torec*. Néanmoins, si, dans ce récit, la communauté arthurienne a transmis un savoir à Torec, c'est surtout un savoir-faire à éviter en tant que chevalier! Afin de souligner cette idée, je passerai en revue les passages les plus importants dans lesquels la cour d'Arthur a un certain rôle à jouer.

(Amsterdam, 1996), p. 238-241 et J. Hogenhout, *De geschiedenis van Torec en Miraude. Een onderzoek naar de oorsprong en de ontwikkeling van een Arturroman* (Leiden, 1976) (quoique, dans cette publication, l'esquisse de l'influence des matériaux de contes de fées reste très spéculative).

   9. On peut à peine saisir toute la littérature au sujet de Maerlant, mais Van Oostrom *Maerlants wereld*, en offre une synthèse intéressante.

   10. Je développe ici certaines idées de K. Heeroma, *Maerlants Torec als 'sleutelroman'*, Mededelingen der KNAW, afd. Letterkunde, Nieuwe reeks 36, nr. 5 (Amsterdam, 1973) et H. Vekeman, *Torec, een middeleeuws kunstwerk* (Nijmegen, 1980).

   11. C'est ainsi que Jeanette Koekman, '*Torec*, een vorstelijk verhaal. Zinvolle verbanden in een complexe tekst', *De nieuwe taalgids,* 81 (1988), p. 111-124 propose d'interpréter le *Torec*.

Deux endroits présentent des renvois très brefs à la communauté arthurienne. Le premier se trouve aux vers 43-49 et fait allusion à certains
propos de Merlin sur le diadème et aux efforts inutiles des chevaliers de
la Table ronde pour l'acquérir. Il y a de fortes chances que ces éléments
proviennent du *Torrez* en ancien français: comme ce renvoi n'a aucun
point de référence dans le *Torec*, ni dans l'ensemble de la *Lancelotcompilatie* telle qu'elle nous est conservée, nous pourrions admettre qu'il s'agit
ici d'un vestige de la source[12]. Si ce n'est pas le cas, il faut accepter que
le renvoi sorte de la plume de Maerlant ou de Velthem, ce qui susciterait
la question suivante: l'un des deux n'a-t-il pas écrit ces propos en l'air,
ayant pour seul but d'introduire tant bien que mal un élément arthurien
au début de l'histoire? Ce début, qui ressemble à celui d'un 'conte mélu-
sien'[13], dévie fortement du début traditionnel du roman arthurien, qui
commence habituellement par une scène à la cour.

Un deuxième renvoi, précédant l'épisode de la demoiselle de Montesclare, concerne le serment de la belle-sœur de Bruant (qui recevra plus
tard le nom de Miraude) sur son mariage: elle épousera seul ce chevalier
qui sache vaincre tous les membres de la Table ronde (v. 643-649). Ce
renvoi aurait bien pu faire partie de la source en ancien français: elle est
liée thématiquement à l'épisode de la demoiselle de Montesclare, que
nous traitons ci-dessous[14].

Dans cet épisode sur Mabilie de Montesclare (v. 756-1004 et 1224-
1305)[15], on nous propose la première mention substantielle de la communauté arthurienne. L'épisode en question – qui, d'après Roel Zemel,
appartient à la source en ancien français et est greffé sur un épisode du
Conte du Graal de Chrétien[16] – révèle que Mabilie de Montesclare a

---

12. Nous supposons donc que Maerlant ou Velthem n'ont pas supprimé cette digression de l'histoire, en imposant au public un renvoi sans point de référence.

13. Cf. Zemel 'Over drie romans...', p. 50.

14. Ceci n'est toutefois pas certain. Le renvoi est tellement lapidaire que la condition
de mariage pourrait facilement avoir subi des changements au cours du processus de traduction ou d'interpolation.

15. L'épisode de la demoiselle de Montesclare est interrompu par une autre digression
dans le récit consacré au chevalier Melions (v. 1005-1223).

16. Voir Zemel 'Over drie romans...', p. 58-60. Celui-ci renvoie au *Conte du Graal*,
v. 1706-2975, en attirant explicitement l'attention sur la comparaison du *Torec*, v. 874-
938 avec le *Conte du Graal*, v. 2393-2490. Pour cette relation intertextuelle, voir aussi
Bart Besamusca, 'The Damsel of Montesclare in the Middle Dutch *Lancelot Compilation*', dans: G.H.M. CLAASSENS & D.F. JOHNSON (éds), *King Arthur in the Medieval Low
Countries,* Mediaevalia Lovaniensia, Series I, Studia XXVIII (Leuven, 2000), p. 87-96,
qui démontre de façon convaincante que ce lien est à attribuer à l'auteur du texte en
ancien français. Le *Torec* reprend pour ainsi dire une digression de l'histoire du *Conte
du Graal* et l'achève: Chrétien relate notamment comment la vilaine demoiselle annonce

provoqué le siège de son château uniquement pour piéger le meilleur chevalier de la cour d'Arthur, afin que celui-ci se marie avec elle. Dans cette version burlesque du motif de la demoiselle assiégée, Torec est jeté – injustement et très littéralement – dans les fers de l'amour. Ce qui frappe également, c'est que la communauté arthurienne est typée comme fournisseuse de prétendants acceptables[17], tandis que, pour Mabilie, aucune aide ne vient de ce côté. Nous pourrions évidemment poser qu'Arthur et les siens ne sont pas responsables du fait qu'un individu envisage leur communauté de telle façon, mais il reste à voir si dans le *Torec* cette attitude assez utilitariste vis-à-vis de la cour d'Arthur sera encore modifiée en une approche plutôt élevée et teintée d'idéalisme.

Lorsqu'il repart, Torec rencontre un *vogaet*, un chevalier errant (v. 1328-1388). Torec se bat avec le *vogaet* et le vainc, après quoi les deux hommes passent une soirée agréable ensemble. Quand le *vogaet* raconte son histoire, Torec apprend que celui-ci appartenait autrefois à la cour d'Arthur, mais qu'il avait été banni parce qu'il avait attaqué Keye avec un couteau. Évidemment, il est interdit d'attaquer ses compagnons au couteau, mais l'histoire explique qu'à la base de cette réaction violente se trouve l'attitude calomnieuse de Keye. Le passage concernant le *vogaet* – un personnage qui nous fait penser à Elegast, du célèbre roman en moyen néerlandais *Karel ende Elegast*[18] – démontre la position étrange de la justice à la cour d'Arthur. Quoique le *vogaet* ne soit pas un petit saint, c'est lui qui souffre des répercussions de son conflit avec Keye: Keye, de son côté, n'a

une série d'aventures possibles, parmi lesquelles la délivrance de la demoiselle de Montesclare assiégée apparaît parmi les actions les plus honorables. Gauvain tente immédiatement sa chance, mais Guigambresil l'empêche de mener l'aventure à bon terme. Ainsi, Chrétien étoffe son portrait ironisant de Gauvain: celui-ci n'aspire qu'à la gloire profane. Cette donnée s'avère intéressante quand l'on prend en compte le portrait de Walewein dressé par la *Lancelotcompilatie*, dans laquelle l'auteur semble viser une réhabilitation ambiguë de ce personnage; voir à ce sujet Katty De Bundel & Geert Claassens, 'Alle die avonturen van Logers. Over de samenstelling van de *Lancelotcompilatie*', dans: B. Besamusca, R. Sleiderink et V. Uyttersprot (réd.), *Maar er is meer. Avontuurlijk lezen in de epiek van de Lage Landen* (Leuven, 2005), p. 303-318, surtout p. 304-309.

17. Un autre roman qui a été inséré dans la compilation, à savoir *Lancelot et le cerf au pied blanc*, contient un parallèle frappant: la cour d'Arthur y apparaît également en tant que collection de célibataires mariables, qui répondent avidement à la demande d'une demoiselle d'attraper un cerf ayant un pied blanc. Cette mission sera récompensée par la main d'une reine. Sur ce texte, voir G.H.M. Claassens, 'Le narrateur en tant que personnage dans le *Lanceloet en het hert met de witte voet*', dans: Juliette Dor (éd.), *Conjointure Arthurienne. Actes de la "Classe d'excellence" de la Chaire Francqui 1998* (Louvain-la-Neuve, 2000), p. 19-33.

18. Comme l'avait déjà remarqué Heeroma, *Maerlants Torec...*, p. 25-26.

pas perdu son siège à la Table ronde. Il semble qu'Arthur a protégé une fois de plus son *drossate*[19].

Torec se réconcilie avec le *vogaet* immédiatement après avoir entendu son histoire et passe une soirée agréable avec lui. Ceci est au moins révélateur par rapport à l'attitude qu'adopte Torec face à ce déroulement des affaires: Torec paraît se distancier de la réputation positive tradition-nelle de la cour d'Arthur en tant que siège de la justice. Ce faisant, il ne souscrit pas au jugement prononcé sur le *vogaet*. À ce propos, la question de savoir si ce passage à l'aspect arthurien figurait déjà dans le *Torrez* en ancien français, ou s'il a reçu sa forme actuelle suite à un remaniement par Maerlant ou Velthem, reste encore en suspens[20].

L'apparition suivante de la cour d'Arthur – la première confrontation réelle de Torec avec Arthur et les siens – ne réhabilite point la commu-nauté arthurienne. Bien au contraire, après sa ridiculisation dans l'épisode de Mabilie et les doutes suscités par le passage sur le *vogaet*, la commu-nauté arthurienne tombe à présent dans le discrédit de façon assez directe. Dans ce passage (v. 1925-2107), Torec rencontre une demoiselle à qui Arthur a enlevé ses trente châteaux. Torec décide alors d'accompagner la demoiselle à la cour d'Arthur, où il découvre que le jugement a été prononcé parce que la demoiselle a manqué à ses devoirs, alors qu'elle avait été convoquée trois fois. La jeune femme l'admet promptement, ce qui n'empêche toutefois pas le jugement d'être hors de toute proportion: c'est sans avoir entendu les deux parties – nous n'apprenons d'ailleurs nulle part pourquoi la demoiselle a été convoquée! – que la communauté arthurienne a attribué les trente châteaux à Arthur. Lorsque le jugement est révisé après la victoire de Torec sur Ywain, Arthur restitue les châ-teaux à la demoiselle, mais il ne reconnaît pas que le jugement était injuste:

> Doe scout die coninc quite te hant
> Ende seide: "Al waest gewiset mi,
> Ic geeft haer weder, quite ende vri."[21]

---

19. Toutefois, à la fin de *Torec* (v. 3589-3590), Arthur sermonne Keye au sujet de son attitude envers Torec – il avait notamment quitté Torec au milieu de la nuit, de sorte qu'Ypander pût enlever Miraude et provoquer un combat avec Torec (v. 3455-3582) –, mais nous ne pouvons guère considérer ce sermon comme une punition efficace du méfait de Keye.

20. Heeroma, *Maerlants Torec...*, p. 141-143, soupçonne ici la main de Maerlant, sur-tout à cause de la ressemblance avec le rôle d'Elegast dans *Karel ende Elegast*, mais il ne souffle mot de la responsabilité de Maerlant quant à la forme arthurienne de l'épisode.

21. *Torec*, v. 2071-2073 (Johnson & Claassens, *Five Romances...*, p. 650).

('Le roi confirma immédiatement l'abrogation et dit: "Bien que les biens me soient attribués par jugement, je les lui rends, libres et exempts de charges."')

En fait, Arthur continue à maintenir l'équité du jugement, alors qu'un duel juridique vient de prouver le contraire. Même s'il semble généreux en rendant à la demoiselle ce qui lui revient de droit, sa générosité sonne clairement faux.

L'attitude de Walewein dans cette affaire est remarquable: il refuse de souscrire au jugement – ce qui pourrait être interprété à son avantage –, mais uniquement parce qu'il n'était pas présent au moment où le jugement avait été prononcé. C'est ainsi que je lis la remarque qui lui est attribuée:

Doe seide Walewein, die riddere vri:
"Dit vonnesse en treckic niet an mi,
Want in waser over niet."[22]
('Walewein, le noble chevalier, dit alors: "Je n'assume pas la responsabilité de ce jugement, parce que je n'y étais pas présent."')

Ces propos n'expriment pas un refus franc sur ce jugement, ils ne parlent que du refus de responsabilité. Les actions ultérieures de Walewein au cours du même épisode semblent souligner une prise de position pareille. Il a beau traiter courtoisement Torec en tant que champion de la demoiselle diffamée, il ne participe pas lui-même à la lutte contre l'injustice dans sa propre communauté. Il n'est guère surprenant que Torec refuse finalement de devenir membre de la communauté arthurienne, malgré l'invitation explicite d'Arthur et de sa reine[23]. Pour cet épisode, on a découvert un lien avec *Le Chevalier au Lion* de Chrétien, et même si nous pouvons suivre Zemel dans cette hypothèse[24], il est nécessaire d'ajouter que Zemel lui-même reste assez vague sur la question de savoir si cette relation est due à l'auteur français original, ou s'il appartient plutôt à la tradition en moyen néerlandais[25]. À mon avis, l'attitude ambi-

22. *Torec*, v. 1962-1964 (Johnson & Claassens, *Five Romances...*, p. 644).

23. Cette invitation contient un autre élément étonnant, à savoir qu'Arthur et sa reine tentent d''acheter' l'adhérence de Torec en lui promettant des avantages matériels. Voir les vers 2079-2085, et surtout le dernier vers de ce passage.

24. Zemel, 'Over drie romans...', p. 60-61, souligne les parallèles entre cet épisode du *Torec* (v. 1925-2085) et *Le Chevalier au Lion* (v. 4697-5100 et 5804-6448). La relation entre les deux textes prend la forme d'un reflet à l'envers: chez Chrétien, la cour d'Arthur apparaît comme un endroit où la justice finit par triompher grâce à l'intervention d'Arthur même (et où Gauvain choisit d'ailleurs le mauvais camp); dans le *Torec*, la justice triomphe grâce à l'intervention décidée d'un étranger et Walewein joue un rôle positif ambigu.

25. Zemel, 'Over drie romans...', p. 64, pose prudemment que 'l'auteur du *Torec*' a sans doute voulu corriger l'image négative de Gauvain dans *Le Chevalier au Lion*. Nous supposons qu'il renvoie à Maerlant ou à Velthem. La question que Zemel ne se pose pas,

valente de Walewein permet précisément de poser que le lien intertextuel avec le roman de Chrétien fait partie du *Torrez* en ancien français, mais que le rôle concret de Walewein à cet endroit du *Torec* témoigne plutôt du travail du compilateur. Un argument important à ce propos est la donnée que, dans le *Torec*, la communauté arthurienne ne forme pas le but des aspirations de Torec, mais – Zemel le reconnaît également[26] – plutôt un obstacle pour que celui-ci puisse atteindre son objectif. Il est alors évident de voir apparaître une opposition maximale et significative entre le protagoniste et la communauté arthurienne, tandis que, dans le texte en moyen néerlandais, l'intervention étonnante de Walewein affaiblit exactement cette opposition.

Lors de la confrontation suivante de Torec avec la communauté arthurienne, Walewein joue également un rôle exceptionnel (v. 3026-3396). Quand Torec a finalement trouvé sa Miraude, il est encore obligé de vaincre *tous* les membres de la communauté arthurienne avant qu'il ne puisse véritablement la considérer comme la sienne. Au cours du tournoi apparaissent quarante chevaliers d'Arthur, parmi lesquels figurent Walewein et Keye. Walewein propose de couper les sangles de selle, pour que Torec puisse conquérir sa fiancée. Keye s'oppose à cette initiative, en faisant appel à l'honneur de la communauté arthurienne: que penser si un seul chevalier parvient à vaincre quarante membres de la Table ronde? C'est justement Keye – calomniateur et querelleur patenté – qui défend ici l'honneur de la communauté arthurienne! Tant noble que puisse être le geste de Walewein, en fait, il dégrade le tournoi pour en faire une farce. Une farce complètement superflue d'ailleurs, car Torec a reçu de Miraude un anneau magique qui le rend invincible. Dans cette partie de l'histoire, Arthur et ses chevaliers forment une association de tournois anoblie, qui s'engage à aider le héros à se marier – et si l'on veut voir ici un écho de l'épisode de Montesclare, je ne m'y opposerai pas.

L'impression étrange de cet épisode est encore renforcée par la suite (v. 3397-3460 en 3583-3721)[27]. Keye signale notamment que tous les

mais qui nous semble bien pertinente, est la suivante: l'épisode entier est-il enraciné dans le *Torrez*, ou l'ensemble est-il dû à la tradition en moyen néerlandais?

26. Zemel, 'Over drie romans...', p. 61.

27. Le déroulement du tournoi à la cour d'Arthur est divisé en deux parties (les préparatifs et le tournoi même), séparées l'une de l'autre par le chapitre dans lequel Ypander parvient à enlever Miraude sous le nez de Torec, action que Keye a rendue possible en quittant Torec la nuit, contrairement à ce qu'il avait promis (v. 3461-3582). Ce deuxième épisode sur Ypander appartient probablement à la source en ancien français et contient un lien avec – de nouveau – *Le Chevalier au Lion* de Chrétien (voir à ce sujet Zemel, 'Over drie romans...', p. 64-65).

chevaliers de la Table ronde n'ont pas encore été battus, de sorte que la condition de mariage posée par Miraude n'est pas encore remplie. La compagnie se rend à la cour d'Arthur pour y continuer le tournoi. Il est frappant que Walewein propose de nouveau de couper les sangles de selle des chevaliers d'Arthur – un redoublement du motif qui est au moins suspect et qui paraît indiquer un remaniement du texte original[28]. Quand Torec a vaincu tous les chevaliers, Arthur lui-même – *mirabile dictu* – entre dans l'arène. Incognito, il engage le combat avec Torec et le vainc de façon assez inorthodoxe: il l'étreint fortement du bras et le tire de son cheval. Lorsque Torec apprend que c'est Arthur qui l'a battu, il accepte facilement ce défait: apparemment, il n'est pas honteux d'avoir été vaincu par Arthur. Cet état de choses suscite quelques questions. L'intervention d'Arthur en tant que roi combattant peut être qualifiée d'assez exceptionnelle: appartenait-elle alors bien au texte d'origine en ancien français? Arthur n'apparaît-il que pour dorer le blason abîmé de la Table ronde, après que tous ses chevaliers ont été battus? Ce n'est certainement pas impossible. Je ne peux pas donner de preuve indéniable, mais j'aimerais signaler une contradiction interne qui semble naître de cette intervention: si Arthur vainc Torec, celui-ci a-t-il toujours rempli la condition de mariage qui joue un rôle tellement important?[29] Qui plus est, l'anneau qui rendait Torec invincible au cours des combats précédents, n'est-il plus efficace face à Arthur? Ces inconséquences me semblent indiquer des changements dans la trame du texte original et signalent que ce passage – en tout cas sous sa présente forme – n'appartenait pas au *Torrez* en ancien français[30].

Je n'ai pas cité tous les détails, mais j'espère avoir convaincu le lecteur du fait que le rôle de la communauté arthurienne dans le *Torec* est loin d'être univoque. Il est incontestable que certains éléments de l'histoire envisagent Arthur et les siens dans une perspective ironisante et critique: la demoiselle de Montesclare, le *vogaet*, la demoiselle diffamée

---

28. Besamusca, *The Book of Lancelot...*, p. 132, suit Van Oostrom, *Maerlants wereld*, p. 249-250, en attribuant le caractère remarquable de ce passage à l'influence de Maerlant. L'argumentation suivie est néanmoins lacuneuse et n'exclut pas un remaniement postérieur par le compilateur. Il me semble en tout cas très peu probable que ce passage ait appartenu au *Torrez* en ancien français.

29. En outre, il faut se poser la question de savoir si l'on peut considérer Arthur même comme un chevalier de la Table ronde. Si la réponse est affirmative, la condition de mariage n'est pas remplie. S'il ne peut pas être considéré comme tel, il n'y a aucun problème.

30. S'il s'agit vraiment d'une addition, celle-ci vise sans aucun doute à fournir une fin arthurienne traditionnelle, qui se situe à la cour d'Arthur.

et le tournoi de façade[31]. Ces éléments trouvent un contrepoids dans les interventions frappantes de Walewein et l'apparition d'Arthur se battant en duel[32], mais je crois que l'équilibre n'est pas vraiment rétabli. C'est plutôt une contradiction narrative qui est créée ici. À mon avis, on ne peut guère lire le *Torec* en tant qu'éloge continu d'Arthur et la communauté de la Table ronde, parce que l'aspect ironisant et critique pèse trop. La question qui se présente maintenant − et avec laquelle je terminerai d'ailleurs mes considérations − est la suivante: qui est responsable de ce portrait exceptionnel de la communauté arthurienne?

Conclusion

Si les considérations précédentes s'avèrent pertinentes, nous pouvons conclure prudemment que le texte original en ancien français contenait bel et bien certains éléments arthuriens importants, mais que c'étaient des éléments narratifs où la communauté arthurienne n'apparaissait pas simplement comme étant le *nec plus ultra* de la courtoisie, de l'esprit chevaleresque et de la justice. Je partage l'avis de Zemel sur le fait que le développement du protagoniste suppose une opposition maximale par rapport à la communauté arthurienne, mais il est évident que l'ampleur de cette présence arthurienne dans le *Torez* ne peut pas encore être mesurée complètement − bien que le livre d'Isabeau de Bavière puisse toujours faire surface pour répondre à nos questions.

Il ne serait pas étonnant si c'était précisément cette note ironisante et critique du *Torez* en ancien français, malheureusement disparu, qui a incité Jacob van Maerlant à remanier le texte en moyen néerlandais. L'attitude de Maerlant envers le monde arthurien est notamment caractérisée par une ambivalence prononcée. Au début de sa carrière − vers 1261 − il a adapté la version en prose de l'*Estoire del Saint Graal* et de l'*Estoire de Merlin* de Robert de Boron en paires de vers rimés en moyen néerlandais. Son remaniement du *Torez* est à situer peu après. Toutefois, dans ses ouvrages ultérieurs, il s'oppose fortement au caractère fictif de

---

31. On peut y ajouter encore le passage où un écuyer décrit son seigneur, le roi Ydras, comme étant le meilleur roi. Ainsi, Ydras reçoit explicitement un statut plus élevé qu'Arthur (v. 2261-2264). Voir sur ce passage De Bundel & Claassens, '*Alle die avonturen…*', p. 312.

32. J'aimerais bien signaler aussi les quelques lignes (v. 3807-3826) où l'histoire esquisse sommairement qu'à la demande de Torec, une armée arthurienne sous la direction de Walewein vient l'aider à reconquérir le royaume de son père. Ce petit passage semble également être une addition ultérieure.

nombreuses histoires arthuriennes et même dans ses remaniements de Boron, il se présente déjà comme étant très critique par rapport aux prétentions de véracité de ses sources. Le caractère hautement éducatif du *Torec* et son éreintement des apparences de la vie courtoise en font un roman qui correspond parfaitement aux efforts didactiques de Maerlant, plus manifestes encore dans ses ouvrages ultérieurs[33]. Dans *Sinte Franciscus Leven* et son *Spiegel historiael*, Maerlant montre son intention de sauver l'Arthur historique du personnage fictif, justement parce que les histoires inventées sont dominées par des *truffe van minnen ende van stride* ('des fictions sur l'amour et le combat')[34]. Alors pourquoi ne pas accepter qu'il adopta déjà une telle position en remaniant le *Torec*?

Le compilateur – que ce soit Lodewijc van Velthem ou quelqu'un d'autre – a choisi d'intégrer le texte dans son cycle, un indice non négligeable de la présence d'éléments arthuriens avant l'incorporation même de cette oeuvre. Sinon, pourquoi l'aurait-il intégrée? Un texte sans aucune référence arthurienne n'aurait pas incité à une telle intégration. L'approche critique de la communauté arthurienne doit avoir été un argument de poids pour que le compilateur mette le *Torec* juste devant *Arturs doet*, histoire dans laquelle le déclin du royaume d'Arthur est révélé comme un drame boécien. Le compilateur semble néanmoins avoir affaibli la critique en même temps: le rôle ambigu de Walewein et l'intervention aussi étrange d'Arthur à la fin de l'histoire pourraient bien être des adaptations du compilateur, qui annonce ainsi la *démise* de la communauté arthurienne, tout en empêchant que la chute complète ne s'accomplisse avant la *grande finale*. Le *Torec* peut donc être envisagé comme l'un des stades intermédiaires du déclin, annoncé déjà dans la *Queeste vanden Grale* et qui se manifeste ouvertement dans *Arturs doet*. Le *Torec*

33. Je voudrais renvoyer ici au passage exceptionnel sur la *Chambre de sagesse* (v. 2363-2611), où l'élément éducatif occupe un rôle de premier plan. Sur ce passage, où l'étranger Torec, et non un membre de la communauté arthurienne, accepte les leçons qui lui sont offertes, voir W.P. Gerritsen, 'Wat voor boeken zou Floris V gelezen hebben?', dans: F.W.N. Hugenholtz & E.H.P. Cordfunke (réd.), *Floris V: Leven, wonen en werken in Holland aan het einde van de dertiende eeuw* (Den Haag, 1979), p. 71-86, ici p. 83-85. Van Oostrom, *Maerlants wereld*, p. 130-132 et 238-241, suppose d'ailleurs que ce passage est une addition de la main de Maerlant et qu'il ne figurait donc pas dans le *Torrez* en ancien français.

34. Sur l'évolution de la position de Maerlant par rapport à la littérature arthurienne contemporaine, voir G.H.M. Claassens & D.F. Johnson, 'King Arthur in the Medieval Low Countries: An Introduction', dans: G.H.M. Claassens & D.F. Johnson (éds), *King Arthur in the Medieval Low Countries,* Mediaevalia Lovaniensia, Series I, Studia XXVIII (Leuven, 2000), p. 1-34, surtout p. 1-4. Pour la tendance didactique probable dans le *Torec* de Maerlant, voir Van Oostrom, *Maerlants wereld*, p. 130-132, qui argumente que Maerlant a sans doute conçu sa version comme un miroir des princes.

démontre – plus encore que les autres romans insérés entre la *Queeste* et *Arturs doet* – que la communauté arthurienne n'a pas suffisamment tiré ses conclusions de la quête du Graal et qu'elle est par conséquent condamnée au déclin[35]. Certes, le compilateur n'est pas toujours intervenu aussi méticuleusement, personne ne le niera, mais nous pouvons constater quand même que son travail de compilation est bien plus qu'une combinaison assez mal contrôlée d'histoires arthuriennes disponibles.

Mon exposé ne veut pas uniquement rendre service à la romanistique, ne serait-ce qu'à cause des seules spéculations que nous pouvons faire à partir du *Torec* conservé en moyen néerlandais – j'espère que chaque lecteur, mais *a fortiori* Willy Van Hoecke, voudra bien me le pardonner. En outre, il est évident que les spéculations au sujet des racines françaises du *Torec* en moyen néerlandais peuvent non seulement compléter une lacune dans l'histoire de la littérature française, mais servent aussi à interpréter le texte en moyen néerlandais et le contexte direct dans lequel celui-ci nous est parvenu, à savoir la *Lancelotcompilatie*. Le *Torrez* en ancien français n'a pas (encore) fait surface, mais il semble à présent très plausible que son caractère arthurien était beaucoup plus limité que celui de son descendant en moyen néerlandais[36].

Katholieke Universiteit Leuven

Bibliographie

Besamusca Bart, 'The Damsel of Montesclare in the Middle Dutch *Lancelot Compilation*', dans: G.H.M. Claassens & D.F. Johnson (éds), *King Arthur in the Medieval Low Countries,* Mediaevalia Lovaniensia, Series I, Studia XXVIII (Leuven, 2000), p. 87-96.

Besamusca Bart, *The Book of Lancelot. The Middle Dutch Lancelot Compilation and the Medieval Tradition of Narrative Cycles,* Arthurian Studies, 53 (Cambridge, 2003).

35. Ceci n'a pas encore été démontré en détail pour tous les romans insérés entre la *Queeste vanden Grale* et *Arturs doet*, mais De Bundel & Claassens, '*Alle die avonturen...*', défendent pour une lecture pareille des textes qui ont été intercalés à cet endroit dans la *Lancelotcompilatie*.

36. Dans ce contexte, je peux me rallier à l'avis de Vekeman, *Torec, een middeleeuws...*, p. 51, qui suggère que dans l'histoire de Torec la communauté arthurienne n'occupe pas une position centrale, ce qui est le cas au moins dans les versions précédant la *Lancelotcompilatie*.

CLAASSENS G.H.M., *De Middelnederlandse kruisvaartromans*, Thesaurus, 4 (Amsterdam, 1993).

CLAASSENS G.H.M., 'Le narrateur en tant que personnage dans le *Lanceloet en het hert met de witte voet*', dans: Juliette DOR (éd.), *Conjointure Arthurienne*. Actes de la "Classe d'excellence" de la Chaire Francqui 1998 (Louvain-la-Neuve, 2000), p. 19-33.

CLAASSENS G.H.M. & D.F. JOHNSON, 'King Arthur in the Medieval Low Countries: An Introduction', dans: G.H.M. CLAASSENS & D.F. JOHNSON (éds), *King Arthur in the Medieval Low Countries*, Mediaevalia Lovaniensia, Series I, Studia XXVIII (Leuven, 2000), p. 1-34.

DE BUNDEL Katty & Geert CLAASSENS, '*Alle die avonturen van Logers*. Over de samenstelling van de *Lancelotcompilatie*', dans: B. BESAMUSCA, R. SLEIDERINK et V. UYTTERSPROT (réd.), *Maar er is meer. Avontuurlijk lezen in de epiek van de Lage Landen* (Leuven, 2005), p. 303-318.

GERRITSEN W.P., 'Wat voor boeken zou Floris V gelezen hebben?', dans: F.W.N. HUGENHOLTZ & E.H.P. CORDFUNKE (réd.), *Floris V: Leven, wonen en werken in Holland aan het einde van de dertiende eeuw* (Den Haag, 1979), p. 71-86.

HEEROMA K., *Maerlants Torec als 'sleutelroman'*, Mededelingen der KNAW, afd. Letterkunde, Nieuwe reeks 36, nr. 5 (Amsterdam, 1973).

HOGENHOUT J., *De geschiedenis van Torec en Miraude. Een onderzoek naar de oorsprong en de ontwikkeling van een Arturroman* (Leiden, 1976).

HOGENHOUT Maaike et Jan HOGENHOUT, *Torec, een tekstuitgave naar het handschrift met een inleiding* (Abcoude, 1978).

JOHNSON D.F. & Geert H.M. CLAASSENS, *Five Romances from the Lancelot Compilation*, Arturian Archives, Dutch Romances III (Woodbridge, 2003).

KOEKMAN Jeanette, '*Torec*, een vorstelijk verhaal. Zinvolle verbanden in een complexe tekst', *De nieuwe taalgids*, 81 (1988), p. 111-124.

VAN OOSTROM F.P., 'De oorspronkelijkheid van de *Torec*, of: de vrije val van een detail door de Nederlandse literatuurgeschiedenis', *Spiegel der Letteren*, 21 (1979), p. 197-201.

VAN OOSTROM Frits, *Maerlants wereld* (Amsterdam, 1996).

VEKEMAN H., *Torec, een middeleeuws kunstwerk* (Nijmegen, 1980).

ZEMEL Roel, 'Over drie romans in de *Torec*', *Voortgang, jaarboek voor de Neerlandistiek*, 20 (2001), p. 47-71.

Remco SLEIDERINK

LA DAME D'AUDENARDE COMME JUGE D'AMOUR:

Le rapport intertextuel entre *Li Romans du Vergier* et de *l'Arbre d'Amors* et une chanson de Gillebert de Berneville

*Introduction**

Au treizième siècle, l'art d'aimer allégorique était un genre fort apprécié dans la littérature française. Et pourtant, on est mal informé sur le fonctionnement de ces textes. En ce qui concerne la datation et la localisation, on n'a souvent que des indices très faibles[1]. C'est le cas, par exemple, pour *Li Romans du Vergier et de l'Arbre d'Amors*. Dans son tour d'horizon de la littérature médiévale française des anciens Pays-Bas, publié dans l'*Algemene Geschiedenis der Nederlanden* (l'*AGN*: l'histoire générale des anciens Pays-Bas), Willy Van Hoecke fait remarquer qu'une des deux dames auxquelles le texte est dédié, est la dame d'Audenarde, dans la partie néerlandophone du comté de Flandre[2]. Dans cette contribution, j'espère pouvoir non seulement proposer une candidate valable pour l'identification de cette dame, mais aussi montrer que *Li Romans du Vergier* forme la toile de fond nécessaire pour comprendre une des chansons du trouvère arrageois Gillebert de Berneville.

* Je remercie Janet van der Meulen, romaniste à la Vrije Universiteit Amsterdam, pour ses remarques sur une version antérieure de cette contribution et pour son aide à l'interprétation des textes en ancien français. Je remercie également Jean-François Nieus (Facultés Universitaires Notre-Dame de la Paix à Namur) pour ses informations par rapport aux cartulaires de Picquigny et Audenarde.
    1. Cf. C. Segre, '"Ars amandi" classica e medievale', dans: *Grundriss der romanischen Literaturen des Mittelalters*, vol. 6.1, *La littérature didactique, allégorique et satirique (partie historique)* (Heidelberg, 1968), p. 109-116 et idem, vol. 6.2 (*partie documentaire*) (Heidelberg, 1970), p. 162-167. Voir également R. Bossuat & M. Zink, 'Arts d'aimer', dans: *Dictionnaire des lettres françaises. Le Moyen Age* (Paris, 1992), p. 101-104.
    2. W. Van Hoecke, 'De letterkunde in de Franse volkstaal tot omstreeks 1384', dans: *Algemene geschiedenis der Nederlanden*, vol. 3 (Haarlem, 1982), p. 390.

1. Li Romans du Vergier et de l'Arbre d'Amors

Li Romans du Vergier et de l'Arbre d'Amors a été publié en 1928 par
Arthur Långfors dans la revue finlandaise *Neuphilologische Mitteilungen*[3].
Pour cette édition, Långfors s'est basé sur l'unique manuscrit du début
du quatorzième siècle (Paris, Bibliothèque nationale de France, fonds
français 847, fol. 204r-210r)[4]. Malheureusement, cette rédaction est fortement corrompue. Les formes linguistiques rencontrées sont difficiles à
interpréter et le texte a des allures de pot-pourri. Même une analyse des
rimes ne permet pas de déterminer clairement l'origine de l'auteur anonyme: à côté de rimes qui peuvent être qualifiées de picardes, Långfors
a décelé des rimes caractéristiques du français du centre[5].

En ce qui concerne le contenu, *Li Romans du Vergier* développe de
façon allégorique l'image de l'amour qui pousse comme un arbre. L'auteur
attache toutes sortes de leçons amoureuses à sa description de l'arbre, ses
racines, ses branches, ses feuilles, ses fleurs et ses fruits. Le verger muré
désigne le cœur qui doit être protégé contre tous ceux qui veulent détruire
l'arbre, c'est-à-dire l'amour courtois[6].

La deuxième partie du poème décrit le siège de ce verger par sept corps
d'armée, qui symbolisent sept défauts. Après quelques escarmouches et
des négociations de paix avortées, l'issue de la lutte est finalement tran-
chée par une grande bataille. Ceux qui s'étaient retranchés dans le verger
d'amour remportent une victoire éclatante. Beaucoup d'adversaires sont
faits prisonniers et la question du sort qui leur sera réservé est posée. On
plaide pour que les femmes qui acceptent de se convertir à l'amour, soient
libérées. Les autres seront à la merci de deux femmes exceptionnelles, *la
vicontesse [...] de Couart* et *la preus dame d'Audenarde* (vs. 607-612)[7].
Ce sera à ces dames de juger les prisonniers et de décider quel supplice

3. A. Långfors, '*Li Romans du Vergier et de l'Arbre d'Amors* (Paris, Bibliothèque
nationale, fonds français 847)', *Neuphilologische Mitteilungen*, 29 (1928), p. 3-33.
4. Ce manuscrit est composé de plusieurs volumes originairement distincts. *Li Romans
du Vergier* est ainsi relié avec le manuscrit lyrique P datant du treizième siècle; voir
A. Jeanroy, *Bibliographie sommaire des chansonniers français du Moyen Age (manuscrits
et éditions)* (Paris, 1918), p. 8; Långfors, '*Li Romans...*', p. 3.
5. Långfors, '*Li Romans...*', p. 10-11.
6. Les aspects didactiques et mnémotechniques de cette première partie du texte sont
discutés par D. van der Poel, 'Memorabele bomen. De minneboom als allegorische constructie in de Middelnederlandse wereldlijke letterkunde', dans: B. Baert & V. Fraeters (éds),
*Aan de vruchten kent men de boom. De boom in tekst en beeld in de middeleeuwse Neder-
landen* (Leuven, 2001), p. 243 et 252-253.
7. Dans le manuscrit on ne retrouve pas *d'Audenarde* mais la lecture corrompue *dau-
denanarde* (voir Långfors, '*Li Romans...*', p. 31, v. 611, note).

devront subir ceux qui refusent de se soumettre à l'amour ou comment ils devront mourir.

La référence aux deux femmes dans *Li Romans du Vergier*, comparable à la désignation des juges dans un jeu-parti, est considérée par Lângfors comme une forme de dédicace. Cela semble en effet plausible. Mais reste à savoir qui sont ces deux femmes. Malheureusement, les connaissances historiques limitées de Lângfors ne lui permirent pas de trouver une réponse satisfaisante à cette question. Il n'osa même pas corriger l'erreur évidente de *Couart:* précédé du mot *vicontesse*, il s'agit assurément d'une vicomtesse de Thouars, ville française située à environ 50 kilomètres au nord-ouest de Poitiers. Malheureusement, à ce stade nous ne disposons pas d'informations pertinentes permettant de déterminer à quelle vicomtesse il est fait allusion[8].

Mais qu'en est-il de la dame d'Audenarde? Quels sont les éléments d'identification à notre disposition? La suggestion de Lângfors qu'il s'agirait d'une prieure de l'hôpital d'Audenarde, semble peu plausible. Il est beaucoup plus probable qu'il s'agisse d'une épouse ou d'une veuve d'un seigneur d'Audenarde et ici, heureusement, les possibilités sont plus restreintes.

2. *Les dames d'Audenarde*

Commençons par citer Adèle de Soissons qui, de prime abord, semble être une candidate très plausible. Elle est la fille du comte Jean II de Soissons et la nièce du trouvère Raoul de Soissons. Vers 1250, elle épousa Jean d'Audenarde. En outre, sa sœur Éléonore se maria avec Renaud I, vicomte de Thouars[9]. Est-ce que ce lien de parenté explique la mention simultanée de la dame d'Audenarde et de la vicomtesse de Thouars dans *Li Romans du Vergier*? Ce n'est cependant pas si simple, car Adèle mou-

8. Pour les biographies des vicomtes de Thouars (avec mention des épouses), voir H. Imbert, 'Notice sur les vicomtes de Thouars de la famille de ce nom', *Mémoires de la Société des Antiquaires de l'Ouest*, 29 (1864), p. 321-423.

9. Voir D. Schwennicke, *Europäische Stammtafeln. Stammtafeln zur Geschichte der europäischen Staaten. Neue Folge*, vol. 7, *Familien des alten Lotharingien* II (Marburg, 1979), Tafel 16 et Tafel 95; E. Warlop, 'Oudenaarde, Jan van', *Nationaal Biografisch Woordenboek*, vol. 2 (Brussel, 1966), col. 660; E. Warlop, *De Vlaamse adel voor 1300* (Handzame, 1968), p. 433. Cette première femme de Jean d'Audenarde apparaît d'ailleurs si peu dans les sources, qu'on peut sérieusement se demander si elle a réellement existé, cf. L. Verriest (éd.), *Le polyptyque illustré dit 'Veil Rentier' de messire Jehan de Pamele-Audenarde (vers 1275)* (Bruxelles, 1950), p. XLVI. À propos d'Éléonore et de son mari Renaud de Thouars, voir Imbert, 'Notice...', p. 394.

rut peu après son mariage et à ce moment-là, sa sœur n'était pas encore vicomtesse de Thouars. Éléonore ne devint vicomtesse qu'en 1256 lorsque son mari Renaud succéda à son frère Aimery IX de Thouars[10]. Cette piste n'aboutit donc pas directement à une identification, mais ce lien de famille remarquable représente un élément intéressant à garder à l'esprit.

Après le décès d'Adèle, Jean d'Audenarde ne resta pas longtemps célibataire. En 1253 ou 1254 il s'unit à Mathilde (ou Mahaus) de Crecques, une veuve qui avait hérité d'une fortune considérable de son premier mari, Gérard de Picquigny. Cette union ne dura pas moins de quarante ans. Quand Jean mourut pendant l'hiver de 1293 à 1294, âgé de plus de soixante-dix ans, sa femme était encore vivante[11].

Est-ce que Jean et Mathilde avaient de l'intérêt pour la littérature française? En tout cas, en 1259, Jean avait à son service un certain Pierre le Duc, ménestrel originaire d'Isières en Hainaut francophone. Ce ménestrel n'étant pas connu par d'autres sources, on ne peut malheureusement pas savoir s'il s'agit d'un poète ou d'un musicien[12]. Tout aussi intéressant – et pas seulement d'un point de vue linguistique – est l'impressionnant *Veil Rentier*. Ce manuscrit administratif en français, qui consiste en une énumération des revenus que Jean tirait de ses seigneuries, est richement orné d'enluminures. Même si les poèmes en français qu'on trouve aux premières feuilles de garde sont de date ultérieure, la richesse des illustrations du codex prouve largement que Jean d'Audenarde et sa femme avaient le goût de la splendeur[13]. De plus, Jean-François Nieus (Namur), a récemment découvert que Mathilde elle-même a été commanditaire de deux cartulaires, un de Picquigny (datant de 1249-1250) et un d'Audenarde (datant d'env. 1260-1265). Ils ont été exécutés par son clerc Quentin[14].

Cependant, je ne suis pas convaincu que la dame d'Audenarde mentionnée dans *Li Romans du Vergier* soit effectivement l'épouse de Jean

---

10. Imbert, 'Notice…', p. 394; Schwennicke, *Europäische Stammtafeln*, vol. 7/II, Tafel 16.

11. Verriest, *Le polyptyque illustré*…, p. XLV-LVI; cf. Warlop, 'Oudenaarde, Jan van'; Warlop, *De Vlaamse adel*…, p. 139 et 434.

12. Verriest, *Le polyptyque illustré*…, p. LV.

13. Le *Veil Rentier* est édité par Verriest, *Le polyptyque illustré*…

14. Pour le cartulaire de Picquigny, voir J.-F. NIEUS, '"Et hoc per litteras meas significo". Les débuts de la diplomatique féodale dans le nord de la France (fin XIIe-milieu XIIIe siècle)', dans: J.-F. NIEUS (éd.), *Le vassal, le fief et l'écrit. Pratiques d'écriture et enjeux documentaires dans le champ de la féodalité (XIe-XVe s.)*. Actes de la journée d'étude organisée à Louvain-la-Neuve le 15 avril 2005, Publications de l'Institut d'études médiévales. Textes, études, congrès, 23 (Louvain-la-Neuve, 2007), p. 71-95 (cf. surtout p. 79-82). Sur le cartulaire d'Audenarde et le rôle essentiel de Mathilde de Crecques, d'autres publications sont en préparation par J.-F. Nieus (FUNDP, Namur).

d'Audenarde. Dans les cartulaires Mathilde de Crecques est mentionnée comme vidamesse d'Amiens et dame de Picquigny, pas comme dame d'Audenarde[15].

Il pourrait y avoir une candidate encore plus convaincante: Alix (ou Aleyde) de Rozoy, la mère de Jean d'Audenarde. Il est fait mention de cette femme pour la première fois en 1219 comme l'épouse d'Arnoul IV d'Audenarde, père et prédécesseur de Jean[16]. Cet Arnoul était un beau parti. Il jouissait d'une grande fortune, était lié aux milieux aristocratiques les plus importants et exerçait, comme bailli de Flandre, une influence considérable à la cour de Jeanne de Constantinople, comtesse de Flandre. Ce qui est digne de mention également est le fait qu'Arnoul, comme son fils plus tard, avait un ménestrel à son service. Le 31 juillet 1239, *Bouriaus, ministerellus domini Arnulfi de Audenarde,* reçut une récompense à la cour royale de France, en même temps qu'un certain Philippe, joueur de harpe du comte de Flandre (*Philippus, harpator comitis de Flandriae*)[17].

À l'automne 1242, Arnoul IV d'Audenarde succomba aux blessures encourues lors de sa participation à une campagne militaire au service du roi de France. Devenue veuve, Alix ne se retira pas de la vie active, au contraire. De nombreuses chartes montrent qu'elle resta fort impliquée dans la gestion de ses biens et de ceux de son fils Jean. On ne connaît pas avec certitude l'année de la mort d'Alix, mais le 9 janvier 1268 elle était encore vivante, car ce jour-là, elle dut avouer publiquement que deux de ses baillis locaux avaient commis une erreur judiciaire[18]. Et apparemment, pendant tout son veuvage elle se faisait encore appeler dame d'Audenarde. C'est aussi le nom qu'on retrouve sur sa tombe à l'abbaye de Cambron: *dame de Audenarde et de Lessines*[19].

---

15. Communication de J.-F. Nieus d.d. 18 décembre 2008.

16. À propos d'Arnoul IV d'Audenarde et de sa femme Alix de Rozoy, voir Verriest, *Le polyptyque illustré...*, p. XXV-XLIV; cf. E. Warlop, 'Oudenaarde, Arnulf IV van', *Nationaal Biografisch Woordenboek*, vol. 2, Brussel, 1966, col. 657-658; Warlop, *De Vlaamse adel...*, p. 166.

17. N. De Wailly & L. Delisle, *Recueil des historiens des Gaules et de la France*, vol. 22 (Paris, 1860), p. 599. Il est à noter que déjà le 26 juillet un *valetus dominae de Audenarde* avait reçu de l'argent, ce qui laisse à penser que Alix de Rozoy se trouvait elle-même à cette période à la cour royale. Cf. W. Hartung, *Die Spielleute. Eine Randgruppe in der Gesellschaft des Mittelalters* (Wiesbaden, 1982), p. 78, n. 192.

18. Verriest, *Le polyptyque illustré...*, p. XLIV; Warlop et Schwennicke, par contre, n'avaient apparemment pas trouvé de mention d'Alix après 1249: cf. Warlop, *De Vlaamse adel...*, p. 166; Schwennicke, *Europäische Stammtafeln*, vol. 7/II, Tafel 95.

19. Le texte complet serait: *Chy gist Medame Aulain, dame de Audenarde et de Lessines, qui trespassa l'an mil ii^c 65.* Cette date est sans doute mal transcrite; ailleurs, il est en effet question de 1275 (Verriest, *Le polyptyque illustré...*, p. XLIV et CIX, n. 220).

Enfin, si on compare les trois candidates, Adèle de Soissons, Mathilde de Crecques et Alix de Rozoy, c'est bien à la personnalité et au statut d'Alix que sied le mieux le qualificatif de *preus dame d'Audenarde* qu'on trouve dans *Li Romans du Vergier*.

3. Béatrice d'Audenarde

Il est plus que temps de dévoiler encore un élément à prendre en compte dans la discussion. C'est un élément qui – de prime abord – ne va pas simplifier les choses mais qui finalement nous offrira des indices inattendus sur la signification, le fonctionnement et la datation du *Romans du Vergier*.

Dans son édition, Långfors remarque à juste titre que *Li Romans du Vergier* n'est pas le seul texte littéraire du treizième siècle dans lequel une dame d'Audenarde est mentionnée. On la retrouve aussi dans la lyrique du trouvère arrageois Gillebert de Berneville. Curieusement, cette dame ne se prénomme pas Alix, Adèle ou Mathilde, mais Béatrice[20]. Comment peut-on expliquer cela? D'après les travaux de Léo Verriest et de E. Warlop, une telle Béatrice d'Audenarde n'aurait jamais existé[21]. Et pourtant, dans la dernière édition de la lyrique de Gillebert de Berneville, la philologue Karen Fresco cite une lettre que 'Béatrice, châtelaine d'Audenarde' aurait adressée à Béatrice de Brabant, la veuve de Guillaume de Dampierre, comte de Flandre[22]. Les historiens se seraient-ils trompés? Auraient-ils négligé une dame d'Audenarde? Et est-il possible que cette Béatrice d'Audenarde soit aussi la femme à laquelle il est fait allusion dans *Li Romans du Vergier*?

Trouver une réponse à ces questions se révèle assez compliqué. Certes, la lettre citée par Fresco existe, mais l'expéditrice ne s'y présente que par son prénom, *Béatris*. L'idée qu'il s'agirait plus particulièrement d'une Béatrice *d'Audenarde*, vient de Kervyn de Lettenhove. Cet historien belge postulait en 1855 que l'auteur de la lettre était la Béatrice à laquelle Gillebert de Berneville faisait référence dans sa lyrique. Que cette Béatrice se

---

20. Långfors, 'Li Romans...', p. 8.
21. Voir Verriest, *Le polyptyque illustré...* ; Warlop, *De Vlaamse adel...*; cf. M. Gastout, *Béatrix de Brabant. Landgravinne de Thuringe, Reine des Romains, Comtesse de Flandre, Dame de Courtrai (1225?-1288)* (Louvain, 1943), p. 156, n. 3: 'Dans toute la seconde moitié du XIIIe siècle, il n'y eut pas d'authentique dame d'Audenarde du nom de Béatrix'.
22. K. Fresco (éd.), *Gillebert de Berneville, Les poésies* (Genève, 1988), p. 51 (voir aussi p. 241). À propos de Béatrice de Brabant, voir surtout Gastout, *Béatrix de Brabant...*

nommait Béatrice *d'Audenarde* était déjà l'opinion d'Arthur Dinaux en 1839[23]. Or c'est précisément sur ce dernier point que Dinaux, Kervyn de Lettenhove, Fresco et tous ces autres historiens et philologues se sont trompés, ce que j'espère démontrer ci-après.

Il n'y a que deux chansons dans lesquelles Gillebert de Berneville fait référence à une dame d'Audenarde[24]. Dans la chanson *J'ai souvent d'amors chanté,* Gillebert parle d'une *Bietriz* et il s'adresse ensuite dans l'envoi à une *dame d'Aidenairde*[25]. L'hypothèse selon laquelle il s'agirait là d'un seul et même personnage – la conclusion de Dinaux – me semble peu convaincante. J'étayerai cette affirmation de l'analyse d'une autre chanson de Gillebert, *El besoing voit on l'amin.* Là aussi, il est question de *Beatris* et d'une dame d'Audenarde. Et là aussi, on a supposé jusqu'à présent qu'il s'agissait d'un seul personnage, Béatrice d'Audenarde[26].

Au début de la chanson *El besoing voit on l'amin,* le narrateur à la première personne – que je me propose, pour plus de commodité, d'appeler ci-après Gillebert – se trouve dans une situation lamentable[27]. Il est complètement désespéré. Si *Amors* ne lui offre pas l'inspiration pour écrire une chanson, il devra rester jusqu'à sa mort dans la prison d'une femme. Celle-ci a juré que Gillebert ne recevrait rien à manger et qu'il ne sortirait pas de sa prison, avant qu'il n'ait trouvé une chanson:

---

23. 'C'est à la châtelaine d'Audenarde que nous attribuerons la lettre suivante', Kervyn de Lettenhove, 'Béatrice de Courtray', *Bulletin de l'Académie royale des sciences, des lettres et des beaux-arts de Belgique,* 22/I (1855), p. 398. Kervyn de Lettenhove connaissait la lyrique de Gillebert – et Béatrice d'Audenarde – par l'intermédiaire de A. Dinaux, *Trouvères de la Flandre et du Tournaisis* (Paris, 1839), p. 169 (réimprimé à Genève, 1969, p. 197).

24. Il s'agit des chansons I (RS 414) et XXIX (RS 1028) de l'édition de Fresco, *Gillebert de Berneville...* À part ces deux chansons, il y a encore la chanson XIV (RS 1560) dans laquelle Gillebert célèbre *toutes les Biatris* (Fresco éd., *Gillebert de Berneville...,* p. 166, vs. 3). Comme *Cortrai* est mentionné dans l'envoi, on peut supposer que cette chanson est (entre autres) adressée à Béatrice de Brabant, dame de Courtrai. Peut-être que sa dame d'honneur, également prénommée Béatrice (c'est-à-dire la dame qui écrivait la lettre et dont on ne connaît pas le nom de famille), était l'amie dont Gillebert parle aussi dans les chansons I et XXIX (cf. Gastout, *Béatrix de Brabant...,* p. 156).

25. Cet envoi ne se retrouve que dans un des manuscrits, voir Fresco (éd.), *Gillebert de Berneville...,* p. 112 (cf. p. 114); voir aussi S.N. Rosenberg & H. Tischler (éd. & trad.), *Chansons des trouvères. 'Chanter m'estuet'* (s.l., 1995), p. 1051-1052.

26. Voir entre autres Dinaux, *Trouvères de la Flandre...,* p. 169; C.A. Serrure, *Letterkundige geschiedenis van Vlaanderen,* vol. 1, *Nederlandsche en Fransche letterkunde tijdens de XIIe, XIIIe en XIVe eeuwen* (Gent: Leo De Busscher, 1872), p. 55; Fresco (éd.), *Gillebert de Berneville...,* p. 53.

27. Le texte entier de cette chanson se trouve ici en annexe.

> Elle a fais ses sairements
> Ke jamaix ne maingerai
> Ne parterai
> De sa prixon
> S'avrai trovee chanson.
> (v. 8-12)

Gillebert fait appel à *Amors* pour l'aider à trouver une chanson qui pourrait plaire à sa geôlière. Jusqu'ici, rien d'exceptionnel; il s'agit de motifs récurrents dans la lyrique des trouvères du nord de la France.

À partir de la troisième strophe, par contre, la chanson devient plus remarquable. Le narrateur se sent obligé de dévoiler le nom de Béatrice, la femme à laquelle il pense:

> A cest besoing nomerai
> Beatris, lai ou je pens.
> (v. 30-31)

L'effet est énorme. Gillebert se sent affranchi. Il sait qu'il n'aura plus de peine à composer sa chanson. La prison et son avenir ne l'inquiètent plus du tout, maintenant que le grand mot est lâché:

> Prixons ne me puet tenir,
> Je sui tous aseüreis,
> Ne autres mals avenir
> Car li hauls nons est nomeis.
> (v. 37-40)

Aussitôt, Gillebert s'adresse à la dame d'Audenarde. C'est elle qui tient Gillebert prisonnier dans son pays:

> Dame d'Audenairde, pris
> Me teneis en vos païx.
> (v. 41-42)

Que les philologues aient pensé que Béatrice et la dame d'Audenarde sont une seule et même personne, peut s'expliquer par les nombreuses chansons dans lesquelles le narrateur se plaint de la prison amoureuse où il s'est retrouvé à cause de sa bien-aimée. Mais une lecture plus approfondie de la chanson *El besoing voit on l'amin* exclut une telle interprétation. Ici, Béatrice n'est pas celle qui a rendu Gillebert prisonnier. Bien au contraire, c'est elle qui – de concert avec *Amors* – délivre le poète de sa situation pénible:

> Car je sui en prixon mis,
> Maix Amors et Beatris
> M'ont teil secors envoiet
> Dont je sui joians et liés.
> (v. 53-56)

Que Béatrice ne puisse pas être tenue responsable de l'emprisonnement de Gillebert, se révèle également dans l'envoi dans lequel le narrateur explique à Béatrice pourquoi il a divulgué son nom:

> Beatrix, je fui traïs
> Et per vos nomeir gueris,
> Bien veul ke vos saichiés.
> (v. 61-63)

Pour tout dire, ce n'est pas Béatrice qui tient Gillebert prisonnier, mais la dame d'Audenarde. Il s'agit bel et bien de deux personnages différents. Un mythe qui a tenu plus d'un siècle et demi, est ainsi détruit: Béatrice d'Audenarde n'a jamais existé.

4. Le rapport intertextuel

Retournons au *Romans du Vergier*. Il est clair qu'il existe des ressemblances remarquables entre la situation établie dans cet art d'aimer allégorique et le cours des événements dans la chanson de Gillebert de Berneville. Dans *Li Romans du Vergier* la dame d'Audenarde est présentée comme juge en matière d'amour. C'est elle qui doit décider si ses 'prisonniers' ont résolument choisi le camp de l'Amour. Dans la chanson de Gillebert, la dame d'Audenarde se trouve apparemment dans une situation identique. C'est elle qui tient Gillebert prisonnier et c'est elle qui a le pouvoir de le libérer s'il finit sa chanson d'amour, c'est-à-dire s'il arrive à se montrer un adhérent ardent de l'amour. Après avoir révélé le nom de sa bien-aimée Béatrice – ce qui lui donne l'inspiration pour achever sa chanson d'amour – Gillebert sait qu'il a rempli la condition de sa libération:

> Ainx ke je fuisse afameis
> Seux delivreis
> De la prixon
> Et s'ai trovee chanson.
> (v. 57-60)

Toutes ces similitudes ne peuvent être le fruit du hasard. Ces deux textes ont dû fonctionner ensemble. Mais dans quel ordre? *Li Romans du Vergier* se termine sur l'image de prisonniers qui attendent leur sentence et de deux juges – la vicomtesse de Thouars et la dame d'Audenarde – qui doivent décider du sort de ceux qui ne se sont pas convertis à l'amour. La chanson *El besoing voit on l'amin* commence avec l'image d'un prisonnier désespéré dont le sort dépend de la dame d'Audenarde. C'est en chantant son amour pour Béatrice qu'il retrouvera la liberté. L'intrigue des deux textes porte à interpréter la chanson de Gillebert comme une suite au *Romans du Vergier*.

Conclusion

Si cette reconstruction du rapport intertextuel est plausible, on a là une indication intéressante pour la datation du *Romans du Vergier*. Cet art d'aimer doit avoir été composé avant la chanson de Gillebert. Et le caractère circonstanciel de ces deux textes plaide pour un intervalle de temps très réduit. Cela nous mène aux années '50 ou '60 du treizième siècle, étant donné qu'à la Pentecôte de l'an 1270, il est fait allusion à *Ghilebert* dans l'obituaire de la Confrérie des jongleurs et des bourgeois d'Arras[28].

Mais ce n'est pas tout. C'est probablement la première fois qu'un lien si étroit est établi entre un art d'aimer allégorique et la lyrique des trouvères. Cela nous permet de supposer que certains de ces arts d'aimer fonctionnaient dans le même réseau et d'une même manière que la lyrique courtoise. Il est bien connu que les chansons d'amour étaient souvent des vecteurs de liaison entre les cours seigneuriales de l'Occident[29]. Si *Li Romans du Vergier* a fonctionné dans un tel contexte d'échange littéraire, la grande distance séparant Thouars de Audenarde apparaît beaucoup moins surprenante.

Que justement deux *femmes* soient désignées comme juges d'amour dans *Li Romans du Vergier*, mérite également d'être souligné. De plus en plus d'indices nous montrent que, même si les poètes étaient en grande majorité des hommes, c'étaient souvent des femmes qui régissaient la vie littéraire[30].

Hogeschool-Universiteit Brussel

28. Fresco (éd.), *Gillebert de Berneville…*, p. 45. Pour un tableau récapitulatif des *termini ante quem* et/ou *post quem* des chansons de Gillebert, voir Fresco (éd.), *Gillebert de Berneville…*, p. 53. Pour les contacts de Gillebert avec la cour de Brabant, voir R. Sleiderink, *De stem van de meester. De hertogen van Brabant en hun rol in het literaire leven (1106-1430)* (Amsterdam: Prometheus, 2003), p. 61-63.

29. Voir, par exemple, ma propre analyse du rôle que le duc Henri III de Brabant, trouvère lui-même, jouait dans la vie littéraire, Sleiderink, *De stem van de meester…*, p. 57-65.

30. Depuis peu, la voix féminine dans la lyrique courtoise attire plus l'attention des philologues. Voir, entre autres, E. Doss-Quinby, J. Tasker Grimbert, W. Pfeffer & E. Aubrey (éds), *Songs of the Women 'Trouvères'* (New Haven & London, 2001).

Annexe

Gillebert de Berneville, *El besoing voit on l'amin* (RS 1028); d'après l'édition de K. Fresco, *Gillebert de Berneville…*, p. 236-241.

El besoing voit on l'amin.
Piece ait ke c'est recordei.
S'or ne fait Amors por mi
4   Tant ke j'aie un chant trovei,
Je croi ke maix n'isterai
De prizon ains i morai.
Celle ke m'ait mis ceans,
8   Elle a fais ses sairements
Ke jamaix ne maingerai
Ne parterai
De sa prixon
12   S'avrai trovee chanson.

Amors, je vos cri merci
Ke me doneis teil pensei
C'aucun chantelet joli
16   Li puisse faire a son grei.
A cest grant besoing ke j'ai
Autre aïe ke vos n'ai:
Vos estes mes savemens.
20   N'i valt couxins ne pairens;
Jai per eaus n'i guerirai.
Tant gairderai
Ceste prixon
24   C'auvrai trovee chanson.

Se me meteis en obli,
Amors, j'ai mon tens usei.
Et se me geteis de ci,
28   Mainte grant jolivetei
Eincore por vos ferai.
A cest besoing nomerai
Beatris, lai ou je pens.
32   Or m'est doubleis tous mes sens!
Huimaix a chant ne faudrai.
Poent ne m'esmai
En la prixon
36   De ligier ferai chanson.

Prixons ne me puet tenir,
Je sui tous aseüreis,
Ne autres mals avenir
40   Car li hauls nons est nomeis.
Dame d'Audenairde, pris
Me teneis en vos païx.

Maix ne sui pais esmaiés.
44 La prixons n'est pais moult griés
Car, en leu d'estre greveis,
Seux honoreis
En la prixon
48 Et s'avreis per tens chanson.

J'ai cuer et cors et desir
Plux ke je ne die aisseis
Mis en bone amor servir.
52 Or me tant si grant bonteit
Car je sui en prixon mis,
Maix Amors et Beatris
M'ont teil secors envoiet
56 Dont je sui joians et liés.
Ainx ke je fuisse afameis
Seux delivreis
De la prixon
60 Et s'ai trovee chanson.

Beatrix, je fui traïs
Et per vos nomeir gueris,
Bien veul ke vos saichiés;
64 Et vos pri ke vos faisciés
Jehanain chanteir aisseis
Et s'aprendreis
De la prixon
68 L'emprisonnee chanson.

Bibliographie

Bossuat R. & M. Zink, 'Arts d'aimer', *Dictionnaire des lettres françaises. Le Moyen Age* (Paris: Fayard, 1992), p. 101-104.

De Wailly N. & L. Delisle, *Recueil des historiens des Gaules et de la France*, vol. 22 (Paris: Victor Palmé, 1860).

Doss-Quinby E., J. Tasker Grimbert, W. Pfeffer & E. Aubrey (éds), *Songs of the Women 'Trouvères'* (New Haven & London: Yale University Press, 2001).

Dinaux A., *Trouvères de la Flandre et du Tournaisis* (Paris, 1839; réimprimé à Genève: Slatkine, 1969).

Fresco K. (éd.), *Gillebert de Berneville, Les poésies* (Genève: Droz, 1988).

Gastout M., *Béatrix de Brabant. Landgravinne de Thuringe, Reine des Romains, Comtesse de Flandre, Dame de Courtrai (1225?-1288)*, Recueil de travaux d'Histoire et de Philologie [de l'] Université de Louvain, 3me série, 13e fascicule (Louvain, 1943).

Hartung W., *Die Spielleute. Eine Randgruppe in der Gesellschaft des Mittelalters* (Wiesbaden: Franz Steiner Verlag, 1982).

IMBERT H., 'Notice sur les vicomtes de Thouars de la famille de ce nom', *Mémoires de la Société des Antiquaires de l'Ouest*, 29 (1864), p. 321-423.

JEANROY A., *Bibliographie sommaire des chansonniers français du Moyen Age (manuscrits et éditions)* (Paris, 1918).

KERVYN DE LETTENHOVE, 'Béatrice de Courtray', *Bulletin de l'Académie royale des sciences, des lettres et des beaux-arts de Belgique*, 21/II (1854), p. 403-415 et 22/I (1855), p. 382-400.

LÅNGFORS A., *'Li Romans du Vergier et de l'Arbre d'Amors* (Paris, Bibliothèque nationale, fonds français 847)', *Neuphilologische Mitteilungen*, 29 (1928), p. 3-33.

NIEUS J.-F., '"Et hoc per litteras meas significo". Les débuts de la diplomatique féodale dans le nord de la France (fin XIIe-milieu XIIIe siècle)', dans: J.-F. NIEUS (éd.), *Le vassal, le fief et l'écrit. Pratiques d'écriture et enjeux documentaires dans le champ de la féodalité (XIe-XVe s.)*. Actes de la journée d'étude organisée à Louvain-la-Neuve le 15 avril 2005, Publications de l'Institut d'études médiévales. Textes, études, congrès, 23 (Louvain-la-Neuve, 2007).

ROSENBERG S.N. & H. TISCHLER (éd. & trad.), *Chansons des trouvères. 'Chanter m'estuet'*, Le Livre de Poche – Lettres gothiques, 4545 (s.l., 1995), p. 1051-1052.

SCHWENNICKE D., *Europäische Stammtafeln. Stammtafeln zur Geschichte der europäischen Staaten*. Neue Folge, vol. 7, *Familien des alten Lotharingien, II* (Marburg: J.A. Stargardt, 1979).

SEGRE C., '"Ars amandi" classica e medievale', dans: *Grundriss der romanischen Literaturen des Mittelalters*, vol. 6.1, *La littérature didactique, allégorique et satirique (partie historique)* (Heidelberg: Carl Winter / Universitätsverlag, 1968), p. 109-116

SEGRE C., '"Ars amandi" classique et médiéval', dans: *Grundriss der romanischen Literaturen des Mittelalters*, vol. 6.2, *La littérature didactique, allégorique et satirique (partie documentaire)* (Heidelberg: Carl Winter / Universitätsverlag, 1970), p. 162-167.

SERRURE C.A., *Letterkundige geschiedenis van Vlaanderen*, vol. 1, *Nederlandsche en Fransche letterkunde tijdens de XIIe, XIIIe en XIVe eeuwen* (Gent: Leo De Busscher, 1872).

SLEIDERINK R., *De stem van de meester. De hertogen van Brabant en hun rol in het literaire leven (1106-1430)*, Nederlandse literatuur en cultuur in de Middeleeuwen, 25 (Amsterdam: Prometheus, 2003).

VAN DER POEL D., 'Memorabele bomen. De minneboom als allegorische constructie in de Middelnederlandse wereldlijke letterkunde', dans: B. BAERT & V. FRAETERS (éds), *Aan de vruchten kent men de boom. De boom in tekst en beeld in de middeleeuwse Nederlanden*, Symbolae Facultatis Litterarum Lovaniensis, Series B, 25 (Leuven: Universitaire Pers, 2001), p. 238-257.

VAN HOECKE W., 'De letterkunde in de Franse volkstaal tot omstreeks 1384', in: *Algemene geschiedenis der Nederlanden*, vol. 3 (Haarlem: Fibula-Van Dishoeck, 1982), p. 379-392, 457-458, 477.

VERRIEST L. (éd.), *Le polyptyque illustré dit 'Veil Rentier' de messire Jehan de Pamele-Audenarde (vers 1275)* (Bruxelles, 1950).

WARLOP E., 'Oudenaarde, Arnulf IV van', *Nationaal Biografisch Woordenboek*, vol. 2 (Brussel, 1966), col. 657-658.

WARLOP E., 'Oudenaarde, Jan van', *Nationaal Biografisch Woordenboek*, vol. 2 (Brussel, 1966), col. 660.

WARLOP E., *De Vlaamse adel voor 1300* (Handzame: Familia et Patria, 1968).

INDEX DES MANUSCRITS CITÉS

AUGSBURG, *Universitätsbibliothek*
Fürstlich Oettingen-
Wallerstein'schen Bibliothek zu
Maihingen
I, 4, 2°, 1: 74

BRUXELLES, *Bibliothèque royale*
9400: 98
9411-26: 98-126
10175: 144, 145
18017: 146

CAMBRIDGE, *Saint John's College*
Ms. B 9: 52
CARPENTRAS, *Bibliothèque*
Inguimbertine
1260: 144
CHANTILLY, *Musée Condé*
433: 127
482: 146
726: 144, 145
CHELTENHAM, *(olim Philipps)*
16378: 72, 73
CHESTER BEATTY
74: 143
COLOGNY, *Bibliothèque Bodmeriana*
174: 148
COPENHAGUE, *Kongelike Bibliotek*
Kgl. Saml. f° 63: 146

DIJON, *Bibliothèque municipale*
493: 145
562: 142, 144, 155
DRESDEN,
olim kgl. Bibliothek: 150

FLORENCE, *Biblioteca Medicea*
Laurenziana
Acquisti e Doni 153: 146

GRENOBLE, *Bibliothèque municipale*
608: 146

LA HAYE, *Koninklijke Bibliotheek*
129 A 10: 160
LEYDE, *Universiteitsbibliotheek*
Voss. GG fol. 3: 148
LONDRES, *British Library*
Egerton 881: 146
Harley 222: 84
Harley 1526: 147
Harley 3775: 72
Harley 4425: 147
Royal 16 Cv: 146
Royal 16 Gvii: 143
Royal 20 Cv: 146, 148, 155
Royal 20 Di: 145
LOS ANGELES, *Paul Getty Museum*
83MR147: 148
LYON, *Bibliothèque municipale*
742: 148
Fonds Palais des Arts 25: 146
Fonds Palais des Arts 27: 145
MONTPELLIER, *Bibliothèque*
municipale
H 245: 146
MÜNCHEN, *Bayerische Staatsbibliothek*
Cod. Gall. 6: 149, 156

NEW HAVEN, *Yale University,*
Beinecke Library
395: 84
NEW YORK, *Pierpont Morgan Library*
M 132: 146
M 134: 146
M 948: 145

ORLÉANS, *Bibliothèque municipale*
445: 84

OXFORD, *Bodleian Library*
Can. Class. Lat. 52: 146
Douce 195: 148, 156
Douce 332: 146
Douce 371: 146
E. Museo 65: 146

PARIS, *Bibliothèque nationale de*
France
fr. 60: 145
fr. 127: 147
fr. 226: 143, 146, 147
fr. 229: 147, 148
fr. 230: 147, 148
fr. 232: 147, 148
fr. 233: 147, 148
fr. 235: 147, 148
fr. 246: 143
fr. 301: 144
fr. 375: 52, 62
fr. 607: 141
fr. 686: 146, 148
fr. 784: 144, 145, 154
fr. 837: 98, 99, 102
fr. 847: 178, 189
fr. 861: 143, 145
fr. 874: 146, 150
fr. 875: 149,157
fr. 1386: 143, 144
fr. 1416: 143
fr. 1446: 99, 100, 114
fr. 1570: 146, 147
fr. 1634: 99
fr. 2183: 100
fr. 6447: 72
fr. 9113: 127, 128, 133
fr. 9682: 144
fr. 9685: 144
fr. 12420: 140, 145-147
fr. 12467: 101, 105, 111, 114
fr. 12592: 146
fr. 14968: 100
fr. 20039: 74, 84
fr. 20125: 144, 145

fr. 24392: 148, 149
fr. 25439: 84
lat. 7636: 142
n.a.fr. 4503: 73

PARIS, *Bibliothèque de l'Arsenal*
3142: 99-101, 104, 105, 111
3516: 77
3524: 99, 100, 114
5069: 143
5077: 144
5192: 148
5193: 143, 146
5209: 148

PARIS, *Bibliothèque Sainte-Geneviève*
1126: 146

ROUEN, *Bibliothèque municipale*
1044: 143

TOURS, *Bibliothèque municipale*
953: 144
TURIN, *Biblioteca Nazionale*
134 (olim): 99, 102

VATICAN, *Biblioteca Apostolica*
Vaticana
Vat. Lat. 3225: 144
Vat. Lat. 5895: 145, 148
VALENCE, *Biblioteca Universitaria*
387: 146, 147
VENISE, *Biblioteca Marciana*
Fr. ZII: 144, 145
VIENNE, *Österreichische*
Nationalbibliothek
2592: 147
2624: 148, 149

WOLFENBÜTTEL, *Herzog August*
Bibliothek
Guelf. A3 Aug 2°: 146
WORMSLEY,
Manor s.c.: 146

INDEX DES PERSONNES,
DES ŒUVRES ET DES LIEUX CITÉS

(L') *Abecés par ekivoche*: 53
Abel: 84
Acerbas: 140
Acre: 131, 134
Adam: 84
Adams de Suel: 103, 107, 108, 125
Adèle de Soissons: 179, 180, 182
Adenet le roi: 98, 101
Aimery II de Thouars: 180
Aiol: 15
Aleyde de Rosoy: voir Alix de Rozoy
Alfonso X el Sabio: 130
Alix de Rozoy: 181, 182
Amicie de Roye: 64
Amiens: 181
Anne (soeur de Didon): 145, 146, 148
Antoine (Le feu saint -): 26
Antoine (Le mal saint -): 26
Ariane: 137
Arnoul IV d'Audenarde: 181
Arras: 186
Arthur (le roi): 164, 167-173
Arturs doet: 173, 174
Aucassin et Nicolette: 29
Audenarde (Dame d'): 177-186
Auguste (l'empereur): 137
Ave Maria: 111

Barthélémy de Roye: 64
Baudouin de Condé: 97-126
　Dits...: 97-126
Béatrice d'Audenarde (Pseudo-): 182-188
Béatrice de Brabant: 182, 183
Benjamin: 78, 79, 81
Bible: 71-94
(La) Bible (de Hugues de Berzé): 103, 107, 115

Boccace, Giovanni: 140, 141, 143, 145-149, 151, 156, 157
Bouriaus (ménestrel): 181
Bouvines: 64, 127
Briant (le roi): 161
Bruant vander Montangen: 161, 162, 166
Brunetto Latini: 132-135

Calypso: 137
Cambron: 181
Cantigas: 130
Caton: 103, 107, 108, 125
Champagne: 131, 132
(La) Chanson de Roland: 15, 28
(Le) Charroi de Nîmes: 15
(La) Chasse d'Amours: 39
(La) Chastelaine de Vergi: 16
(Le) Chevalier au barisel: 29
(Le) Chevalier au Lion: 169-170
Chrestïen de Troyes: 11, 17, 22, 23, 27, 51-66, 138, 165-167, 169-170
Christine de Pisan: 100, 141
Chrónica del Rey Don Guillermo: 51
Chronique: 33
(Les) Chroniques des rois de France: 27
Cicéron: 127
Circé: 137
Claes van den Briele: 162
Cligès: 17, 54
Complainte d'Acre: 105, 107, 119
Complainte d'Outremer: 107
Complainte des Jacobins et des Cordeliers: 55
Congé: 103, 107, 123
(Le) Conte du Graal: 166
Couards: voir Thouars

Cursor mundi: 72

David: 76
De bello gallico: 15
De casibus virorum illustrium: 140
De Inventione: 127
Delle donne famose: 140
De mulieribus claris: 140
Des cas des nobles hommes et femmes: 146, 149
Des cleres et nobles femmes: 140, 143, 145, 146, 151, 156, 157
Dialogi: 131
Diane: 141
Didon: 137-155
Dit de gentillesse: 111
Dit de la chantepleure: 122
Dit de l'âme: 125
Dit de l'unicorne et du serpent: 102, 105
Dit des hérauts: 108
Dit des médisants: 102, 105, 119
Dit des sept vices et des sept vertus: 102, 105, 122
Dit du bacheler: 106
Dit du barisel: 98
Dit du corps et de l'âme: 105, 107, 110, 116, 123
Dit du croisé et du décroisé: 102, 105, 107
Dit du lévrier: 99
Dit du pel ou de Tunis: 106
Dit du preudomme: 106
Dit du Roi: 53
Dit du triacle et du venin: 102, 103, 121
Dit du vilain au buffet: 53
Doctrinal Sauvage: 102, 103, 107, 124
Druant: 162, 163

El besoing voit on l'amin: 183-187
Elegast: 167
Éléonore de Thouars: 179, 180
Elissa de Tyr: voir Didon

Énée: 137, 142-145, 147-149, 155
Énéide: 137-157
(L') Enseignement des Princes: 51, 52
(L') Epistre au Dieu d'Amours: 141
Epitoma historiarum Philippicarum Pompei Trogi: 140
Eracle: 54
Erambors (mère de Herman de Valenciennes): 84
Erec et Enide: 138
(L') Estoire de Merlin: 172
(L') Estoire del Saint Graal: 172
Estoria del Rey Guillelme: 51
Eustace Deschamps: 100
Eustace (saint-): 62, 63
Evrart de Conty: 141
Evrat: 73
Exempla: 127-135

Fables: 101
Faitz et dictz: 26
Fellon (château): 161
Fiacre (le mal saint-): 26
Fleur des hystoires: 140
Fleury de Bellingen: 29
Frédéric II (l'empereur): 133

Galveide (bourgeois de -): 63, 64
Gautier d'Arras: 54
Gautier de Coinci: 83, 100, 130
Gauvain: voir Walewein
Gérard de Picquigny: 180
Gerbert de Montreuil: 57, 58
Gervais de Tilbury: 127-135
Gesta Philippi Augusti: 64
Gillebert de Berneville: 182-188
Girart d'Amiens: 32, 33
Glossa ordinaria: 73
Gonzalo de Berceo: 130
Grégoire le Grand: 80, 131
Gui de Dampierre (comte de Flandre): 98, 101
Guidotto da Bologna: 132
Guigambresil: 167

Guillaume Crespin: 64
Guillaume d'Angleterre: 27, 51-66
Guillaume de Dampierre (comte de Flandre): 182
Guillaume de Lorris: voir *(Le) Roman de la Rose*
Guillaume de Machaut: 100, 139
Guillaume de Saint-Étienne: 127, 132
Guillaume le Breton: 64
Guillaume le Roy (imprimeur): 148

Harent d'Antioche: 127, 128, 131-135; voir aussi Jean d'Antioche
Helijn: 162, 163
Hélinand de Froidmont: 107, 110, 117
Henri III (duc de Brabant): 186
Herman de Valenciennes: 71-94
(Les) Héroïdes: 143, 146, 148, 149, 157
(L') Histoire ancienne jusqu'à César: 140, 142, 143, 145-148, 155
(L') Histoire de Romme: 140
Hughes de Berzé: 103, 107, 115
Huon de Méry: 59
Huon Le Roi de Cambrai: 53
Hypomneses: 3

Iarbas: voir Jubas
Isabeau de Bavière: 160, 172
Isaire et Tentaïs: 54, 62
Iseut: 54
Isières: 180

Jacob van Maerlant: 165, 166, 168, 169, 171-174
Jacob (le patriarche): 78-81, 85, 86
Jacques de Vitry: 130-132
Jacques (l'apôtre): 87, 88, 90
J'ai souvent d'amors chanté: 183
Jarbas (ou Jubas): 140
Jean (l'évangéliste): 42, 76, 85, 87-91, 93
Jean (le mal saint -): 26
Jean-Baptiste (saint-): 84
Jean Bodel: 100, 103, 107, 108, 123

Jean d'Antioche: 127-135
Jean d'Arras: 26, 31, 32, 37, 38, 40-41
Jean d'Audenarde: 179-181
Jean de Condé: 98-100
Jean de Joinville: 10
Jean de Meun: voir *(Le) Roman de la Rose*
Jean Fouquet: 149
Jean Froissart: 100
Jean II de Soissons: 179
Jean Mansel: 140
Jean Michel (copiste): 149
Jean Molinet: 26
Jeanne de Constantinople (comtesse de Flandre): 181
Jehan de Pamele: 179, 180
Jehan le Fèvre: 141
Jehans (Maistre*)*: 102, 105, 119
Jérémie (le prophète): 105, 122
Jérôme (saint-): 140
Jérusalem: 127, 129, 130
Jésus: 71-94, 120
Jeux-partis: 39, 43, 179
Joinville: voir Jean de Joinville
(Le) Joseph en prose: 73, 74
Joseph (et ses frères): 72, 76-81, 83-86
Jubas (ou Iarbas): 140
Juda: 78
(Le) Jugement du roi de Navarre: 139
Jules César: 15
Justin: 140

Karel ende Elegast: 167, 168
Keye: 164, 167, 168, 170, 171

(Les) Lamentations de Matheolus: 141
Lanceloet en het hert met de witte voet (Lancelot et le cerf au pied blanc): 167
Lancelot: 60, 61
Lancelotcompilatie: 160, 164, 166, 167, 174
Landry: 17
Lazare: 85, 86

Lessines: 181
(Het) Leven van Sinte Franciscus: 173
(Le) Livre de la Cité des dames: 141
(Le) Livre de la mutacion de Fortune: 141
(Le) Livre de leesce: 141
(Le) Livre des Eneydes compilé par Virgile: 142
(Le) Livre des Eschez amoureux moralisés: 141
Lodewijc van Velthem: 164-166, 168, 173
Louis VII (roi de France): 63
Luc (l'évangéliste): 87
Lucrèce: 147, 148

Mabilie (demoiselle de Montesclare): 162, 163, 166-168, 170, 171
Macrobe: 150
Mahous de Crecques: voir Mathilde de Crecques
Maistre Jean: voir Jehans
Manfred (roi de Sicile): 133
(Le) Manteau d'honneur: 111
Marc (l'évangéliste): 87
Marco Polo: 134
Marguerite (comtesse de Flandre): 98, 101
Marie de Brabant: 101
Marie de France: 101
Marie Madeleine: 76, 82, 85, 86
Marie (la mère du Christ): 71-94, 129, 130
Mariole (la reine): 161
Marthe (la sœur de Lazare): 85
Matthieu (l'évangéliste): 87
Mathilde de Crecques: 180-182
Médée: 137, 139, 141
Meliacin: 32, 33
Melions (le chevalier): 161-163, 166
Mélusine: 26, 31, 32, 37, 38, 40-41
Merlin: 166
Mikiel: 116
Milagros de Nuestra Señora: 130

Miracle d'une none tresoriere: 54
(Les) Miracles de Nostre Dame: 13, 21, 22, 130
Miraude: 163, 164, 166, 168, 170, 171
Miserere: 107, 110, 120
Moïse: 76
Morligant: 162
(La) Mort le Roi Artu: 11, 13, 18, 20
(La) Mort ou la repentance Rutebeuf: 107, 110, 120
Myduel: 163
Myrrha: 141

Narcisse: 141
Nicot, Jean: 29
Noces de cana: 73
Noé: 85

Octovien de Saint-Gelais: 39, 143, 146, 148, 149, 157
Oenone: 139
Officium stellae: 75
Othon IV (l'empereur): 127
Otia imperialia: 127-135
Oudenarde: voir Audenarde, Jean d'Audenarde
Ovide: 137, 142, 149
Ovide moralisé: 139, 141, 143, 148

Perceforest: 15
Perceval, Perlesvaus: 160
Phèdre: 141
Philippe le Hardi: 140, 145
Philippe (joueur de harpe): 181
Philippe-Auguste (roi de France): 63, 64
Philomela (Roman de -): 52, 65
Phyllis: 139, 141, 145
Picquigny: 180, 181
Pier delle Vigne: 133
Pierre Belon: 33
Pierre le Duc (ménestrel): 180
Pierre (l'apôtre): 87, 88, 90
Placide (Légende de -): 62

Pommersfelden 295: 143
(La) Prière Théophile: 102, 104, 108-110, 124
Proverbes au vilain: 42
Pygmalion: 141

Queeste vanden Grale: 173, 174
Queste del Saint Graal: 8, 9
Quitard, P.M.: 29

Rachel (épouse de Jacob): 84, 85
Raguel: 162
Raimond Archambaud (bourgeois de Cahors): 64
Raoul de Hodenc: 55, 57, 58, 59, 65, 107, 109, 116
Raoul de Soissons: 179
Reclus de Molliens: 103, 107, 110, 120, 121
Renaud I (vicomte de Thouars): 179, 180
Rettorique de Marc Tulles Cyceron: 127, 132, 135
Rhetorica ad Herennium: 127
Robers (le père de Herman de Valenciennes): 84
Robert de Blois: 51, 52
Robert de Boron: 73, 74, 172, 173
Robinet Testard (enlumineur): 149
Rogard: 163
Rogier (li Cointes): 62, 63
Rogier de Lisaïs: 54, 62
(Le) Roman de Carité: 103, 107, 121
(Le) Roman d'Eneas: 137-157
(Le) Roman de Dieu et de sa mère: 71-94
(Le) Roman de la Rose: 137-139, 141, 146-148, 156
(Le) Roman de Rou: 22
(Le) Roman des Eles: 55, 58, 59, 65
Roman van Cassant: 159
Roman van Saladin: 159
(Li) Romans du Vergier et de l'Arbre: 177-186

Ruben: 78, 80
Rue de Fortune: 114
Rusticien de Pise: 134
Rutebeuf: 20, 99-111, 118, 119

Saint-Denis (Paris): 61
Saint-Edmunds: 52, 61
Saint-Gérand, J.P.: 5
Salomon: 76, 82, 83
Samuel (le prophète): 86, 87
Saturnales: 150
Sauvage d'Arras: voir *Doctrinal Sauvage*
Sem: 85
Sermon plaisant: 26
Sermons: 130-132
(Le) Songe d'Enfer: 55-57, 59
(Le) Songe de Paradis: 102, 107, 109, 116
Spiegel Historiael: 173

Tertullien: 140
Thisbé: 141
Thouars: 178-179, 185
Tobie: 105, 122
Torec: 159-174
Torrez, chevalier au cercle d'or: 159-179
(Le) Tourneiment Antichrist: 59
Transitus beatae Mariae: 85
Tristan: 54
Tristoise: 161, 163, 164
Tuet (L'abbé -): 29

(Le) Vergier de Paradis: 107, 109, 115
(Les) Vers de la mort: 110, 117
Vidas: 100
(La) Vie de saint Edmund: 15, 16
(La) Vie de sainte Elysabel: 20
(La) Vie de saint Léger: 16
(La) Vie de saint Louis: 10
(Le) Veil Rentier: 179, 180
Virgile: 137-157
Vita Sancti Benedicti: 131

(La) Voie de Paradis: 100, 107, 109
(La) Voie d'Humilité ou *Voie de paradis*:
    107, 118
Voies et songes de Paradis: 102

Walewein (Gauvain): 163, 164, 167-
    173

Watriquet de Couvins: 53, 98-100

Ypander: 163, 164, 168, 170
Ydor vander Baser Riviere: 161
Ydras (le roi): 163, 172
Yvain: 22, 23
Ywain: 163, 168